犯罪学研究

藤本 哲也 著

日本比較法研究所
研究叢書
71

中央大学出版部

装幀　道吉　剛

はしがき

　著者は、1976年に中央大学に奉職して以来、約30年間にわたって、アメリカ合衆国を中心に、イギリス、カナダ、ニュージーランド、オーストラリア等の英語圏の犯罪学・刑事政策に関する最新の文献を紹介し続けてきた。そして、その時々に、何本かの論文をまとめて論文集として発刊するという努力を重ねてきた。それというのも、我が国の犯罪学や刑事政策が、諸外国と比べて10年から15年遅れていると感じたからである。

　しかし、近年においては、インターネットの普及もあってか、我が国の最近の論考を見る限り、さほど諸外国との間に遅れを感じることはなくなったような気がする。これは著者だけの感覚なのかもしれないが、もし読者諸氏にもそう感じられるとすれば、私にとってこれほどの喜びはない。同じ学問を専攻する者として、世界的水準に達したことは、日本の将来にとって、また、新しく犯罪学や刑事政策を研究することを志す者にとって、これ以上力強い味方はないからである。

　ここに収録している10本の論文はどれも著者にとっては思い出深いものである。ある論文は学会に参加した記念として、また、ある論文は先輩方の古稀をお祝いするものとして、さらに、ある論文は学会の大きな流れに寄与するためという信念から、それぞれ、その時々に書かれたものである。そうした意味合いからは、本書は、著者にとって思い出集のようなものである。もし、本書が読者諸氏に何らかのお役に立つことがあるとすれば、それは著者にとって望外の喜びである。

　なお、本書の成立に当たっては、中央大学出版部の小川砂織さんの御協力を得た。記して感謝の意を表したいと思う。

　　平成18年6月27日　聖蹟桜ヶ丘の自宅にて

　　　　　　　　　　　　　　　　　　　　　　　　藤　本　哲　也

目　　次

はしがき

第 1 章　我が国の安全神話は崩壊したのか

1　日本人の安全意識 …………………………………………………… *1*
2　我が国の戦後における犯罪情勢の推移 …………………………… *2*
　　1　戦後の混乱期における各種犯罪多発時代　*3*
　　2　昭和 30 年代から 40 年代にかけての粗暴犯罪多発時代　*4*
　　3　少年非行が激増した昭和 50 年代以降の時代　*8*
3　我が国の低犯罪率を説明する要因 ………………………………… *10*
　　1　社会的・経済的要因　*11*
　　2　法的・刑事司法運営的要因　*13*
　　3　文化的要因　*15*
　　4　人口統計学的・地理的要因　*17*
　　5　小　　括　*18*
4　平成の時代の犯罪情勢 ……………………………………………… *19*
　　1　諸外国との犯罪動向の比較　*21*
　　2　気になる中高年の犯罪　*27*
5　安全神話は崩壊したのか …………………………………………… *33*

第 2 章　欧米の都市犯罪研究

1　問題の所在 …………………………………………………………… *39*
2　欧米の都市犯罪研究の概観 ………………………………………… *40*
3　20 世紀の生態学的研究 ……………………………………………… *43*
4　方法論上の問題点 …………………………………………………… *48*
　　1　集成的なレベルのデータを用いること　*48*
　　2　都市の構造上の変数　*48*
　　3　サンプルとなった都市と都市犯罪研究の限界　*49*

5　我が国での研究の動向 ……………………………………………… 50
　6　都市の特徴と犯罪促進要因としての匿名性 ……………………… 53
　　1　匿名性という用語の意味するもの　53
　　2　犯罪・非行要因としての匿名性　54
　　3　匿名化社会に特徴的な犯罪類型　55
　　4　匿名化社会と無関心的対応　57
　7　匿名化社会の今後の課題 …………………………………………… 58

第3章　日常活動理論の体系的地位

　1　はじめに ……………………………………………………………… 63
　2　犯罪統計の解釈原理としての日常活動理論 ……………………… 63
　　1　暴力の原因と予防に関する全米委員会　63
　　2　犯罪活動の構造　65
　　3　ホーリの人間生態学理論から選択された概念　66
　　4　直接的な接触による略奪的侵害行為の最低限の要素　67
　　5　違法行為の生態学的性質　68
　3　現存する研究と日常活動理論との関係 …………………………… 70
　　1　記述的分析　70
　　2　犯罪の動向及び周期についてのマクロ・レベルの分析　72
　　3　日常活動理論のミクロ・レベルでの前提　74
　4　実証的評価 …………………………………………………………… 75
　　1　犯罪の状況及び発生地　75
　　2　ターゲットの適合性　77
　　3　家族活動と犯罪率　79
　5　日常活動構造の動向と犯罪率の動向の変化 ……………………… 82
　　1　人間活動様式の動向　82
　　2　関連した財物の動向と人間活動様式の関係　84
　　3　商業施設における関連する動向　85
　　4　犯罪動向の構成　86
　6　日常活動理論の意味するもの ……………………………………… 87
　7　おわりに ……………………………………………………………… 90

第4章　アメリカ合衆国の野球量刑

1　はじめに …………………………………………………… 95
2　スリーストライク法の概要 ……………………………… 96
3　スリーストライク法とその関連法 ……………………… 97
4　スリーストライク法の一般的効果 ……………………… 99
　1　カリフォルニア州の制度の分析　*100*
　2　カリフォルニア州立法分析局の評価　*101*
　3　ネバダ州のスーパー常習犯罪者法の分析　*104*
　4　テキサス州における連邦真実量刑補助金の評価　*104*
5　刑事司法システムへの影響 ……………………………*105*
6　刑務所におけるスリーストライク法の効果 …………*106*
7　スリーストライク法の評価 ……………………………*109*
8　スリーストライク法特別委員会の結論と勧告 ………*111*
9　おわりに …………………………………………………*113*

第5章　ニュージーランドにおける青少年司法の歴史

1　はじめに …………………………………………………*117*
2　国際的視座からする過去100年間の青少年司法の歴史 …*118*
　1　少年裁判所の創設　*118*
　2　福祉モデル　*119*
　3　公正モデル　*122*
3　ニュージーランドの経験 ………………………………*123*
4　ニュージーランドにおける福祉モデル ………………*126*
　1　1974年法　*127*
　2　1974年法に関する諸問題　*129*
5　改革へのプロセス ………………………………………*134*
　1　1984年における展望　*135*
　2　1986年の児童及び青少年法案　*137*
　3　1987年の特別調査委員会　*138*
　4　特別委員会の再調査　*141*

6　お わ り に ……………………………………………………………145

第6章　アメリカにおける刑務所人口の増加とその要因

　1　は じ め に ……………………………………………………………*149*
　2　アメリカにおける拘禁刑の動向 ……………………………………*152*
　3　拘禁率と薬物、人種、民族性およびジェンダー …………………*156*
　4　人種と「薬物との戦い」政策に起因する問題 ……………………*160*
　5　ジェンダーと拘禁刑 …………………………………………………*169*
　6　刑務所と受刑者の状態 ………………………………………………*177*
　　1　強姦および性的虐待　*178*
　　2　身体的虐待　*178*
　　3　劣悪な環境と医療措置の欠如　*179*
　7　お わ り に ……………………………………………………………*187*

第7章　アメリカの民営刑務所の現状と課題

　1　は じ め に ……………………………………………………………*199*
　2　刑務所の民営化の背景 ………………………………………………*200*
　3　民営刑務所の発展過程 ………………………………………………*201*
　4　民営刑務所の現状 ……………………………………………………*205*
　5　民営刑務所に関する実態調査 ………………………………………*209*
　　1　連邦議会の提案　*209*
　　2　調 査 対 象　*210*
　　3　調 査 結 果　*211*
　　4　民営刑務所の一般的な特徴　*212*
　　5　訓練の基準と方法　*213*
　　6　拘禁の基準と方法　*214*
　　7　被収容者の分類　*214*
　6　民営刑務所の課題 ……………………………………………………*214*
　7　お わ り に ……………………………………………………………*219*

第8章　英米における受刑者暴力の解消策

1 はじめに …………………………………………………… *223*
2 刑務所内暴力に関する研究 ……………………………… *224*
3 非暴力による紛争処理 …………………………………… *226*
　1　社会的文脈　*227*
　2　規範と態度　*228*
　3　紛争処理　*228*
4 予防を阻害する諸要因 …………………………………… *233*
5 人間の基本的欲求と暴力の周期 ………………………… *238*
6 安全な刑務所の創出 ……………………………………… *243*
7 おわりに …………………………………………………… *253*

第9章　破れ窓理論の基本的枠組と犯罪防止策

1 はじめに …………………………………………………… *257*
2 徒歩によるパトロールの重要性の認識 ………………… *258*
3 犯罪への不安感と警察官による秩序維持の機能 ……… *260*
4 地域社会の崩壊と警察の役割の変遷 …………………… *268*
5 街路における警察活動 …………………………………… *274*
6 地域社会の利益と警察の法執行の意義 ………………… *277*
7 おわりに …………………………………………………… *287*

第10章　世界に誇れる更生保護制度

1 更生保護とは何か ………………………………………… *293*
2 更生保護制度の歩み ……………………………………… *294*
3 その成立過程 ……………………………………………… *295*
　1　戦後の更生保護制度の沿革　*295*
　2　更生保護事業法の制定　*296*
4 更生保護施設の現状と課題 ……………………………… *299*
　1　更生保護施設の現状　*299*
　2　更生保護施設の課題　*301*

5　世界で注目される保護司制度 ……………………………………304
　1　保護司制度の淵源　305
　2　改正保護司法の要点　306
6　幅広い協力組織 ……………………………………………………310
　1　BBS運動とその組織　310
　2　更生保護女性会　317
　3　協力雇用主の組織　322
7　制度50年の実績と新世紀への役割 ………………………………324

初　出　一　覧
索　　　引

第1章
我が国の安全神話は崩壊したのか

1　日本人の安全意識

　かつてイザヤ・ベンダサン（Isaiah Ben-Dasan）は、その著書『日本人とユダヤ人』（山本書店）のなかで、駐日イスラエル大使館の書記官の言葉として、「日本人は、安全と水は無料で手に入るものと思い込んでいる」（ベンダサン・1971年・14頁）という一文を紹介した。

　当時、日本は、オランダ、アイルランド、スウェーデンと並んで、世界一安全な国であるといわれ、私たち日本人も、長い間そう信じてきた。また、実際のところ、日本の水道水は、ヨーロッパの多くの国のように、そのままでは飲めないというようなこともなかった。

　しかし、こうしたことは、今日でも、そのまま事実として受け入れることができるのであろうか。水道水は臭いといわれ、多くの家庭が飲料水を買い、ひったくりや路上強盗事件が増えて犯罪への不安が増大し、ピッキングなどによる侵入窃盗に備えて警備保障会社が各家庭の警備をするのが当然となっている現状をみると、「日本はどうも変ったようだ」と思うのは、私一人だけであろうか。

　以下においては、日本の安全神話は崩壊しつつあるという現実を、統計資料を参照しながら概観し、早急な治安対策が必要であるということを提言したいと思う。

2 我が国の戦後における犯罪情勢の推移

今更改めて言うまでもないが、近年、我が国の犯罪情勢は悪化の傾向にある。図1において明らかなごとく、刑法犯の認知件数をみると、バブル経済崩壊後の1992(平成4)年以降おおむね増加傾向にあり、1996(平成8)年以降は戦後最高を更新し続け、2000(平成12)年には、ついに300万台の大台を突破した。し

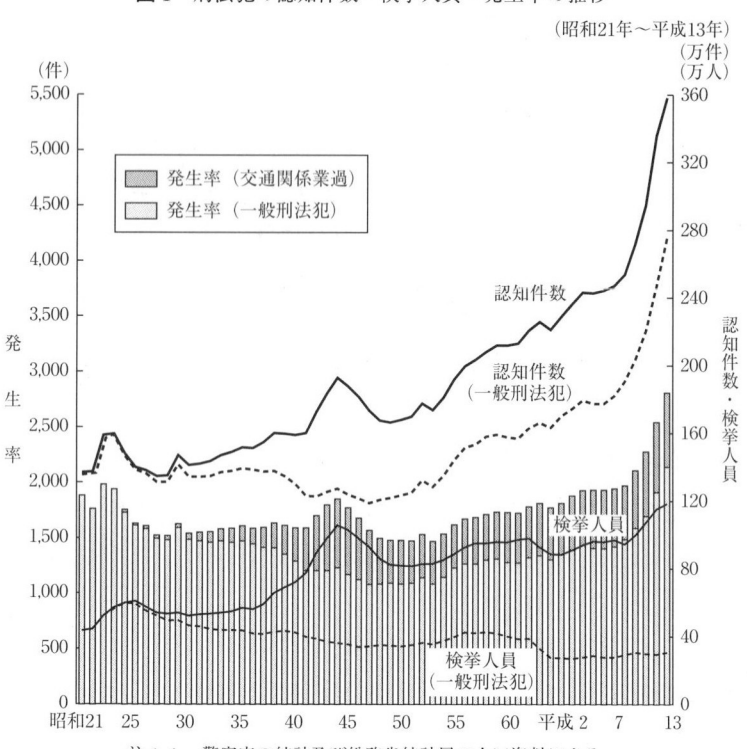

図1 刑法犯の認知件数・検挙人員・発生率の推移
（昭和21年～平成13年）

注：1 警察庁の統計及び総務省統計局の人口資料による。
　　2 巻末資料1-3の注2、3に同じ。
資料源：法務省法務総合研究所編『平成14年版　犯罪白書』財務省印刷局（2002年）4頁。

かも、検挙人員が年々増加しているにもかかわらず、それをはるかに上回る犯罪が認知され、検挙率は低下の一途を辿っているのである。

こうした犯罪の増加現象は、特に平成の時代になってからの特徴的な出来事であるが、その原因と背景を考察する前に、戦後60年間にわたる我が国の犯罪の動向を分析しながら、「昭和の時代」の犯罪現象の分析をまず試み、しかる後、「平成の時代」、特にバブル経済崩壊後の犯罪現象について検討してみることにしよう。

1　戦後の混乱期における各種犯罪多発時代

昭和20年代初めから半ばころまでの戦後の混乱期には、犯罪が激増している。強姦魔として知られる小平事件（昭和21年）、戦後犯罪史にその名を残す帝銀事件（昭和23年）、戦後半世紀以上経過した現在でも自殺・他殺説が対立している下山事件（昭和24年）、警察が先入観捜査で捏造した典型的な冤罪事件である八海事件（昭和26年）等がこの頃の代表的な事件である。

この頃の犯罪として顕著なものは、窃盗、詐欺、横領、強盗、恐喝、賄賂などであるが、いずれも20年代後半から30年頃までには大幅に減少している。財産犯の増加については戦後の混乱期ということで理解できるであろうが、賄賂については説明が必要であろう。戦後のこの時期の賄賂の多発については、この時代が戦時から続く統制経済下にあったことを考慮すべきである。当時は、食料を含めほとんどの物資の調達が配給制度によって管理されていたのであり、より多くの物資を求めるために、関係機関職員に対する賄賂が横行したことは容易に推察できるであろう。

しかも、この頃の我が国の経済は、原料供給の途絶、生産設備等の滅失により壊滅状態にあり、食料その他の物質は極度に不足し、インフレーションはかつて経験したことのないペースで進行し、その上、戦地からの復員、帰還、出生率の上昇等により人口が急激に増加し、浮浪者や失業者が巷に溢れ、国民生活は、戦時をしのぐほど窮乏化した。終戦による社会的混乱を背景とする典型的な経済的窮乏に基づく犯罪の波が押し寄せたのである。

この時代は、また、戦前までの価値体系が崩壊して道義観念は動揺し、無法集団が横行して社会不安が日増しに増大しているのにもかかわらず、政治体制はもちろんのこととして、警察が弱体化しており、あらゆる側面からみて、困窮と混乱の時代であったといえる。

この時期の少年非行は、その大部分が窃盗や強盗などの略奪的な非行や財産犯を中心とした犯罪で占められており、少年非行の様相は、まさしく戦後の混乱期を象徴する社会病理現象そのものであったといえる。この時期の少年非行は、いわば食うため生きるための非行であり、「ないから盗る」という時代であったといえよう。

2　昭和30年代から40年代にかけての粗暴犯罪多発時代

表1と図1において明らかなごとく、戦後の混乱期にみられた犯罪の激増は、昭和20年代後半にかけて終息するかにみえたが、30年代初めにかけて再び増勢となり、40年代初めに至るまで比較的高い数値で推移している。罪名別にみると、暴行、傷害、恐喝の増加が目立ち、殺人も増加している。強盗は、戦後の混乱期には及ばないが、比較的に高い数値を維持している。また、これは、この時期の特徴であるが、30年代後半から強姦、強制猥褻が増加し、40年前後にはピークとなり、その後減少しているのである。

この頃に社会を震撼とさせた事件としては、小松川高校女生徒殺人事件（昭和33年）、浅沼社会党委員長暗殺事件（昭和35年）、吉展ちゃん誘拐事件（昭和38年）、さらには、被差別部落への集中的見込み捜査が生んだ冤罪事件かどうかで今なお騒がれている狭山事件（昭和38年）等が発生している。

我が国の経済は、昭和20年代後半には、徐々に立ち直り、いわゆる朝鮮戦争特需も加わって産業が復興し、社会秩序も回復していったが、社会の安定にしたがって、刑法犯の認知件数も徐々に減少した。しかしながら、この時代は、少年非行が増加し、交通関係業過が激増した時代でもある。特に、この時期の少年非行の特色は、社会構造の変化や繁栄の歪みによる非行であるといわれている。現代型非行の背景となるもののいくつかは、すでにこの時期に現われて

表1 認知件数

区分	刑法犯総数	殺人	強盗	強盗致死	強盗致傷	強盗強姦	強姦
21年	1,387,080	1,791	9,120	351	948	0	611
22	1,386,020	1,938	9,186	349	1,155	0	863
23	1,603,265	2,495	10,854	323	1,271	318	1,936
24	1,603,048	2,716	8,780	257	1,445	287	2,732
25	1,469,662	2,892	7,821	234	1,432	249	3,558
26	1,399184	2,865	6,124	191	1,232	220	3,268
27	1,395,197	2,871	6,140	193	1,369	212	3,735
28	1,344,482	2,944	5,296	158	1,203	185	3,517
29	1,360,405	3,081	5,753	198	1,466	214	4,148
30	1,478,202	3,066	5,878	201	1,697	187	4,046
31	1,410,441	2,617	5,285	192	1,562	122	3,749
32	1,426,029	2,524	5,029	147	1,560	123	4,121
33	1,440,259	2,683	5,442	153	1,661	184	5,988
34	1,483,258	2,683	5,192	154	1,663	155	6,140
35	1,495,888	2,648	5,198	136	1,605	177	6,342
36	1,530,464	2,619	4,491	100	1,562	175	6,487
37	1,522,480	2,348	4,142	93	1,449	149	6,125
38	1,557,803	2,283	4,021	92	1,271	118	6,239
39	1,609,741	2,366	3,926	96	1,369	152	6,857
40	1,602,430	2,288	3,886	102	1,333	161	6,648
41	1,590,681	2,198	3,558	141	1,228	180	6,583
42	1,603,471	2,111	3,009	98	1,128	177	6,393
43	1,742,479	2,195	2,988	86	1,088	183	6,136
44	1,848,740	2,098	2,724	72	1,066	172	5,682
45	1,932,401	1,986	2,689	42	1,028	168	5,161
46	1,875,383	1,941	2,439	48	921	195	4,862
47	1,818,088	2,060	2,500	49	980	165	4,677
48	1,728,741	2,048	2,000	42	764	138	4,179
49	1,671,965	1,912	2,140	49	829	141	3,956
50	1,673,755	2,098	2,300	42	881	158	3,704
51	1,691,247	2,111	2,095	74	766	112	3,239
52	1,705,034	2,031	2,095	53	767	102	2,945
53	1,776,843	1,862	1,932	41	723	105	2,897
54	1,738,452	1,853	2,043	55	766	131	2,810
55	1,812,798	1,684	2,208	45	823	127	2,610
56	1,925,836	1,754	2,325	52	830	178	2,638

区分	刑法犯総数	殺人	強盗	強盗致死	強盗致傷	強盗強姦	強姦
57年	2,005,319	1,764	2,251	48	834	124	2,399
58	2,039,209	1,745	2,317	65	815	111	1,970
59	2,080,323	1,762	2,188	61	780	99	1,926
60	2,121,444	1,780	1,815	67	743	92	1,802
61	2,124,272	1,676	1,949	68	834	92	1,750
62	2,132,617	1,584	1,874	61	803	73	1,823
63	2,207,380	1,441	1,771	35	726	81	1,741
元	2,261,076	1,308	1,586	41	681	62	1,556
2	2,217,559	1,238	1,653	23	671	81	1,548
3	2,284,401	1,215	1,848	37	827	77	1,603
4	2,355,504	1,227	2,189	48	865	89	1,504
5	2,437,252	1,233	2,466	39	997	101	1,611
6	2,426,694	1,279	2,684	42	986	87	1,616
7	2,435,983	1,281	2,277	31	926	63	1,500
8	2,465,503	1,218	2,463	39	1,044	84	1,483
9	2,518,074	1,282	2,809	41	1,262	98	1,657
10	2,690,267	1,388	3,426	78	1,411	109	1,873
11	2,904,051	1,265	4,237	73	1,815	128	1,857
12	3,256,109	1,391	5,173	71	2,280	137	2,260
13	3,581,521	1,340	6,393	96	2,755	171	2,228

資料源：法務省法務総合研究所編『平成14年版 犯罪白書』財務省印刷局（2002年）300頁より CD-ROM を用いて資料収集。

いるのである。

　たとえば、この時期の少年非行の背景となる社会変動の最も顕著なものは、経済の高度成長と産業化・工業化である。また、これと並んで顕著なのは、都市化の進展とそれに伴う近隣社会の解体、それに地域社会の連帯感の希薄化であろう。さらには、核家族化の急速な進展とそれに伴う家庭の孤立化・無力化もそうした背景の1つに数えられるであろう。

　また、こうした家族問題との関係においては、夫婦共稼ぎと鍵っ子の問題、子どものしつけや教育における夫婦・親子関係の変化、特に父親の権威と自信の喪失の問題がある。

　また、学校教育の問題としては、進学組と就職組の差別待遇の問題から始ま

り、進学熱の高まりによる進学競争時代に入っての学力偏重の弊害、非行対策における生活指導体制の不備などがあげられ、この時期の社会的背景は、これらの要因が複雑に絡み合っているのである。

　この時期における犯罪現象面での特色としては、①暴行、傷害などの著しい増加による粗暴化傾向、②交通犯罪の激増、③強姦、猥褻などの性犯罪の増加、④睡眠薬遊びの流行、⑤年少少年、触法少年の増加による低年齢化傾向、⑥在学少年の増加、⑦非行の都市集中化等が挙げられる。

　また、この時期には、非行少年の資質や家庭環境にも特色がみられ、精神障害や異常のない正常範囲の少年の増加、両親のそろったあるいは生活に困らない中流家庭出身者の増加が顕著であり、従来は非行少年がある種の資質、身分、階層、地域などの特定の条件ないし病理性に限られていたものが、広く一般化ないし普遍化したのがこの時期の特徴といえるのである。

　たしかに、昭和30年代には、工業開発が進み、経済は高度成長を遂げ、工業・農業の生産高も戦前の水準を上回るようになった。この時期、我が国の経済活動は、国際的分野にも進出していくのである。このような経済的発展にもかかわらず、表1に示されているごとく、刑法犯認知件数が30年代に入ると再び増加傾向を示しているのには、いくつかの要因が考えられる。まず、先述した少年非行の増加は、戦中、戦後の困難な時代に成長期を過ごした10代後半の少年人口の増加によるものであり、また、これは、少年犯罪が多くを占める窃盗や粗暴犯等の増加をもたらしている。そして、交通関係業過の激増は、自動車交通の発達に伴う交通事故の増加によるものである。

　さらに、昭和20年代後半から30年代に至る時代は、昭和27年4月にサンフランシスコ講和条約、日米安全保障条約の締結により、我が国が新しい社会体制を確立していく復興期にあたるが、こうした動向に反対する動きも激しく、デモや労働争議が多発するなど、国民のなかに社会的・思想的対立が激化した時代でもある。

　私自身もこの時期に大学生活を経験した者の1人であるが、政治的な主義主張の多様化と先鋭化は、1960(昭和35)年の安保改定阻止闘争をめぐる公安事件

や学生運動となって現われ、これに伴う集団的暴力事犯が多発した。全学連の国会突入、樺美智子さんの死に対する抗議デモ等は、今でも鮮明に私の記憶に残っている。

　また、この時期の経済の復興や工業化の進展等は、大都市や工業都市などへの人口の集中を招き、新たな盛り場などを生み出し、その利権をめぐって、新旧の暴力団の抗争が起こっている。事実、昭和30年代は、神武景気（昭和30年から31年）、岩戸景気（昭和34年から36年）といわれる驚異的な経済復興に伴い、道路建設や団地造成などが盛んに行われ、建設業界は潤い、貿易は活発化して港湾荷役量を飛躍的に伸長させ、また、池田内閣の「所得倍増計画」に代表される実質賃金の上昇、消費ブームにより盛り場が活況を呈して風俗営業等も莫大な利潤を上げ、建設・港湾現場への人夫の提供、風俗営業の用心棒等、暴力団にとって豊富な資金源に恵まれたのがこの時期である。

　昭和30年代後半に、性犯罪が多発したのも、こうした一連の事情と無関係ではないであろう。都市への人口集中がさらに進み、生活様式等にも変化が目立ち、享楽的風潮の流布と性風俗の解放が性犯罪の増加をもたらした原因であると考えられるのである。

3　少年非行が激増した昭和50年代以降の時代

　昭和50年代以降昭和64年1月7日までの昭和の時代は、認知件数でみる限り刑法犯総数の波が最も高い時代である。事実、表1によると、1982(昭和57)年には刑法犯認知件数が200万台を突破している。しかしながら、すでにみたように、これら総数の増加は少年非行と交通関係業過によるものであり、刑法犯の罪名でみても、増加が著しいのは窃盗と横領であり、その窃盗も大部分は比較的軽微な万引きや自転車盗で、横領も放置自転車の乗り逃げを主とする占有離脱物横領の増加に帰することができるのである。

　このように昭和最後の10年間は、全体的に観察すると、犯罪動向は比較的安定している時代であったということができよう。

　もちろん、そうはいっても、世間の耳目を集めるような凶悪な犯罪も生起し

ており、三菱銀行猟銃強盗殺人事件（昭和54年）、新宿バス放火事件（昭和55年）、予備校生金属バット殺人事件（昭和55年）、戸塚ヨットスクール事件（昭和57年）、豊田商事永野会長惨殺事件（昭和60年）、名古屋アベック殺人事件（昭和63年）等がその代表的なものである。

　この時代は、1973(昭和48)年と1979(昭和54)年の二度にわたるオイルショック等によってもたらされた不況等があったものの、我が国が著しい経済的発展を遂げて世界有数の経済大国に成長し、豊かな社会を形成した時代である。

　この時期の特徴的な犯罪である少年非行は、高度経済成長や都市化の歪みの表面化、いわゆる価値の多様化、社会的行動規範の混乱、若者文化の台頭による一種の文化葛藤、地域社会の解体の促進、大都市生活における人間疎外、家庭内のしつけや教育における母親優位（ママゴンの出現）、進学競争の激化等の諸要因を背景として、いわゆる「遊び型非行」が激増した。

　この時期を代表する犯罪の特色としては、①モータリゼーション（車文化）の進展に伴う業務上(重)過失致死傷の増加、②車関連非行（車窃盗、車内盗、車使用犯罪）の増加、③学生の集団暴力事件の頻発、④シンナー・ボンド遊びの流行、⑤被害者との人間関係のない通り魔的・無差別的・攻撃的な非行の増加、⑥常識的理解を超えた、いわゆる動機なき凶悪犯罪の頻発、⑦シンナー遊びと関連した脱フーテン族の出現、⑧非行の大都市から周辺都市への拡散化等が挙げられる。

　また、この時期は、オイルショックを契機として、それまでの経済の高度成長が終わって低経済成長時代へと転化していき、社会的には享楽的風潮が強くなるとともに、きわめて高い進学率のなかで、学校生活から脱落していく少年が目立つようになった時期である。

　この時期の少年非行は、1977(昭和52)年以降の急上昇に典型的に示されているごとく、量的増加にその特色がある。特に、1983(昭和58)年には、少年非行は31万7000人の検挙人員を数え、戦後最高の記録となっている。

　この頃の少年非行の特色は、①非行の一般化、②万引き・窃盗等の被害者を意識しない軽微な犯罪の増加、③薬物乱用の増加、④粗暴な非行の増加、⑤共

犯や集団非行の増加、⑥女子非行の増加、⑦非行の低年齢化、⑧家庭内暴力や校内暴力の多発化等が挙げられる。特に、家庭内暴力や校内暴力はこの頃の新しい非行類型として問題となったものである。

3 我が国の低犯罪率を説明する要因

　犯罪の増加傾向に悩む欧米先進諸国は、昭和の末には世界で最も安全な国といわれるほど、治安情勢の良好な社会を実現した我が国をみて、きわめて特異な現象として注目し、日本はなぜ犯罪が少ないのかという疑問を提示した。この頃に参加した国際会議での質問もそのほとんどが、我が国の犯罪の少なさに関するものであった。
　1994(平成6)年8月28日から9月2日にかけて、ドイツのブレーメンで開催された第14回国際少年・家庭裁判所裁判官協会会議において、「なぜ日本は低犯罪率を維持できたのか」という表題で、私が基調講演を頼まれたのも、そうした背景があったからである。
　我が国の低犯罪率に関して興味を持った外国人研究者としては、アジア極東犯罪防止研修所の客員研究員であったオーストリアのクック (S. F. Cook) がいる。クックによれば、日本の低犯罪率の要因は、「民族的単一性等の理由による文化的葛藤の少なさ」と「刑事司法の効果」であり、その基本には、日本人の集団主義的価値観があるとのことである。
　つまり、クックの分析によれば、集団主義は、忠誠、自己統制、社会的調和等の価値観を強調し、倫理規範の実行を促すものであるがゆえに、日本は急速な都市化・産業化を遂げたにもかかわらず、葛藤のない比較的高い社会的調和を維持しており、また、日本文化にみられる自己統制は、会社や国家のような集団全体の利益のために、個人的利益を犠牲にする社会的傾向と関連して、刑事司法機関の効率の良い誠実な活動やそれに対する国民の協力に寄与しているとするのである。
　また、『犯罪白書』(昭和52年版)は、我が国に犯罪の少ない理由として、①

遵法精神に富む国民性、②戦後の目覚しい経済的発展、③低失業率、④教育水準が高いこと、⑤地域社会における非公的な統制の存在、⑥島国であるという地理的条件、⑦刑事司法運営に対する民間協力の存在、⑧銃砲刀剣や薬物の厳重な取締、⑨高い検挙率で示される効果的な警察活動、および⑩刑事司法機関の適性かつ効果的な機能等を挙げている。

これらの要因は、(1)社会的・経済的要因（②、③、④）、(2)法的・刑事司法運営的要因（⑦、⑧、⑨、⑩）、(3)文化的要因（①、⑤）、および(4)人口統計学的・地理的要因（⑥）の4つに分類することが可能である。そこで、以下においては、この分類にしたがって説明してみることにしたい。

1　社会的・経済的要因

社会的・経済的要因について、シェリー（W. Shelley）は、他の国々とは大きく異なる日本の犯罪パターンを説明するためには、日本社会の特異性を強調して説明するよりも、むしろ、日本の戦後の経済発展のプロセスを分析して説明することの方が、より分かりやすいであろうと述べている。実際のところ、我が国の多くの学者や刑事司法に携わる実務家たちによっても、日本の低犯罪率の原因は、日本の戦後の経済的安定によるところが大であるとされることが多いのである。『犯罪白書』（昭和52年版）は、「物質的安寧を伴う経済成長は、高い教育水準と同様、多くの潜在的犯罪者に対して、法律に抵触することなく平穏に暮らす機会を与えた」と述べている。

たしかに、日本における戦後の驚異的な経済発展は、物質的なレベルでの生活水準を向上させ、教育の全体的レベルでの改善をもたらした。今日、日本国民は、その90％の者が、自分自身を中流階級であると考えており、国民は安定した経済・家庭生活を享受している。そして、このことは、我が国の低い失業率によっても証明されているのである。1992（平成4）年には、我が国の失業率は2.8％であり、これはアメリカの失業率（7.6％）や他のヨーロッパ諸国の失業率よりもずっと低いものであった。

この日本の低い失業率は、日本経済の目覚しい成長度合いを反映しており、

また、日本の産業システムが、他のほとんどの国においてよりも、若者に対して、あまり熟練を要しない仕事を与えているという事実をも反映していたのである。

　このような文脈からすれば、戦後日本の経済的富裕は、貧困やあるいは階級間の摩擦によって引き起こされる社会的ストレスの結果として生じるといわれる、諸々の犯罪を減少させていたと考えられているのである。

　また、社会的・経済的要因の1つである高い教育レベルは、我が国の低犯罪率を説明するための重要な要因であると考えられていた。日本の全体的な教育レベルは、高度経済成長と平行して、戦後きわめて高い状況にあった。実際のところ、我が国は高い進学率と同様、高い識字率をもつ国として世界的に知られていたのである。

　今更改めて言うまでもないことではあるが、高い教育水準は社会化プロセスを促進し、すべての国民に職業技能を身につけさせることを可能とし、それによって、国民に社会的地位と経済的成功を増大させる機会を付与していたのである。

　しかしながら、これは非常に重要なことであると思うのであるが、他の工業化し産業化した国々における教育レベルは、我が国と同様に高いということを念頭に置くべきである。たとえば、アメリカがそうであるように、高い教育レベルという点のみで、我が国と他の先進諸国との犯罪率の違いを説明することは不適切であるといえるかもしれないのである。

　さらに、家庭や地域社会の結びつきの強弱も、犯罪発生に影響を及ぼす重要な要因の1つと考えられるが、特に青少年に対してもつ家庭の教育的機能には大きなものがある。また、社会的連帯感が脆弱なところでは、しだいに対人関係が疎遠になり、社会の匿名性が深まっていくが、これが都市化された社会の特色とされているのである。我が国では、都市化等によるいわゆる核家族化はみられるものの、平均所帯人員は、先進諸国のなかでは最も多く、また、離婚率も比較的低いことが特徴となっている。もとより、世帯の規模や離婚率の大小だけでは家族的結合の強弱を推定することはできないし、また、離婚率が直

接犯罪原因につながるものであるとはいえないが、たとえば、アメリカでは、高い離婚率にもその一面が現われているように、家族的結合が弱体化しつつあることや、黒人層の都市集中に伴うスラムの形成等により、全体としての社会的連帯感が弱まり、モラルの荒廃が生じている面があったことに留意する必要があるであろう。

2 法的・刑事司法運営的要因

法的・刑事司法運営的要因についていえば、刑事司法機関に対する日本国民の非常に協力的な態度が、日本の低犯罪率の重要な要因であることが指摘されている。たとえば、日本の警察について参与観察を実施したエイムズ（W. L. Ames）、ベイリー（D. H. Bayley）、およびパーカー（L. C. Parker）等は、中央集権化された警察システムや警察の専門家のほかに、警察とコミュニティとの間の良好な関係が、日本の犯罪統制上の成功の鍵となる何らかの要因であると考えているのである。そして、彼らは、日本の警察は、アメリカの警察とは対照的に、一般国民のきわめて協力的な態度や国民からの公的な支援を保持している点において、大きな違いがあることを強調している。

また、銃刀や薬物に対する法執行機関による厳格な統制は、日本の低い犯罪発生率と関連していることが多いといわれる。最近では、銃器による犯罪が多発する傾向にあるが、これとても、諸外国の比ではなく、警察のデータが示しているように、厳格な銃規制法のもとでは、日本での火器、とりわけ拳銃を用いた犯罪は、主に、組織暴力団の構成員に対するものか、あるいは暴力団構成員間の抗争を含む事件にのみ多く見られる現象である。

我が国の刑事司法制度の機能と関係している要因としては、刑事司法制度を通じての公的統制の有効性と効率が、犯罪行動の抑止力として作用しているということが指摘されている。具体的には、我が国では、警察の犯罪捜査能力が高く、また、単一の刑事司法制度のもとで、警察・検察・裁判・矯正・保護の各機関が有効的・効率的に犯罪防止の機能を営んでいることが特色となっているのである。

当時においては、日本の警察が高い検挙率を維持していたことも、つとに指摘されていたところである。その世界に知られた高い検挙率も、最近は低下傾向にあり、2000(平成12)年には、フランス (26.7％)、イギリス (24.4％) よりもわずかに低く、アメリカ (20.5％) をわずかに超える数値 (23.6％) となっている。しかし、当時、安全神話がまだ健在であった頃は、我が国の高い検挙率は、犯罪統制と犯罪抑止に関する警察の能力と有効性を示すものであると同時に、法執行機関に対する国民の協力の度合いを示すものとして評価されていたのである。

　我が国では、法執行機関に対する犯罪者の態度が、一部の犯罪者の場合を除き、比較的に協力的であることにも留意する必要があるであろう。アメリカ等では、どちらかといえば、反抗的な態度がみられることは、ニュースメディアの報道をみても明らかであろう。

　法的・刑事司法運営的要因としては、また、我が国の非常に効果的な裁判制度について言及することも必要であろう。当時、我が国の刑事事件のほとんどは、起訴後6か月以内に判決がくだされていた。たとえば、1991(平成3)年には、地方裁判所で刑事事件の71.0％が3か月以内に、92.7％が1年以内に判決を言い渡しているのである。

　また、無罪率にしても、我が国の場合は、0.02％と欧米諸国と比べて相当に低い数値を示している。もちろん、これは、特に法制の相違によるところが大きいと思われるが、刑罰のもつ犯罪の一般予防効果の機能は、犯人のすみやかな検挙とその裁判における迅速・的確な有罪宣告によって初めて具体化される面が大きいと考えられるので、我が国におけるこの時期の高い検挙率と低い無罪率は、犯罪防止上重要な意味をもっていたのである。

　また、日本では、刑罰は、アメリカに比べて、はるかに確実で、かつ正当・公正であることが指摘されている。たとえば、ウェブ (J. Webb) によると、「日本は犯罪の70％に有罪判決をくだしている。これに対して、アメリカでは、認知された犯罪のうちたった19.8％しか逮捕されていないのである。しかも、日本では、これまで刑務所暴動もなければ、ホモセクシュアルのための強姦や、

受刑者殺人のような刑務所内暴力も報告されていない。他方、アメリカ人は、このような刑務所内暴力をよく耳にするところである。また、日本の刑務所の注目に値する運営と紀律が、犯罪の抑止と犯罪者の処遇に積極的な影響を与えていることが分かるであろう (Webb, 1984, p. 7)」と。

さらに、これは次の文化的要因とも関係するものであるが、一般的に、日本人は、遵法意識が強く、一部の犯罪を除き、犯罪捜査機関に対し、情報の提供および捜査について協力的であり、また、矯正・保護の分野での幅広い公衆参加にみられるように、国民一般の犯罪防止についての関心も高いのである。

3　文化的要因

日本は、単一民族、単一言語、単一文化をもつ、単一の中央集権国家であると考えられている。すなわち、日本は、アイヌ民族、日本の人口の 0.5％を占める在日韓国人・中国人のようなごくわずかの少数グループを除いて、民族的な緊張関係がほとんど存在しない、単一民族国家だと考えられているのである。

昭和 52 年版の『犯罪白書』も、「我が国において、主要犯罪の発生率が低い理由は、我が国が単一の文化をもち、単一の民族で構成されている単一の中央集権国家であって、国民の社会階層にそれほどの格差がなく、いわゆる人種問題もないこと、一般に教育水準が高く、経済生活・家庭生活も比較的安定していること、また、その国民性の特質から伝統的な犯罪防止に関する非公式の社会統制が機能している面が多く、しかも、公式の犯罪防止の手段としての刑事司法が効率的に運営されていることなどにあると考えられる（法務省法務総合研究所・1977 年・108 頁）」と述べている。

たしかに、日本では、人口の 3％弱が少数グループの地位にあると考えられるが、在日韓国人や在日中国人等の少数グループの大部分の者は、その外見や文化の上では、日本人とほとんど変わりがないのである。事実、彼らは、外見的にも体型的にも日本人と何ら異なるところがないので、ほとんどの日本人にとって、彼らは、ディボス（G. DeVos）と我妻洋（H. Wagatuma）の言うように、

一種の「目に見えない人種」(invisible race) なのである。このことが、日本が民族間の葛藤関係から生じる紛争や犯罪に悩まされていない重要な理由の一つだと考えてよいであろう。

日本文化の特徴についていえば、日本社会の背後にある価値体系は、西洋社会に特徴的な個人の自由、独立、自己主張よりも、むしろ、集団の結束、相互依存、協調に基づいているとよくいわれる。フェンウィック（C. R. Fenwick）が示しているように、大きな社会集団から排除されるという脅威は、遵法精神を培うための真の基礎となるものであるといえる。人間の幸福感や自己評価は、より大きな集団関係、たとえば、家族、仲間、職場、学校、近隣社会、国家内での自己の統合レベルによって大いに左右されるのである。それゆえに、集団意識というものは、日本社会を支配している重要な概念であるということになる。

このような文脈から、まず、強力な逸脱行動統制メカニズム、たとえば、家族、友人、仕事仲間、国家に「恥」をもたらしてはならないことを強調する集団意識が生まれるのである。ブレスウェイト（J. Braithwaite）の指摘をまつまでもなく、我が国では、犯罪をすることは犯罪者個人の「恥」であるだけでなく、同時に、その犯罪者の属する家族、職場、地域社会その他の集団の「恥」でもあるという東洋的倫理が比較的強く支配している。「恥」を通してのこれらの社会的なつながりのおかげで、人間は、多数の他人の見ているところで、信望を失う可能性を増加するような、犯罪をも含めた社会的逸脱行動様式を回避するのである。それゆえに、日本では、家族、学校、地域社会を通じた公的な社会統制はもちろん、その拘束力は年々弱くなってきているとはいえ、インフォーマルな社会統制は、今でもなお効果的なのである。

日本国民の遵法性、自制心、義務への忠誠は、一般に、日本の低犯罪率と関係する特徴であると考えられている。これらの特徴は、また、日本の宗教的伝統の産物であるとも考えられているのである。日本の宗教的伝統は、西洋社会でユダヤ教・キリスト教的な伝統とは対照的に、3つの基本的宗教、すなわち、神道、仏教、儒教によって成り立っているとされる。特に、儒教の根底にある

理念は、権力への服従であることに注意しなければならない。もちろん、儒教のような古い考え方は、もはや、現代の日本社会では基本的な価値観とはいえないけれども、忍耐・服従という考え方に影響を与えているという点では、国民は、一般に、アメリカ人よりも法律や社会秩序を遵奉する傾向があるともいえる。つまり、宗教的理念やそれに関連した忠誠心や服従という社会的価値が、規範的行動を遵守する可能性を高めているともいえるのである。

ともあれ、日本の低犯罪率に対する文化的説明要因は、犯罪の抑制的要素として、日本の文化的独自性を重視しているのである。ベイリー、ベッカー（C. B. Becker）＝フェンウィック、マーチン（R. G. Martin）＝コンガー（R. D. Conger）等の多くの研究は、一様に、日本文化の特性とそれに関連する社会的価値とが、日本社会における遵法性の大きな源であるという考えを示しているのである。

4 人口統計学的・地理的要因

フィラデルフィア市民犯罪委員会（Citizens Crime Commission of Philadelphia）、フェンウィック、笠井総夫等の研究では、我が国が島国であるという地理的条件も、また、日本の低犯罪率を説明するための主たる要因であるとして引用されている。つまり、地理的に孤立しているという状況は、日本国民の単一性に寄与しているとするのである。アメリカ合衆国やその他の先進諸国と比較して、日本国民は、伝統や価値の継続性を含む民族的・人種的同一性の長い歴史を共有しているとし、日本社会の単一性は、アメリカ合衆国でみられるような文化的な不均衡に由来する民族的・社会的緊張から生じる、犯罪や非行行為への参与の可能性を少なくすることに貢献しているとするのである。そして、これらの要因は、いわゆる社会的凝集力や社会的同調力とも関係していると主張するのである。

一言で表現すれば、日本の低犯罪率についての人口統計学的・地理的説明は、日本国民と日本国土の特徴が、日本社会において統一性を生み出すことに貢献している、伝統的な日本文化の構造と密接に関連しているということを強調しているということになるのである。

5 小　　括

　以上においてみたごとく、日本が他の先進諸国と比べて犯罪の少ない国であり、治安の良い国であることは、内外の学者のみならず、一般に認められているところである。ところが、我が国の犯罪統計に基づく分析研究ではなく、国際犯罪統計に基づいて分析した場合には、日本の犯罪率は他の先進諸国の犯罪率と比べても、それほど異ならないという結論を導き出すことも可能である。

　たとえば、国際犯罪統計を用いて、日本を含む16か国の先進諸国の殺人、強姦を含む性犯罪、および窃盗の犯罪率の国際比較を行った藤本哲也・朴元奎の研究によると、①長期的な時系列でみると、日本の犯罪率は、他の先進諸国よりも必ず常に低かったわけではないということ、②日本の犯罪パターンは、他の多くの先進諸国の犯罪パターンと類似しているということ、つまり、先進諸国においては、いずれの国も財産犯罪が多く、暴力犯罪はきわめて少ないということ、③さらに、公共の安全という観点から、日本の死亡率（殺人、自殺、交通事故、労働災害死）を分析すると、日本は比較対象の16か国のなかで、ほぼ中央に位置していることがわかるのである。

　もちろん、今更改めて言うまでもなく、国際比較をする場合に問題となるのは、それぞれの国で犯罪の統計方法を異にし、基礎となる犯罪の種類や要件にも差違があり、正確な比較は困難であるということである。しかし、藤本哲也・朴元奎の研究で得た結論は、日本の低犯罪率に関する通説的見解である日本文化特殊説ないし日本例外主義の妥当性を再検討しなければならないということを示唆するものである。将来的には、特殊文化的説明よりも、日本の近代化・産業化の構造的な影響の分析を重視する「構造的アプローチ」から、日本の犯罪パターンを実証的に分析・検討することが必要ではないかと思われる。

　しかしながら、そうはいっても、短期的なレンジで日本における低い少年非行や犯罪の発生率の説明は、単一の要因によって言及することはきわめて困難であるから、当分の間は、ここで紹介したような4つの要因、すなわち、(1)社会的・経済的要因、(2)法的・刑事司法運営的要因、(3)文化的要因、(4)人口統計

学的・地理的要因の結合の産物であると理解しておくことの方が、より多くの支持を得られるのではないかと思われる。

4 平成の時代の犯罪情勢

　1989(昭和64)年1月7日をもって、激動と波乱の昭和の時代は終わり、平成の時代を迎えた。だれしもが平成の時代こそ、新しい時代の幕開けであると喜び、日本のさらなる繁栄の時代が到来したとの希望をもち、その希望は確信へと向かっていた。しかしながら、平成4年のバブル経済の崩壊は、大規模な企業倒産や不良債権の回収等をめぐって我が国の経済および国民生活全体に重大な影響を生じさせたのである。失業率はかつてないほど上昇し、年功序列制、終身雇用制は終焉を迎え、サラリーマンは日常的にリストラの危機にさらされ、すべての収入を投入した家屋敷はその財産的価値を失った。会社・企業の倒産は相次ぎ、中高年の自殺もかつてないほど増加した。退職後の悠々自適の生活を夢見ていた人々は、老後の豊かな生活が「夢のまた夢」であるという現実を突きつけられたのである。こうした社会情勢が犯罪や非行の発生に影響を与えたことはいうまでもない。

　表1をみて分かる通り、我が国の刑法犯認知件数は、1996(平成8)年以降、連続して戦後最悪の記録を更新し、2001(平成13)年には358万件を超えたのである。交通関係業過を除く刑法犯をみると、認知件数は273万件を超える一方で、検挙率は戦後初めて20％を下回っている。「検挙に勝る防犯なし」という諺があるが、近年における検挙率の低さが、犯罪者を増長させている側面のあることを銘記すべきである。もちろん、この検挙率の低さの要因は、全体の86％を占める窃盗および約5％を占める器物損壊の検挙率の低さが、全体としての検挙率に影響を与えているという懸念がないではない。しかし、特に暗数がきわめて少ないといわれている強盗の検挙率が下がっていることは気になるところである。

　こうしたここ2、3年の犯罪情勢の特徴をまとめてみると、①戦後最高を更

新した刑法犯の認知件数は、1996(平成8)年から加速度的に増加していること、②顕著な増加が認められるのは、窃盗と交通事犯であること、③少年非行の検挙人員はやや減少したが、高水準を維持していること、④窃盗では、ひったくり等の暴力的手段を用いた犯罪の増加や職業的な空き巣狙い等の侵入盗の増加、さらには共犯事犯の増加等が目立つこと、⑤窃盗を除く一般刑法犯でも、暴力的色彩の強い強盗、傷害、強制猥褻、器物損壊等の増加が顕著であること、⑥薬物犯罪は大型化・組織化が進んでいること、⑦外国人犯罪は総数では減少したものの、強盗や薬物犯罪などの悪質事犯は減少せず、外国人新受刑者は4年連続で上昇していること、その反面、⑧検挙件数が増加するなかで、検挙率は、全体で42.7％と戦後最低を更新し、窃盗の検挙率は20％を切る事態であること、⑨矯正施設は収容率が100％を超え、過剰収容時代になったこと等が挙げられるのである。

　この時期の著名な犯罪事件としては、女子高生コンクリート詰め殺人事件(平成元年)、連続幼女誘拐殺人事件(平成元年)、坂本弁護士一家殺害事件(平成元年)、トリカブト保険金殺人事件(平成3年)、福岡美容師バラバラ殺人事件(平成6年)、松本サリン事件(平成6年)、地下鉄サリン事件(平成7年)、神戸児童連続殺傷事件(平成9年)、和歌山砒素入りカレー事件(平成10年)、大分県一家殺傷事件(平成12年)、西鉄バスジャック事件(平成12年)、世田谷一家殺害事件(平成12年)、大阪池田小学校児童殺傷事件(平成13年)、長崎幼児誘拐殺害事件(平成15年)等がある。

　こうした平成の時代の犯罪は、社会環境の変化や経済情勢、あるいは国際化の影響等諸々の要因が複雑に絡み合っているように思われる。

　特に、昭和末期から平成初期のいわゆるバブル経済の崩壊以来、10年以上にわたって経済不況が続き、金融機関の破綻、大企業の倒産等、高度成長時代には想像することすらできなかった事態が出現した。最近の犯罪情勢は、こうした社会・経済状況と決して無縁ではないのである。

　特に、ここ2、3年の犯罪動向をみると、犯罪現象が全国に拡散されるなど、犯罪における地域性が希薄になり、犯罪をする者も、前科・前歴のない一般市

民にまで拡大していることが危惧されるのである。

以下においては、平成14年版の『犯罪白書』を用いて、諸外国との犯罪動向の比較をしてみることにしたい。

1　諸外国との犯罪動向の比較

図2は、1981(昭和56)年から2000(平成12)年までの20年間にわたる、アメリカ、ドイツ、イギリス、フランス、日本の5か国における主要な犯罪の認知件数・発生率・検挙率の推移を比較したものである。

図2の1①をみていただければ明らかであるが、我が国の主要な犯罪の認知件数は、他の4か国を大きく下回っているものの、1981(昭和56)年以降増加傾向を示し、特に1996(平成8)年からは、各年とも前年を上回る増加となっている。

これに対して、その他の4か国における主要な犯罪の認知件数をみると、最も認知件数が多いアメリカでは、1992(平成4)年から認知件数は減少傾向に転じ、5か国のなかで唯一減少している国となっている。これは、クリントン政権下の経済復興に帰するところが大であり、失業率の低下とともに、犯罪が減少しているのである。フランス、ドイツおよびイギリスは、増減を繰り返しながらも全体としては増加傾向を示している。なかでも、イギリスは、2000(平成12)年と1981(昭和56)年とを比較すると、最も増加が著しく、約2倍の増加を示している。ドイツは、1991(平成3)年の統一以降、増加が顕著であったが、1996(平成8)年以降減少に転じている。フランスは、1995(平成7)年から減少していたが、1998(平成10)年から再び増加し現在に至っている。

図2の1②は、1981(昭和56)年以降の各国の主要な犯罪の発生率をみたものである。2000(平成12)年の発生率は、イギリス、ドイツ、フランス、アメリカの順で多く、我が国は5か国のなかで最も少ない数値を示している。しかしながら、1981(昭和56)年と比較すると、唯一アメリカが減少し、我が国を含む4か国は増加しており、イギリス、日本、フランス、ドイツの順で増加率が高くなっているのである。

図2 5か国における主要な犯罪の認知件数・発生率・検挙率の推移

1 認知件数
① 実数　　　　　（1981年～2000年）

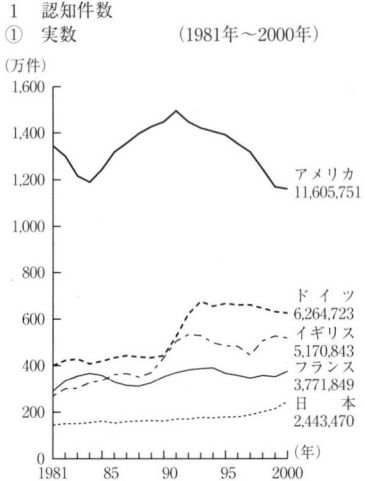

② 発生率　　　　（1981年～2000年）

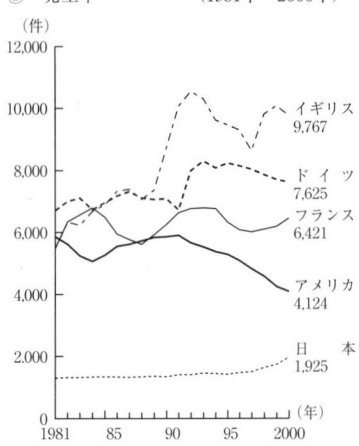

2 検挙率　　　　（1988年～2000年）

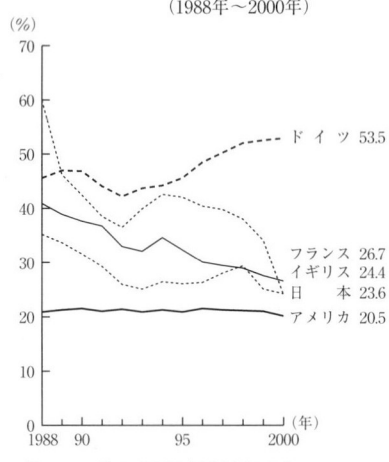

注：1．次の各国の統計書による。
　　　フランス　Aspects de la crimi-nalité et de la délinquance constatées en France
　　　ドイツ　　Polizeiliche Kriminal-statistik
　　　イギリス　Criminal statistics England and Wales
　　　アメリカ　Crime in the United States
　　　日　本　　警察庁の統計
　　2．「発生率」とは、人口10万人当たりの認知件数である。
　　3．巻末資料1-13の注2～5に同じ。
資料源：法務省法務総合研究所編『平成14年版　犯罪白書』財務省印刷局（2002年）86頁。

図2の2は、我が国で主要な犯罪の検挙率が急激な低下を始めた1988(昭和63)年以降の各国の検挙率の推移をみたものである。我が国の検挙率は、1999(平成11年)までフランス、イギリス、およびアメリカの3か国と対比すると、全期間を通じて、これらの国の検挙率を上回っていた。しかし、ドイツと比較すると、1989(平成元)年から下回っており、1995(平成7)年以降、その差は拡大しつつある。また、我が国以外の他の4か国では、ここ数年の検挙率がおおむね7ポイント以内の変動であるのに対して、2000(平成12)年における我が国の検挙率（23.6％）は、前年比で10.2ポイント低下しており、フランスおよびイギリスの数値をも下回っているのである。

　その主な理由としては、少年犯罪や外国人犯罪の多発化傾向を受けて、犯罪の多様化に捜査が追いつかないことや、余罪捜査の困難性が挙げられている。たしかに、少年の路上強盗事件などは、被害者の記憶があいまいで、余罪すべてを立件することは難しいといえるし、荒稼ぎを目的に入国する外国人は、生活基盤が日本にはなく、実態の把握ができないこともあり、また、たとえ逮捕ができたとしても、取調べで言葉の壁にぶつかり、いもづる式の捜査ができないという困難さはあるといえるであろう。しかし、それよりも、もっと大きな問題は、警察不祥事が続発した結果として、国民が警察を信用しなくなったことが、何よりもの大きな原因であるように私には思われる。

　近年、55年体制の崩壊や社会の急激な価値観の変化に伴い、警察組織の求心力が低下し、警察官のサラリーマン化も進んでいる。さらに、ここ数年の不祥事続きで、国民の警察への信頼が低下し、犯罪に対する不安感が国民の間に広がったことも確かである。こうした状況が、治安の低下と相乗効果をもたらし、小さなことでも警察に届けたり、告訴・告発に踏み切る人が増え、警察の犯罪受理件数の増大をもたらし、結果として検挙率を下げているという実態がそこには存在するのである。警察官の増員要請が声高に叫ばれているようであるが、警察官の人員増よりも大切なことは、警察官1人ひとりの意識を改革し、警察自体がその信頼を1日も早く回復するすることが、何よりもの解決策であると私には思われるのであるがどうであろうか。

図3は、1988(昭和63)年以降における各国の殺人の認知件数および検挙率をみたものである。

　各国によって殺人の構成要件に多少の差違があるので、単純に比較検討することには問題のあることは充分に承知の上でのことではあるが、各国で殺人として取り上げられている統計によると、我が国の殺人の認知件数は、アメリカ、ドイツおよびフランスを下回っている。我が国は、1991(平成3)年以降、認知件数ではイギリスとほぼ同じ水準で推移しているが、発生率では、他の4か国を相当下回っているのである。

　一方、殺人の検挙率をみると、我が国は、1988(昭和63)年以降、他の4か国を上回る高い検挙率を維持している。しかし、2000(平成12)年の検挙率は、我が国は94.3％であり、フランス、イギリスおよびアメリカを上回ってはいるが、ドイツ (95.3％) を下回っている。

　図4は、1988(昭和63)年以降における各国の窃盗の認知件数および検挙率の推移をみたものである。

　窃盗については、他の4か国では、いずれも1992(平成4)年から1994(平成6)年の間に、認知件数が減少傾向に転じているのに対し、我が国では、1994(平成6)年以降増加傾向がみられる。

　一方、我が国の窃盗の検挙率は、1988(昭和63)年には、55.7％と、フランスやアメリカの3倍以上、ドイツやイギリスの1.5倍以上の数値を示していたが、その後急落し、2000(平成12)年には、19.1％とドイツ (31.2％) を下回っているのである。

　全体的にいえることは、平成の時代、特にバブル経済の崩壊後の我が国の犯罪の増加率には著しいものがあるが、しかし、世界の先進諸国と比べた場合、いまだ我が国の犯罪発生件数そのものはかなり低いレベルにあるといってもよいであろう。今、この時にこそ、治安の回復を目指すべきであり、安全神話の復活を国民の各層で、それぞれ1人ひとりが真剣に考えるべき時であると私は思う。社会不安の解消こそが緊喫の課題であるといえるであろう。

図3 5か国における殺人の認知件数・発生率・検挙率の推移
(1988年～2000年)

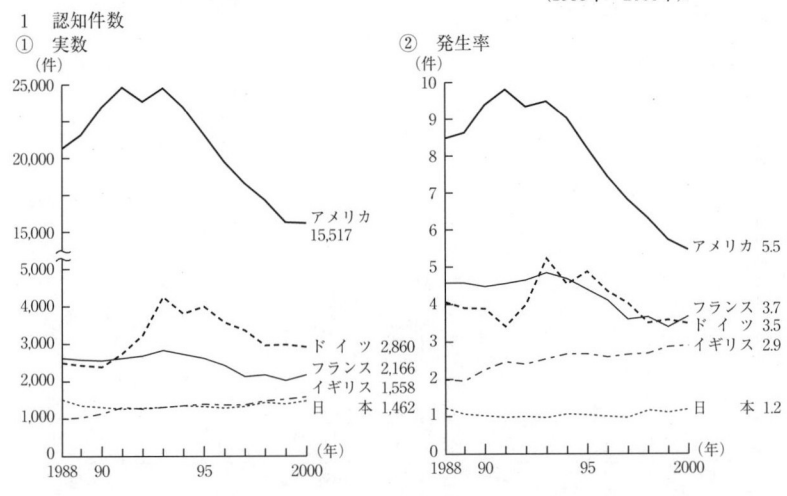

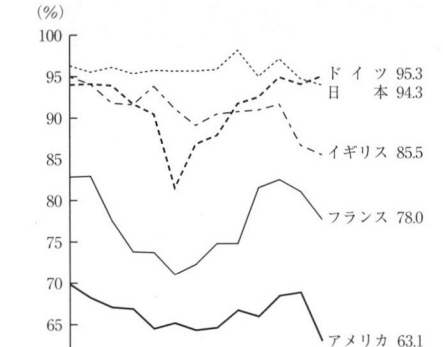

1 認知件数
① 実数 (件)
- アメリカ 15,517
- ドイツ 2,860
- フランス 2,166
- イギリス 1,558
- 日本 1,462

② 発生率 (件)
- アメリカ 5.5
- フランス 3.7
- ドイツ 3.5
- イギリス 2.9
- 日本 1.2

2 検挙率 (%)
- ドイツ 95.3
- 日本 94.3
- イギリス 85.5
- フランス 78.0
- アメリカ 63.1

注：1．次の各国の統計書による。
　　フランス　Aspects de la crimi-nalité et de la délinquance constatées en France
　　ドイツ　　Polizeiliche Kriminal-statistik
　　イギリス　Criminal statistics England and Wales
　　アメリカ　Crime in the United States
　　日　本　　警察庁の統計
2．「発生率」とは、人口10万人当たりの認知件数である。
3．巻末資料1-13の注3・4に同じ。
4．巻末資料1-14の注2に同じ。
資料源：法務省法務総合研究所編『平成14年版　犯罪白書』財務省印刷局（2002年）88頁。

図4 5か国における窃盗の認知件数・発生率・検挙率の推移
(1988年～2000年)

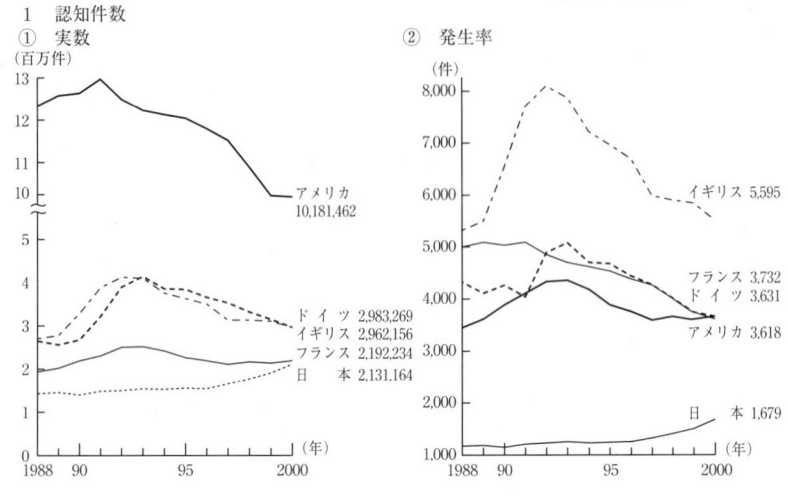

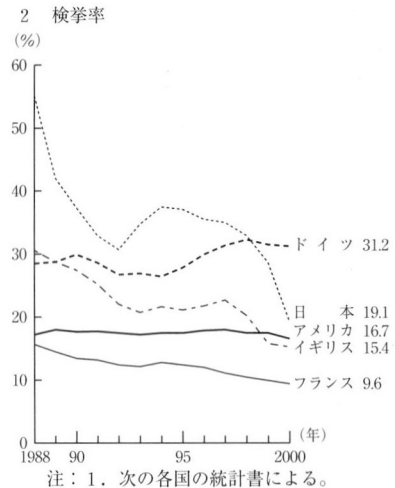

1 認知件数
① 実数
(百万件)

アメリカ 10,181,462
ドイツ 2,983,269
イギリス 2,962,156
フランス 2,192,234
日　本 2,131,164

② 発生率
(件)

イギリス 5,595
フランス 3,732
ドイツ 3,631
アメリカ 3,618
日　本 1,679

2 検挙率
(%)

ドイツ 31.2
日　本 19.1
アメリカ 16.7
イギリス 15.4
フランス 9.6

注：1．次の各国の統計書による。
　　　フランス　Aspects de la crimi-nalité et de la délinquance constatées en France
　　　ドイツ　　Polizeiliche Kriminal-statistik
　　　イギリス　Criminal statistics England and Wales
　　　アメリカ　Crime in the United States
　　　日　本　　警察庁の統計
　　2．「発生率」とは、人口10万人当たりの認知件数である。
　　3．巻末資料1-13の注3・4に同じ。
　　4．巻末資料1-14の注3に同じ。
資料源：法務省法務総合研究所編『平成14年版　犯罪白書』財務省印刷局（2002年）89頁。

2　気になる中高年の犯罪

　図5と表2、表3をみていただきたい。これは警察庁が「1995(平成7)年から1999(平成11)年までの人を死に至らしめる犯罪による検挙人員」を犯行時の年齢別に調べた調査結果である。表2にみられるごとく、全国で殺人(未遂や予備を含む)事件で、逮捕、書類送検された容疑者合計6,499人を調べたところ、49歳が最も多いことがわかった。表3の強盗殺人や傷害致死などの凶悪犯罪を加えた統計でも、49歳は17歳と18歳に次いで3番目に多い数値を示しているのである。

　表2の集計によると、5年間で殺人事件で検挙された49歳は185人で、すべての年齢を通じて最も多かった。続いて、47歳が164人、48歳が160人、45歳が159人で、40歳代後半が目立っている。

　「49歳の犯罪」が統計上明確になるのは、1997(平成9)年からであり、同年は42人で、44人を記録した28歳に次いで2番目であった。1998(平成10)年と1999(平成11)年は46人と42人で連続トップの座を占めている。表3の強盗殺人や傷害致死などを加えた犯罪でも、49歳は、5年間で214人が検挙されている。17歳の281人、18歳の244人に次いで3番目の数値である。

　49歳の犯罪が目立ちはじめたのは1997(平成9)年からで、1996(平成8)年までは30代以下が多かった。警察庁としては、なぜ49歳の殺人が多いのかについては分析していない。ただ、今回の統計の49歳は、1946(昭和21)年から1950(昭和25)年生まれに当たり、いわゆる団塊の世代(昭和22～24年生まれ)とほぼ重なっているのである(朝日新聞・2001年4月6日)。

　表3で明らかなように、17歳、18歳、49歳が1位、2位、3位を占めているが、これらの年代は、奇しくも、団塊の世代と団塊ジュニアの世代である。ここ数年17歳の犯罪がマスコミを賑わせているが、これは、団塊の世代の子育ての失敗を意味すると同時に、団塊の世代が抱える独自の問題が表面化した結果であるとも考えられるのである。

　調査の対象となった1999(平成11)年は、戦後のベビーブーム期に生まれた団

図5 平成7年から平成11年までの人を死に至らしめる犯罪による検挙人員の合計（犯行時の年齢）

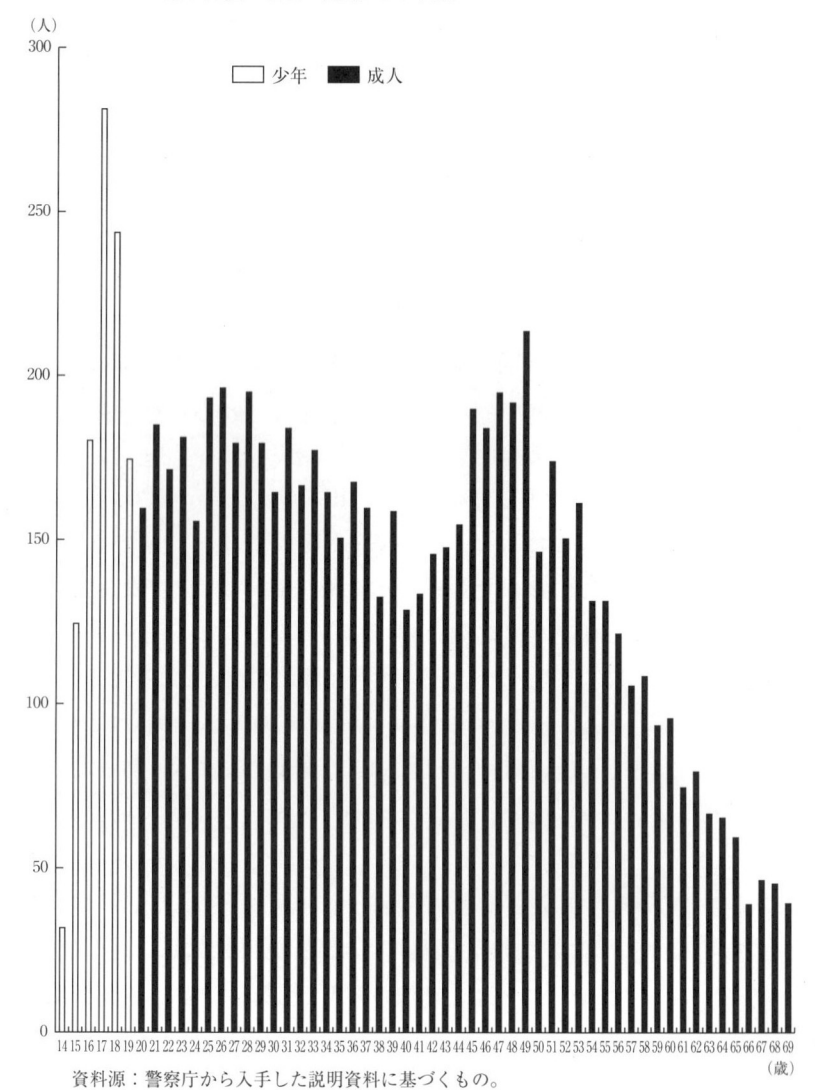

資料源：警察庁から入手した説明資料に基づくもの。

表2 殺人の犯行時の年齢別検挙人員 (人)

少年

	総数	14歳	15歳	16歳	17歳	18歳	19歳
H7	1,295	78	3	8	8	16	17	26
H8	1,242	100	0	11	24	30	18	17
H9	1,284	80	2	10	10	14	21	23
H10	1,365	116	6	10	26	20	35	19
H11	1,313	113	3	13	8	36	31	22

成人

	20歳	21歳	22歳	23歳	24歳	25歳	26歳	27歳	28歳	29歳	30歳
H7	1,217	21	27	26	37	36	38	46	39	30	30	24
H8	1,142	24	28	24	32	20	20	37	23	24	30	27
H9	1,204	20	22	33	25	21	26	22	33	44	27	25
H10	1,249	15	22	18	20	26	30	17	30	30	26	33
H11	1,200	20	27	14	20	19	22	29	26	27	36	25

	31歳	32歳	33歳	34歳	35歳	36歳	37歳	38歳	39歳	40歳
H7	29	29	22	27	23	32	22	21	30	24
H8	29	21	42	22	18	23	19	29	25	25
H9	27	30	28	22	25	27	32	31	25	18
H10	31	29	27	29	24	26	28	16	30	17
H11	30	29	22	26	30	27	24	12	25	23

	41歳	42歳	43歳	44歳	45歳	46歳	47歳	48歳	49歳	50歳	51歳
H7	15	26	23	29	42	32	38	29	24	12	39
H8	13	27	26	18	35	33	35	30	31	18	26
H9	30	25	26	27	19	23	32	31	42	32	19
H10	21	25	24	34	33	31	38	33	46	36	27
H11	22	20	15	20	30	28	21	37	42	33	41

	52歳	53歳	54歳	55歳	56歳	57歳	58歳	59歳	60歳	61歳
H7	20	37	18	26	17	16	12	15	19	11
H8	31	28	27	19	15	12	18	18	16	16
H9	24	26	20	26	24	17	27	9	20	11
H10	21	23	26	20	27	29	21	25	17	14
H11	36	25	21	19	26	23	20	19	15	14

	62歳	63歳	64歳	65歳	66歳	67歳	68歳	69歳	70〜80歳	81〜98歳	年齢不明
H7	10	11	16	16	4	9	3	2	28	5	0
H8	13	10	6	9	4	10	2	9	32	13	0
H9	11	14	12	12	8	9	5	3	45	12	0
H10	19	12	10	11	9	8	18	10	47	10	0
H11	23	12	19	6	12	7	9	11	53	8	0

資料源：警察庁から入手した説明資料に基づくもの。

表3 人を死に至らしめる犯罪の犯行時の年齢別検挙人員

(人)

	総数	少年	14歳	15歳	16歳	17歳	18歳	19歳
H7	1,603	154	3	20	23	44	29	35
H8	1,568	201	1	25	48	67	32	28
H9	1,623	179	7	24	26	28	62	32
H10	1,821	287	16	29	55	76	71	40
H11	1,709	213	4	26	28	66	50	39

成人

	20歳	21歳	22歳	23歳	24歳	25歳	26歳	27歳	28歳	29歳	30歳
H7	1,449	27	35	38	43	39	44	53	44	41	35	31
H8	1,367	37	42	32	41	30	32	42	29	33	36	30
H9	1,444	23	36	51	31	28	39	32	38	50	36	29
H10	1,534	40	33	27	30	30	44	31	37	34	32	40
H11	1,496	32	39	23	36	28	34	38	31	37	40	34

	31歳	32歳	33歳	34歳	35歳	36歳	37歳	38歳	39歳	40歳	41歳	42歳	43歳	44歳	45歳	46歳	47歳	48歳	49歳	50歳	51歳
H7	37	34	27	34	28	36	28	25	38	30	23	34	30	33	48	41	48	31	27	16	42
H8	35	25	47	32	23	25	25	32	31	27	16	30	33	23	40	42	42	37	35	19	29
H9	32	38	35	32	31	33	40	37	29	19	40	28	33	31	22	30	35	35	46	32	24
H10	44	32	33	33	28	35	34	24	33	21	29	30	27	40	36	36	42	41	56	43	33
H11	36	37	35	33	40	38	32	14	27	31	25	23	24	27	44	35	28	48	50	36	46

	52歳	53歳	54歳	55歳	56歳	57歳	58歳	59歳	60歳	61歳	62歳	63歳	64歳	65歳	66歳	67歳	68歳	69歳	70〜80歳	81〜98歳	年齢不明
H7	22	43	23	29	21	17	13	16	19	11	10	14	17	16	4	9	6	2	32	5	0
H8	35	30	28	24	15	12	18	20	18	17	14	11	7	10	5	10	3	10	35	13	0
H9	29	30	23	29	25	17	30	9	21	16	11	16	12	14	9	10	5	3	48	12	0
H10	23	28	31	25	33	34	24	27	20	16	20	13	10	12	9	9	19	13	50	10	0
H11	41	30	26	24	27	25	23	21	17	14	24	12	19	7	12	8	12	11	54	8	0

資料源:警察庁から入手した説明資料に基づくもの。

塊の世代約800万人が50歳代になり、50歳以上が全人口の40％弱を占めるようになった時代である。この年齢層の人々は、ほぼ子育てを終え、定年を目の前にして、第2の人生の準備に入る時期である。職場では、いわゆる「勝ち組」と「負け組」がハッキリとしていて先が見えている。一方、家庭では、子どもが手を離れ、夫婦の関係を見直そうとしても、これまで会社人間で、家庭をないがしろにしたツケがまわってきて、「亭主元気で留守が良い」と妻からは粗大ゴミ扱いされる。家庭には自分の居場所すらもない。しかも、親の介護の問題が容赦なくのしかかってくる。自分の人生はこれからどうなるのか。そういう不安が一気に押し寄せてくるのが、この50歳代前後の年齢層の人々である。

　年齢別にみて、50歳前後の人が最も殺人事件を起こす割合が高いのも、こうした仕事、家庭、老後と絶えず不安のつきまとう人生の岐路に立つ年代であるというところにその原因があるとも考えられるのである。アメリカでは、こうした状況下で犯罪をする人々を「社会的不安症候群」（Social Anxiety Syndrome）というキーワードを用いて説明しているが、この概念は、日本の中高年の犯罪を説明するためにも使用することができるのではないかと思う。

　この年齢層の人々は、衝動性をコントロールする力が弱くなっていることから、些細なことで我を忘れて行動し、なぜ自分がそんな行動をしたのか説明がつかないほど場当たり的であるともいわれ、その上に、バブル経済の崩壊後の経済構造の変化によって、終身雇用制や年功序列制などのこれまでの日本的枠組が音を立てて壊れていくなかで、一番打撃を受けているのもこの世代の人たちであるといわれている。

　団塊の世代である彼らは、これまでにきわめて苛酷な競争社会を生き抜き、会社人間として懸命に働いて、時には仲間を蹴落としながら、現在の地位を築いてきたという自負心もある。ところがフタを開けてみると、終身雇用制はもはや夢でしかなくなってしまい、まだ、定年まで10年はあると思っていたのが、突然のリストラや肩たたきにあってしまう。しかも、高度情報化社会の到来で、今や携帯電話やパソコンは使いこなせて当たり前の時代である。にもか

かわらず、この世代はIT化についていけないために、リストラで首を切られても再就職への道も開けない。さらに、土地神話の崩壊で、無理してローンを組んで買った家の資産価値がどんどん下がっていく。今までは、家さえあればなんとかなると思っていたのが、もはや家を売って老後の生活資金に当てることもままならない。当てにしていた年金も、年々目減りする。医療費は高くなる。これでは、踏んだり蹴ったりで、安定した将来の見通しなど立つはずがないのである。

こうなると、「いったい自分は今まで何をやってきたんだ」と、これまでの人生がすべて否定されたような気持ちになるのも当然で、そこに生じてくるものは、言いようのないほどの孤独感や寂寥感である。もちろん、多くの人は、それでもがんばって生きているわけであるが、これだけの圧力を被ったとき、衝動をコントロールすることができずに犯罪に走ってしまう人がいるのもまた事実である。

最近のマスコミの報道では、自殺をするに至ったり、うつ病にかかる中高年が増えているということであるが、これは、精神的に追いつめられたときの攻撃性が、外へではなくて、内に向けられた場合に表れる現象で、根底にある問題はまったく同じであるといえよう。

つまり、現代では、最も迷いの多い年代は50歳前後であり、人生の岐路に立たされたストレスから、つい衝動的な行動に出てしまうことが多いと考えられるのである。

それでも、家族という支えがあれば、この危機を何とか乗り越えることができるであろう。落ち込んでいるときに、「お父さん、どうしたの？」と、一言でも妻が声をかけてくれれば、それだけでもずいぶんと安心できるものである。ところが、昨今は、リストラ離婚や家庭内別居といった家庭崩壊が起こっている。こうしたことも、ここにきて、キレておかしくなって犯罪をする中高年が増えた一因であるとも考えられるのである。

人間は、ストレスには耐えられても、孤独感には耐えられないものだといわれている。私は、今の時代に最も必要なのは、「家族の絆」、それも、特に「夫

婦の絆」を取り戻すことではないかと思う。高度経済成長の時代に会社人間となり、家庭を顧みなかった男性にも問題はあるけれども、今の日本の家庭は、あまりにも母親と子どもがベッタリとくっつき過ぎて、父親不在、夫不在が当たり前になっているのではなかろうか。

　今更改めて言うまでもなく、親と子は、本来距離を置いておかなければならないもので、その分、夫婦の距離を近づけるべきである。それが子どもの教育のためにも一番良いと思う。夫婦がお互いにこれまでの人生をもう一度見直して、幸せなときも、大変なときもあったけれども、自分たちはここまで一緒にやってきたんだということを、まず認識すべきであろう。そしてその上で、今の現実を踏まえて、定年後の第2の人生をどう生きるかを夫婦で考えてみるべきである。そのときに大切なのは、これまでに蓄えた経験なり、能力なりを生かして、少しでも良いから社会の役に立つことはないか。そういう視点をもって行動することである。たとえば、夫婦で畑仕事を始めて収穫物を周囲の人に配って喜んでもらうのも良いであろう。それぞれに関心のあるボランティア活動に参加するのも良いであろう。そうした生きがいが見つけられれば、夫婦間のコミュニケーションも濃密なものになるし、人の役に立っているという喜びが、実は自分たちの家庭を再統合する大きな要因ともなるのである。

　こうした前向きな人生設計が立てられれば、ストレスも孤独もなくなるのではないかと思う。そうすれば、キレることも戸惑うことも、なくなるはずである。「セカンド・ハネムーン」という言葉があるけれども、子どもを絆としたこれまでの家庭ではなく、夫婦の絆を大切にする家庭をどのようにして作っていくか、そこにこれからの中高年の夫婦生活の大きな課題があるような気がするのであるが、皆さんの考えはどうであろうか。

5　安全神話は崩壊したのか

　以上、戦後60年間の犯罪情勢を分析してみたのであるが、昭和の末頃に、世界で最も安全な国といわれた我が国の犯罪情勢からみると、平成の時代は、

たしかに、バブル経済の崩壊が社会的不安要因を増大させているといっても過言ではない。もちろん、我が国は、戦前の経済不況期における犯罪の増加、戦時中の犯罪の減少に続いて、終戦後の混乱期には、史上最悪といわれる犯罪の激増を経験した。その後の経済の復興と社会秩序の回復につれ、犯罪は漸減していったが、やがて、急速な経済発展と産業化・都市化・国際化の進展に伴い、交通関係犯罪、少年非行、財産犯等が再び増加傾向を示し、昭和63年には、刑法犯は昭和時代の最高値を記録するに至っているのである。

しかし、質的にみる限り、件数の増大自体は、交通犯罪や比較的軽微な窃盗・占有離脱物横領等の増加によるものであり、凶悪犯・粗暴犯は減少傾向にあったので、欧米諸国と比べれば、犯罪そのものは、全体として安定した時代にあったといえるのである。とはいえ、業務上過失致死傷を除く刑法犯の検挙人員の約50％が少年で占められ、凶悪犯・粗暴犯の約20％から60％が暴力団関係者によって構成されているという具合に、犯罪情勢の不確実性は、平成の時代に持ち越されたとも考えられる。

事実、平成の時代になってから、不法滞在外国人による組織的かつ大胆な犯罪が増加し、神戸・児童連続殺傷事件や長崎・男児誘拐殺害事件のように、少年非行が深刻化しており、暴力団による犯罪も、あいかわらず社会安全に対する脅威として、巧妙化・潜在化しているのである。

しかしながら、そうはいうものの、私は、我が国の犯罪情勢は、まだまだ、改善の余地が残されていると思う。本章で解説した、我が国の犯罪の少ない要因は、その多くがまだまだ健在であるように思われるし、国際比較をしたデータをみて頂いてもお分かりのように、我が国は、検挙率の点を除けば、犯罪の発生率、刑法犯認知件数とも、きわめて低い数値を維持しているからである。我が国の安全神話は、たしかに崩壊しつつあるといえるかもしれないが、まだ崩壊してはいないのである。

実際問題として、昨今、強盗、傷害、暴行、脅迫、恐喝、強姦、強制猥褻、住居侵入および器物損壊等の暴力的色彩の強い犯罪が増加し、国民に不安や恐怖を与え、日常生活のなかに、犯罪の被害者になる危険性が増大しているよう

にみえる。こうした国民の犯罪不安を除去するためには、私は、犯罪対策先進国であるアメリカの経験が参考になるのではないかと思う。

たとえば、まず第1の方策として、「軽微な犯罪を徹底的に取り締まることにより、結果として凶悪な犯罪を防ぐ」という手法を採用することができるであろうか。これは、いわゆる「破れ窓理論」(Broken Windows Theory)と呼ばれているものである。ニューヨーク前市長ジュリアーニ氏によって実践され、驚くべき成果を挙げた。裁量の余地なく違反行為を厳格に取り締まるという政策を採ったため、これを「ゼロ・トレランス政策」(Zero-tolerance Policing)とも呼ぶのである。この政策のお陰で、現在ニューヨークは、アメリカでも安全な都市の1つであるといわれている。

第2の方策は、「凶悪な犯罪に厳罰化をもって対処する」という手法である。これは、「野球量刑」(Baseball Sentencing)とか「三振アウト法」(Three Strikes and You're Out Law)と呼ばれているが、2回目(ツーストライク)の重罪は2倍の量刑となり、3回目(スリーストライク)の重罪は、25年間仮釈放のない無期拘禁刑に処せられるというものである。結果として、アメリカの刑務所人口は200万人を超え、過剰収容に至っているのであるが、こうした点には留意する必要があろう。

第3の方策は、強姦事犯に対するもので、「性犯罪者の個人情報を住民に公開することによって犯罪を予防する」という手法である。「メーガン法」(Megan's Law)として知られているが、子どもを性犯罪者から守るために、性犯罪の前科をもつ者の現住所や顔写真、身体的特徴、犯歴などを地域住民に知らせるものである。現在、全米すべての州で採用されているが、二重の処罰に当たるおそれがあり、犯罪者の社会復帰にとって著しい弊害となるという批判がある。

第4の方策は、「防犯都市設計によって犯罪に対処する」という手法である。建築物の構造など都市環境デザインに防犯の考えを取り入れるもので、日本でも、最近、スーパー防犯灯(街頭緊急通報システム)や街頭防犯カメラが設置されるようになった。長崎・男児誘拐殺害事件でもその効果を発揮し、注目され

ているところである。

　それでは、日本はどの手法を見習うべきであろうか。以下においては、簡単に、個別に問題点を整理してみよう。

　第4の方策は、たしかに、犯罪防止あるいは容疑者の特定という点では効果があるが、監視社会化をもたらすとの批判が出るおそれがあるであろう。犯罪防止と、市民が日常的に行動をのぞかれるということの兼ね合いは、慎重に検討する必要があろう。

　第3の方策も、被害者保護は図れても、プライバシーの重大な侵害につながり、犯罪者の人権を大きく損なうおそれがあろう。

　第2の方策は、一定の効果こそ期待できるものの、威嚇によって凶悪犯罪を防ぐことには限界があり、刑務所人口も激増するであろうと思う。

　「検挙に勝る防犯なし」の考え方に立つ第1の方策は、警察国家につながるとの懸念があるであろう。ただ、警察が交番という制度できちんと位置づけられている日本では、比較的に無理なく導入できる方策であるかもしれない。従来から存在する交番制度を充実させ、警察と国民との相互理解の推進に努めることが、当面の政策としては、最善の方策ではないかと私は思うのである。約6,600か所の交番と、約8,000か所の駐在所を地域住民のための「生活安全センター」として役立てることにより、住民の犯罪不安を解消させることが、「破れ窓理論」の実践となることは、ニューヨーク市の事例を考えるまでもなく、きわめて有効な施策であるように思われる。

　抽象的な言い方をすれば、今後一層の犯罪防止の実を上げるためには、公的機関の厳正な対応に加え、官民一体となった協力体制を築くことが重要であり、刑事司法機関、犯罪防止に係わる民間組織、地域社会などが、その連携を強化し、相互理解を深めながら、治安を維持するための努力を重ねていくことが、今まさに求められているのである。「安全神話の復活」、すなわち、世界で一番安全な国日本を再建設するためにも、われわれ国民の1人ひとりが、安全で、安心できる、健全な町作りをしていくことが、今まで以上に期待されているのである。しかしながら、そうしたことよりも重要なことは、日本の政権を担う

者が、1日も早く現在の経済状況を改善し、失業率を低下させ、社会福祉を充実させ、老後の不安をなくすことが、最大の刑事政策であるように私には思われるのであるが、どうであろうか。考えてみて頂きたい。

参 考 文 献

［1］ イザヤ・ベンダサン『日本人とユダヤ人』山本書店（1971年）。
［2］ 法務省法務総合研究所編『平成元年版 犯罪白書』大蔵省印刷局（1989年）。
［3］ 藤本哲也「なぜ戦後の日本は低犯罪率を維持できたのか」『戸籍時報』452号（1995年）54-58頁。
［4］ シュラ・ウラ・クック「日本の低い犯罪発生率の社会・文化的要因」『更生保護』39巻12号（1988年）19-22頁。
［5］ 法務省法務総合研究所編『昭和52年版 犯罪白書』大蔵省印刷局（1977年）。
［6］ Shelley, L. I., *Crime and Modernization : The Impact of Industrialization and Urbanization on Crime*. Carbondale and Edwardsville : Southern Illinois University Press, 1981, p. 74.
［7］ Ames, W. L., *Police and the Community in Japan*. Berkeley : University of California Press, 1981.
［8］ Bayley, D. H., *Forces of Orders*. Berkeley : University of California Press, 1976.
［9］ Parker, L. C., *The Japanese Police System Today : An American Perspective*. Tokyo : Kodansha International, Ltd., 1984.
［10］ Webb, J., "What Americans Learn from Japanese Prisons," *Parade Magazine*, January 15, 1984, p. 7.
［11］ DeVos, G. and H. Wagatuma, *Japan's Invisible Race : Caste in Culture and Personality*. Berkeley : University of California Press, 1967.
［12］ Fenwick, C. R., "Crime and Justice in Japan : Implication for the United States," *International Journal of Comparative and Applied Criminal Justice*, Vol. 4, Spring 1982, pp. 61-71.
［13］ Becker, C. B., "Report from Japan : Causes and Control of Crime in Japan," *Journal of Criminal Justice*, Vol. 16, No. 5, 1988, pp. 425-435.
［14］ Martin, R. G. Jr. and R. D. Conger, "A Comparison of Delinquency Trends : Japan and the United States," *Criminology*, Vol. 18, No. 5, 1980, pp. 53-61.
［15］ The Citizens Crime Commission of Philadelphia, *Tokyo : One City Where Crime Doesn't Pay ! A Study of the Reasons for Tokyo's Low Urban Crime Rate and What Can Be Learned to Help America's Crime Crisis*. Philadelphia : The Citizens Crime Commission of Philadelphia, 1975.

[16] Fujimoto, T. and W. Park, "Is Japan Exceptional? Reconsidering Japanese Crime Rate," *Social Justice*, Vol. 21, No. 2, 1994, pp. 110-135.
[17] Braithwaite, J., *Crime, Shame and Reintergration*. Cambridge : Cambridge University Press, 1989.
[18] 法務省法務総合研究所編『平成14年版 犯罪白書』財務省印刷局（2002年）。
[19] 藤本哲也「世相相談：社会を見る眼 キレる中高年、その理由とは？ "不惑" 世代の凶行を検証する」『倫風』52巻2号（2002年）90-94頁。
[20] 藤本哲也「アメリカ合衆国の野球量刑」『法学新報』106巻5・6号（2000年）35-60頁（本書第4章95-116頁）。
[21] 藤本哲也「メーガン法の連邦法化と合衆国憲法上の問題点」『宮澤浩一先生古稀祝賀論文集 第1巻』成文堂（2000年）199-220頁。
[22] 『朝日新聞』平成13年4月6日（朝刊）。
[23] 『毎日新聞』平成15年3月31日（朝刊）。

第2章
欧米の都市犯罪研究

1　問題の所在

　第1章において詳論したごとく、我が国は、つい最近に至るまで、オランダ、アイルランド、スウェーデンと並んで、最も犯罪の少ない国として、国際的にも評価され、事実、我が国の国民も、日本は世界で一番安全な国であると信じて、「安全神話」を謳歌してきた。

　とはいえ、昭和の時代の犯罪情勢をつぶさに見ると、業務上過失致死傷を除く刑法犯の検挙人員の約50％が少年で占められ、凶悪犯・粗暴犯の約20％から60％が暴力団関係者によって構成されているといった具合に、犯罪情勢の不確実性は、ひそかにではあるが、平成の時代に持ち越されていたのである。実際のところ、平成の時代になってから、不法滞在外国人による組織的かつ大胆な犯罪が増加し、また、神戸・児童連続殺傷事件、長崎・男児誘拐殺害事件、佐世保・小六女子児童同級生殺害事件のような触法少年による犯罪も深刻化しており、暴力団等の組織犯罪もあいかわらず社会安全に対する脅威として、巧妙化・潜在化しているのが現実である。いまや、我が国の「安全神話」は、崩壊過程にあるといっても過言ではないであろう[1]。

　こうした平成の時代の犯罪が、「都市型犯罪」として特徴づけられるかどうかは定かでない。携帯電話やインターネットの普及による高度情報化社会の到来によって、従来のように犯罪の特徴を、都市と農村で区別する意義は、もはや我が国の社会には必要がないように思われるからである。しかしながら、そうはいうものの、私には、現在の我が国の犯罪情勢は、都市型犯罪としての匿

名性を背景に生起しているように思われるのであり、そうした背景を科学的に解明するためには、過去の欧米での都市に関する犯罪の研究を概観してみる必要があるように思われる。

そこで、以下においては、まず、欧米での都市犯罪の研究を概観し、その後で、我が国の都市犯罪の研究について検討を進め、「匿名性」というキーワードを用いて、我が国の最近の犯罪情勢を分析してみることにしたいと思う。

なお、本章は、私が、長年、公私共にお世話になった渥美東洋先生の古稀をお祝いするために執筆したものであり、この場を借りて先生の学恩に対して感謝の意を表したいと思う。

2 欧米の都市犯罪研究の概観

今更改めて指摘するまでもなく、都市と犯罪の先駆的業績はアメリカにおいて見られ、パーク (R. E. Park) を代表者とするシカゴ学派が1920年代から1930年代にかけて展開した人間組織の理論、すなわち「人間生態学」(human ecology) に依存するところが大である。

人間生態学は、社会が「生物的」と「社会的」という2つの組織レベルを有していると考え、基本的に共通の居住地もしくは領域を共有している人々の間に存在し（生物的レベル）、かつその領域の特性と関連する関係（社会的レベル）についての研究を基本とするものである。それゆえに、犯罪研究に関する生態学的なアプローチは、様々な空間的領域の間における様々なタイプの犯罪や犯罪率の分布についての調査に基づいているのである[2]。

しかしながら、犯罪の生態学的傾向を分析する最初の研究は、19世紀に、フランスとベルギーにおいて、ゲリー (A. M. Guerry) = ケトレ (A. Quetelet) によって行われている。これらの研究が、犯罪や犯罪者に関する体系的なデータの利用可能性により促進されたことはいうまでもない。

ゲリーは、フランスを5つの地域に分けることにより、1825年から1830年の間のフランスにおける犯罪データを分析しているのであるが、彼の研究にお

いては、それぞれの地域は 17 の県に分かれていた。このゲリーの研究について、エルマ（M. C. Elmer）は、次のように描写している。

「ゲリーは、それぞれの県における様々なタイプの犯罪に関するデータを収集し、地理的位置、ならびに年齢や性別、さらには教育を考慮することに基礎をおいた、興味深い図表や地図を作成し、比較分析を試みているのである。彼は、犯罪を、人に対する犯罪と財産に対する犯罪とに分類している。」[3]

しかも、ゲリーは、彼の統計算出の基礎を、裁判所により有罪と判定された人々の数よりは、むしろ、犯罪により訴追された人々の数においているのである。

ベルギーにおいて、ケトレも同様に、その研究において、地理的要因、ならびに地理的要因と犯罪分布との間の関連性に焦点を合わせている。彼は、犯罪が貧困、教育の欠如、あるいは人口密度に起因するのかどうかといったような、今もなお問われている問題について、犯罪や他の変数の地理的分布を基礎として、実験的に調べることを試みたのである [4]。

19 世紀における犯罪の生態学的な研究は、同様に、イングランドにおいても行われた。たとえば、ロースン（R. W. Rawson）は、様々な種類の犯罪や、その年齢や性別との関係に関心をもちながら、1835 年から 1839 年の期間についての、イングランド及びウェールズにおいて入手可能な統計を分析している。1831 年の人口調査を用いながら、彼は、主要な経済活動（農業、製造業、採掘業、都市）にしたがって、イングランドとウェールズを 4 つのグループに分けているのである。そして彼は、都市部への人口の集中が、主要な犯罪原因であると結論づけている。こうした一連の研究を、モリスは、以下のように論評している。

「ロースンは、社会行動の規則性や傾向は、様々な区域で異なる社会組織の傾向の結果であるとする彼の見解ゆえに、社会生態学者の称号を与えるにふさわしい人物である」と [5]。

フレッチャー（J. Fletcher）も同様に、イングランドとウェールズの様々な区

域を識別するため、さらには、彼が分析のために「自然地域」(natural areas) と呼んでいるものを作出するために、経済的変数を用いたのである。彼の関心の中心は、教育と犯罪との関係を調査することであった。彼は、彼が「道徳的影響に対する指数」と呼んだもの、ならびに「道徳的結果に対する指数」と呼んだものについて研究している。独立変数としての道徳的影響に対する指数は、人口の分散、人口に比例した実際の財産、人口に比例した楽に暮らせるだけの財産を持った人々、さらには無学（識字率）を含んだものであった。従属変数としての道徳的結果に対する指数は、犯罪、犯罪の遂行、不用意な結婚、私生児の出産、貧民、さらには人口に比例した銀行における預金率を含んだものであった。そしてフレッチャーは、人口が密集している地域が、「過度の退廃」を生み出すというよりは、むしろ、拾い集める効果を有していると結論づけたのである[6]。

　ジョン・グライド (John Glyde) は、この時期に類似した調査を行っている。彼の研究論文である、1848 年から 1853 年の間における司法に関するデータを基礎とした「サフォークにおける犯罪発生地域」(Localities of Crimes in Suffolk) は、カウンティをより小さな分析上の単位に分け、それにしたがってデータを調査しているのである。彼は、犯罪が人口密集とともに増加するという仮説に焦点を合わせたが、明確な関係を見出すことはできなかった。彼は、さらに、犯罪が人々の都市への移住の結果ではないと結論づけている[7]。数年後、メイヒュー (H. Mayhew) は、彼の著書である『ロンドンの刑務所』(*Criminal Prisons of London*) のなかで、ロンドンの様々な地域、ならびにイングランド及びウェールズの特定のカウンティにおける犯罪の集中状況を分析するために、公的な統計を用いている[8]。

　このように、犯罪研究に対する生態学的なアプローチは、アメリカのシカゴ学派の研究よりも、むしろ、犯罪率や人口統計に関する 19 世紀のヨーロッパの研究者たちの研究に由来するものである。しかしながら、このような生態学的なアプローチは、20 世紀のアメリカにおいて、シカゴ大学と何らかの形で関係のある社会学者たちの研究において、極めて影響力のある、かつ、はるか

に洗練されたものとなったのである。

3　20世紀の生態学的研究

　大都市における非行と生態学的領域についての、最初の著名な体系的研究は、ショー（C. R. Shaw）とマッケイ（H. D. McKay）によって1921年に着手された。そして、その成果は、『非行地域』（*Delinquency Areas*）（1929年）、『少年非行における社会的要因』（*Social Factors in Juvenile Delinquency*）（1931年）、『少年非行と都市地域』（*Juvenile Delinquecy and Urban Areas*）（1969年）といったいくつかの著書において出版されている。彼らは、シカゴの自然地域における犯罪と非行の分布について分析し、それを物質的状況（人口の増減）、経済的状況、さらには人口構成といった、社会構造的要因と関連づけたのである。これらの研究において、ショーとマッケイは、生態学的なアプローチにしたがっているのである。彼らは、犯罪率の高い地域が、人口の流動性の高さ、物質的退廃、借家、さらには多種雑多な人々からなる住民によって特徴づけられることを見出しているのである[9]。ファインストン（H. Finestone）は、彼らシカゴ学派の研究成果について、以下のように要約している[10]。

① 非行少年の割合は、通常の空間的様式と一致している。それらは、インナーシティ（旧市内の過密地区）において最も高く、都市の中心部からの距離とともに低下する傾向にある。

② 同じ空間的様式が他の多くの社会問題指数によって示されている。

③ インナーシティにおける住民の国籍の構成が、10年毎に大きく変わっているにもかかわらず、非行少年の割合の空間的様式は、相当長期間にわたって安定性を示している。

④ インナーシティ内において、非行少年になるプロセスは、家族、ギャング、さらには地域の人々を巻き込んだ個人間のネットワークにおいて発生している。

　また、1950年代以降においては、主として都市内部の分析に焦点を合わせ

て、いくつかの大規模な人間生態学的な研究が行われている。たとえば、レンダ（B. Lander）は、ボルティモアにおける少年非行についての生態学的な相関関係について研究をしている。ボードゥア（D. J. Bordua）は、デトロイトにおいてレンダの研究を再現し、さらにチルトン（R. J. Chilton）は、インディアナポリスにおける生態学的研究とともに、ボルティモアとデトロイトの研究を比較した。シュミット（D. E. Schmidt）は、シアトルにおける都市部の犯罪地域についての研究を試みている[11]。

さらに、大統領の『特別委員会報告書』（Task Force Report）において、ウィルクス（J. A. Wilks）は、初期の生態学的研究の中心となるいくつかの特徴について概観している。そこでは、彼女は、このアプローチの中心となる要点について、以下のように要約しているのである。

「犯罪や非行の割合についての空間的な分布区域の発見、さらには、いくつかの事例における、これらの分布区域と人口集合体についての他の特質の分布区域との関連性の分析は、犯罪と非行の生態学についての研究者にとっての目標となっているのである」と[12]。

ウィルクスは、同様に、犯罪率の異質的な分布について論じている生態学的研究の様々なタイプ間の相違を識別している。そこでは、彼女は、4つの異なるタイプの生態学的研究を提示しているのである。すなわち、田舎と都市の相違、都市内部の相違、都市間の相違、さらには地域の相違の4つである。

ビーズリ（R. W. Beasley）＝アーントゥーン（G. Antunes）は、重大犯罪の決定要因に焦点を合わせるために、警察によって認知された犯罪数を用いながら、ヒューストンにおける都市内部の研究を行っている。様々に異なる分析を用いながら、彼らは、最も予測に役立つ能力を有している社会構造的な変数は、平均収入と人口密度であることを見出しているのである[13]。

シュエスラー（K. Schuessler）は、統一犯罪報告書における割合や人口調査のデータを用いながら、アメリカの大都市（人口10万人以上）における変動が、少数の社会的変数によって説明されるものであるか、あるいは多数の要因が必要とされるものであるかについて判断することを目的として、研究を行ってい

る。そして、そこでのもう1つの目的は、分析を通じて明らかとなる統計上の諸要因に関して、社会学的意義を確立することであったのである。彼は、犯罪の発生は社会的諸要因の作用によるものであり、したがって、犯罪はいくつかのカテゴリーにグループ分けされるべきであり、個人的な相違のみではグループ間の相違を説明できないと結論づけたのである[14]。

また、セントルイスにおける都市内部の犯罪についての生態学的研究において、ボグズ（S. L. Boggs）は、犯罪率における変動を分析するために、社会階層や都市化、さらには人種差別といった尺度を用いている。自らのリサーチに基づいて、彼女は、犯罪者が住んでいた場所で行われた犯罪の種類と、他の地域からの犯罪者を引きつけた場所で行われた犯罪の種類とを区別したのである[15]。

また、地域的な相違に焦点を合わせた生態学的な研究において、クイニイ（R. Quinney）は、犯罪率と人口統計との間の関係を分析している。彼は、構造的な変数が、農村、都市、さらには標準的な大都会における統計上の地域において異なった影響を与え、農村地域及び都市地域が、標準的な大都市における統計上の地域と比べて、これら構造的な変数に対してより敏感に反応するように思われると結論づけているのである。そして、さらには、犯罪が構造的な変数と関連する度合と構造的な変数が犯罪と関連する度合に応じて、犯罪が様々であると結論づけている[16]。

さらに、警察記録を用いて行われた最近の都市内部の生態学的な研究において、ブロック（R. Block）は、シカゴの様々な地域における殺人、強盗、加重暴行の傾向について分析している。彼は、これら3つの犯罪類型が、中層階級と非常に貧しい人々とがすぐ近くに住んでいる地域において、最も高いことを見出したのである。そこでは、社会階層の空間的な近接が、犯罪率と最も強力に関連づけられた人口統計学上の変数であったとするのである[17]。

また、1950年代から1960年代において、生態学的なアプローチについて、方法論的な問題について論じている、いくつかの論文が発表されている。そのなかでも、おそらく最も広く引用されているものが、ロビンスン（W. S.

Robinson) の研究論文である「生態学的連関と個人の行動」(Ecological Correlations and the Behavior of Individuals) であろう。この論文の重要性は、生態学的連関が個人的な連関と同価値なものではないということを強調する点である。この論文は広く引用されており、今では古典となっているものであるが、それでも多くの研究者たちは、しばしば、生態学的な連関に基づいて、個人的な連関を結論づける嫌いがあるとするのである[18]。

都市内部の分析に焦点を合わせた、より最近の研究では、犯罪被害者から集めた情報と、住居への不法目的侵入や強盗についての情報とを用いている。たとえば、レペット (T. A. Reppetto) は、都市内部の地域での不法目的侵入における主要な要因が、その地域の位置・場所、住民たちの裕福さのレベル、さらには住居設備の脆弱性にあることを見出している[19]。

さらにまた、大都市の犯罪率についての研究において、スコガン (W. G. Skogan) は、統一犯罪報告書のデータを用いて、都市内部における犯罪分布の変動に焦点を合わせた研究を行っている。スコガンは、複数の都市における時間的連続性の分析のなかで、犯罪率が、大規模で、密集し、種々雑多な人々からなる都市地域において最も高いというワース (L. Wirth) の仮説は、1970年のデータを用いた場合は立証されるが、それより早い年代については立証されないことを見出している。このように、これらの地域における犯罪の集中化現象は、比較的最近の展開、すなわち、おそらく多くの中層階級の白人たちが中心都市を離れた第2次世界大戦以降の郊外化の結果であるように思われるとしているのである[20]。

また、1970年代及び1980年代初頭においては、犯罪及び非行に関するいくつかの生態学的な研究が、地理学者たちによって行われた。地理学者たちによる犯罪及び非行についての生態学的な研究は、他の社会科学者たちと同じ関心事に基礎をおいたものであった。たとえばハリス (K. D. Harries) とブラン (S. D. Brunn) は、刑事司法プロセスに従事する場の重要性について、次のように説明している。

「法、法執行の効率、検察官のタフさ、ジェイルや刑務所の状態、事例

に対する最終的な決定までの時間、司法の法的権限、陪審の役割、さらには、選択プロセスにおける空間的な変化の程度、ならびに、プロベーションやパロール制度の効率性が考慮される場合、司法プロセスに従事する場と漫然と呼ばれるかもしれないものの役割について、ある者が正しい評価を展開するかもしれないのである」と[21]。

1960年代後半から1970年代の間における全米被害者調査の発展とともに、新たなデータが、犯罪に対する生態学的な研究に関して利用可能となった。これらのデータを用いる最大の理由は、これらが、犯罪総数、犯罪類型、さらには、被害者の人種、性別、年齢といったような犯罪行為についての、その他の詳細な事象について、より完全でかつより正確な情報を提示するように思われるからである。たとえば、ポープ（C. E. Pope）は、近隣地域とその世帯の被害化率とを比較しながら、都市内部の研究を行っている。彼は、この種の被害化が、住人の特性、それも主として、その地区の年齢構造とともに、多種多様であることを見出しているのである。とりわけ、都市内部のレベルにおいて、ボーランド（B. Boland）は、26のアメリカの大都市における強盗の被害化について研究し、ヒンデラング（M. J. Hindelang）は、8つの大都市における被害化について研究し、シッカ（D. Shichor）＝デッカ（D. L. Decker）＝オブライアン（R. M. O'Brien）は、1平方マイル当たりの都市の人口密度や、26の大都市における被害化について分析を試みているのである[22]。

ヒンデラングの詳細な分析は、様々な犯罪の被害者の特性、被害化の状況の特性、被害者と加害者の関係、異なる被害化類型の影響、さらには、様々な犯罪の被害化傾向における相違点に関するいくつかの興味深い結論を導き出している。彼の研究では、集成的なデータを用いているが、彼は、彼の分析研究のなかで都市の構造上の変数を用いていないのであり、このことが、この研究の有用性に限界をおくことにもなると批判されている[23]。

4　方法論上の問題点

1　集成的なレベルのデータを用いること

これまでの論述からも分かるように、都市内部における犯罪率の変動については、長年続いている研究に関しての伝統が存在する。この伝統は、それが集成的なレベルのデータに基づいているという事実により傷つけられることはない。既存の文献を検討するなかで忘れてはならない重要なことは、都市全体の構造的特性及び都市全体の被害化率が、街区レベルあるいは人口調査対象区分地域レベルのように、他のレベルで見出されたものと同一ではないかもしれないということである。これらの分析は、しかしながら、我々がこれらの特徴と社会集合体の1つの重要なレベル（中心都市のレベル）での犯罪の被害化率との関係について、調査をすることを可能にするものである。そして実は、これらのことは、犯罪学においても、かなり頻繁に理論づけられているものなのである。

2　都市の構造上の変数

1982年に、デッカ (D. L. Decker) ＝ シッカ (D. Shichor) ＝ オブライアン (R. M. O'Brien) の研究において調査された都市の構造上の変数は、人口密度（1平方マイル当たり）、密集状態（一部屋当たり1.01人以上の住民が暮らしている世帯の割合）、平均収入額、平均教育年数、白人住民の割合、失業の割合、外国生まれの割合、生活保護を受けている割合、高齢者（65歳以上）の割合、さらには12歳から24歳までの青年の割合である。これらの構造的特性は、以下のような基準にしたがって選び出されたものである。すなわち、それらは、①先行する研究あるいは理論において、犯罪率に関連があるとされた指標であること、②他の構造的特性との比較的低い相関関係にあること、③データが利用可能であること等、である。これら3つの基準のうちの第1の基準を満たすために、彼らは、犯罪学の文献について、彼ら自身の判断に基づく調査をしている。第2の基準

は、お互いから適度に独立した構造的特性を保つために用いられている。たとえば、もし我々が、3つの個別の構造的特性として、ブルーカラーの仕事に従事する人口の割合や、ホワイトカラーの仕事に従事する割合、さらには専門的な仕事に従事する割合を用いるとするならば、それらは強力な相関関係を有するのみならず、都市の職業構造についての基準としては、何か余分な尺度となるおそれさえあるのである。第3の基準である、政府刊行物等における情報の利用可能性は、調査対象の構造的特性について、部分的にではあるが影響をもたらすものである。

調査された構造的特性は、民族的な相違についての2つの尺度(白人の割合あるいは外国生まれの割合)、経済的な福祉についての4つの尺度(平均収入、平均教育年数、生活保護を受けている割合、失業率)、人口密度についての2つの尺度(1平方マイル当たりの人口及び一部屋あたり1.01人以上の住民が暮らしている世帯の割合)、さらには、年齢の分布についての2つの尺度(65歳以上の割合、及び12歳から24歳までの青年の割合)である[24]。

3 サンプルとなった都市と都市犯罪研究の限界

全米犯罪調査は、わずか26の都市においてしか行われていない(第2回調査は、時の経過による変化の尺度を提供するために、これらの都市のうちの13都市で行われているのみである)。デッカ゠シッカ゠オブライアンが調査した8つの都市(アトランタ、ボルティモア、クリーブランド、ダラス、デンバー、ニューアーク、ポートランド、セントルイス)については、1974年4月1日から1975年3月31日までの期間における被害化が報告され、5つの都市(シカゴ、デトロイト、ロサンゼルス、ニューヨーク、フィラデルフィア)については、1974年の暦年とほぼ一致した期間について報告され、13の都市(ボストン、バッファロー、シンシナティ、ヒューストン、マイアミ、ミルウォーキー、ミネアポリス、ニューオーリンズ、オークランド、ピッツバーグ、サンディエゴ、サンフランシスコ、ワシントンD. C.)については、1973年の暦年とほぼ一致した期間について報告がなされている。

1973年から1974年の間に、これらの都市の構造的特性に大きな変化は起き

なかったと仮定してもおそらく問題はないであろうが、そしてそれゆえに、また、これらの年に収集されたデータに存在する特性を充分に比較する必要があるであろうが、彼らの構造的分析に対する主要な限定要因は、サンプルの規模、すなわち、わずか 26 都市の例にしかすぎないという点である。このことは、彼らの研究において、被害化率を予測するために用いられる構造的特性の要因数を厳しく限定することになるであろう。たとえば、25 の変数を用いて、研究者たちが 26 の都市についてどれだけ正確に被害化率を予測することができるかは、数理的な必然性に負うのである。さらに、これらの変数と被害化率との間のすべての相関関係がゼロである母集団から、研究者たちは、10 の変数を用いて、0.63（R = 0.40）という複合的な相関関係を作り出すことが期待されているのである。このように、わずか 26 の事例でもって、多変量解析を用いることには問題がある。これらの問題をうまく処理するために、彼らは、独立変数でないものを使って分析を行うと同時に、構造的特性の間での関係性について、明確かつ回帰的な傾向を探し出さなければならないのである。こうした戦略を用いることの弊害は、報告されたいくつかの分析において、中心となる構造的特性に関して同時に作用する統計的な統制を犠牲にするということである。しかしながら、それにもかかわらず、彼らの研究においては、極めて示唆に富む傾向が、全米犯罪調査の分析において見出されているのである。これらの傾向のいくつかは、都市の特定の構造的特性と犯罪の被害化率との関係についての、これまでの長年にわたる研究結果に基づく一般化を議論の対象とし、それと同時に、いくつかの新しい提案がなされているのである[25]。

5 我が国での研究の動向

我が国の都市犯罪の研究に関しては、その代表的なものとしては、小野清一郎の『都市の犯罪現象』(1939 年)、植松正の「都市と犯罪」(1955 年)、前田信二郎の『犯罪の都市化』(1957 年) がある[26]が、たとえば、植松正は、都市と村落を比較して、都市になぜ犯罪が高率であるかについて、次のように要点を

摘記している。

「①都市の人口構成は青壮年男子を特に多く含んでいるが、この年齢層は一般に犯罪率の高い年齢層であり、また男子は女子よりはるかに犯罪率が高い（日本では約 12 倍である）から、都市の犯罪率は自然高率となる。②都市は村落より貧富の懸隔ははなはだしく、したがって貧困の圧力が大きい。しかも犯罪への誘惑が著しく多い。③都市は村落よりも等質的で強い道徳的・慣習的基準によって規律されることがすくない。都市生活には思想的に大巾に相違した学説、意見、信念イデオロギー等の対立があるから、社会規範が各人の行動に強く作用しない。④都市においては、村落におけるよりも近隣の者の監視その他のいわゆる『非公式の支配』(informal controls) が加えられることがきわめて稀であるから、それだけ反社会的行動が抑制されない。それには、都市の住民の移動が激しく都市生活には匿名性を伴うということも指摘しなければならない。その結果は、都市では犯人が追跡を免れやすいことともなり、それがまた都市に犯罪を高率ならしめる有力な一因ともなっている。⑤殊に財産犯にとっては、都市では、犯罪による贓物の処分にも好都合であり、都市が不正の利益を消費するための歓楽施設に富むことも、その高率の原因の 1 つとして挙げなければならない。」[27]

また、前田信二郎によれば、犯罪の都市化現象は、「①第 1 次現象として犯罪の大都市集中化をきたし、②第 2 次現象として大都市周辺部、地方都市、農村社会への犯罪波及の過程をとり、最後に、それを背景として、③犯罪都市への過程をとっていく」としている[28]。

さらに、1964 年に、埼玉県下の都市・農村の非行の差異と文化に関する研究に従事した星野周弘は、都市・農村間の文化的相違に関して次のように要約している。

「都市に、①匿名性があり、地域の住民間の意志の疎通を欠く。②住民の相互交渉関係よりも、通り一ぺんのものが多い。③住民の居住地にたいする帰属意識は、農村ほど強くない。その要因として、居住期間が短いこ

と、職場が居住地外にあること、が考えられる。④人間観の点で、他人にたいする不信感はあまり強くないが、信頼して協調していこうという態度も少ない。⑤防犯にたいする配慮や、被害届出の励行の点では、いずれにおいても農村ほど積極性がみうけられない。⑥慣習については、比較的、革新的態度をとっているものが多いという特徴が認められる。一方、農村においては、これと全く逆の傾向をみることができる。」[29]

また、佐藤寧子は、「都市化と犯罪・非行の集中」という論文において、ブルッヒアルト（Bruchardt）の『都市および農村における犯罪性』（1936年）を引用して、都市において農村よりも犯罪が多く発生する条件として、次のような要因を列挙している。すなわち、「①高度の人口密度の結果として生ずる利益の相剋や摩擦、②匿名性が強いこと、③贓物処置が容易なこと、④各犯罪型の集積と、犯罪者の相互交際が存すること、⑤青少年の都市への移動、⑥都市生活の経済的不安定性、⑦都会的商業娯楽や刺戟による道徳のびん乱、⑧都市における法令の追増と、これによる違反が大となる可能性」がそれである[30]。

比較的最近の研究としては、小俣謙二が、人口密度に着目し、都道府県単位の統計をもとに、財産犯、凶悪犯、粗暴犯の罪種別発生率と人口密度、住居の広さ、人口移動、経済状況といった要因の関連性について検討している。結果として、財産犯、粗暴犯、風俗犯の発生率と人口密度の間に正の相関があり、殺人、強盗の発生率と住居の広さとは負の相関があることを見出している[31]。

また、上田寛は、「都市化と犯罪」において、独自の研究ではないが、1963年に始まった茨城県鹿島灘沿岸地域の開発計画の実施過程を追いながら進められた、法務総合研究所の一連の研究、いわゆる「鹿島研究」と呼ばれているものに注目し、その要点を以下のようにまとめている。

「①急激な都市化は、人口の移動・集中により、その地域の社会関係の混乱をもたらし、地域社会の連帯を困難にする結果、犯罪の増加をもたらす。②新たにその地域へ流入してきた人々の間での連帯も、容易には育たない。都市に特有な、非人格的な社会関係、住民の匿名性、他人に対する関心の低さがその障害となる。のみならず、そのような都市の特質が犯罪

者を都市に吸引することともなる。③多くの商品とその購買のための金銭がそこに集中する都市では、住民の生活意識において、物的欲求の充足とその手段たる金銭の獲得が主要なものとなる。そして、その肥大化から、目標達成のための手段の妥当性・適法性は二の次とされ、大小の財産犯罪が誘発されるという過程が繰り返される。」[32]

6 都市の特徴と犯罪促進要因としての匿名性

以上のような研究に見られるごとく、都市の特徴と犯罪は、彼我をとわず密接に結びついていることが分かる。特に、都市の特徴として挙げられている共通の特質を取り上げるとするならば、①人口規模の大きさ、②人口密度の高さ、③人口の異質性、④匿名性、⑤所得、地位、階層の分化であろう。そして、こうした都市の特質のなかでも、最も犯罪と関連性が強いのは「匿名性」ではないかと私は思う。

1 匿名性という用語の意味するもの

『社会学事典』(弘文堂)によれば、「匿名性とは、通常、大衆社会論的文脈において、都市社会やマス・コミュニケーションにおける人間関係の特徴を表すものとして用いられる。すなわち諸個人が代替可能な抽象的な存在となり、また相互に私秘的であるような状態を指す」[33]と説明している。つまり、匿名性とは、産業が発達し、人口が増大することによって、都市化していく社会において、個人が没してしまう状態を意味しているのである。ワースなどは、匿名性を知名性あるいは有名性の対語としての「無名性」として理解しているようであるが、そうした概念の違いはともかく、以下においては、都市犯罪の現状を、この「匿名性」という概念をキーワードとして素描してみることにしたいと思う。

2 犯罪・非行要因としての匿名性

すでに繰り返し論じたように、都市化が犯罪や非行の原因となるという仮説は、アメリカ犯罪学では広く支持されているところである。すなわち、犯罪や非行性は、個人的な結びつきの強い農村のような比較的小規模な地域社会では抑制される傾向があるのに対して、大都市のような匿名性の進んだ地域社会では抑制が緩和されることはないとみるのである。これは、農村地域では、どこの誰がどういう人物であるかについて知名性が高いためにインフォーマルな社会統制がはたらくから犯罪が少ないのに対して、都市地域では、匿名性が高いために、犯罪や非行行動が容易になるという見解となって展開されるのである。つまり、匿名性は都市化の進展と比例して増大し、犯罪や非行の促進要因としてはたらくとするのである。

1970年代に顕著になった「近隣騒音殺人事件」は、こうした匿名化した都市社会が生み出した典型的犯罪といえるであろう。1974年8月に起こった「ピアノ殺人事件」は階下から聞こえてくるピアノの音に我慢できなくなった犯人が、母親と2人の子どもを殺傷したという事件であり、同年11月には、犬の鳴き声に耐えかねた女性が犬を殺し、その報復として殺されるという「ペット殺人事件」が発生している。どちらも団地という限られたスペースで起こった事件であるだけに、日頃のコミュニケーションの大切さが改めて認識される事件である。人口的には過密化した都市社会での精神的な過疎化という現実がここに見られるのであり、匿名化社会の特徴的な犯罪であるといえよう。近頃はやりの隣人訴訟も、こうした状況のなかから生まれるのである。

匿名化が犯罪促進要因となったもう1つの典型的な事例として、1976年10月、一流ホテルで起こった「女子大生強制猥褻事件」が挙げられる。これは、犯人が大胆にも一流ホテルの部屋をノックして、ふいに隠し持っていた包丁を取り出して2人の女子大生から金を奪った上に、裸にして強制猥褻行為をはたらいたというものである。事件当時、同ホテルには、宿泊客3,000人のほかに2,000人の外来客がいたにもかかわらず、この事件に気づいた者はおろか、犯

人を目撃した者もいなかったとのことである。

　この事件は、もちろん犯罪行動が匿名性のなかでは容易になるという事例であるが、前例の「過密のなかの過疎化」とは状況が異なり、大勢の人間がいることがかえって人の目をひかないような方向にはたらき、犯罪をしやすい状況を形づくるという意味で、匿名性が犯罪促進要因となる場合である。満員電車のなかでの痴漢行為、駅の雑踏を利用したスリ、混雑したデパートやスーパーマーケットでの万引き等はこうした類の犯罪であり、群集の存在や死角が盲点を生み、犯罪の遂行を容易にするのである。最近注目されるようになった犯罪環境犯罪学の成果を踏まえた防犯都市設計によって対処することの必要性がますます高くなっているといえよう。

　しかし、こうした事件もそうではあるが、人通りでごった返す繁華街や店舗の密集地域のような匿名的空間は、犯人の逃走を容易にするということにも注意しなければならない。そして、このことは、それだけ犯罪捜査を困難にするということを意味するのである。1995年3月に発生したオウム真理教の地下鉄サリン事件の犯人がなかなか逮捕できないのも、こうした都市社会の匿名性と関係があるのである。

3　匿名化社会に特徴的な犯罪類型

　匿名化社会と犯罪を関係づける他の典型的な事例としては、加害者と被害者が匿名関係にある犯罪が考えられるが、そうした犯罪類型としては、「動機なき犯罪」、「不満爆発型犯罪」、「通り魔事件」等が挙げられる。

　たとえば、1977年1月に起こった「青酸コーラ殺人事件」や同年8月に起こった「クラクション殺人事件」のような、いわゆる「動機なき犯罪」といわれるものが、こうした犯罪の典型的な事例である。クラクション殺人事件は、元暴力団員の犯罪であるから、単にイライラして起こした事件とも思われるが、人間関係の希薄な匿名化社会ゆえに起こった事件とも思われるし、青酸コーラ殺人事件の場合は、都市社会での生活に疲れ、やけっぱちになった犯人が、無差別殺人を狙ったものとも思われ、いわゆる「愉快犯」というよりも、疎外感

から犯行に及んだものと推察される。また、1980年8月、東京の新宿駅西口のバスターミナルで発車待ちをしていた京王帝都バスにガソリンをまいて放火し、3人が死亡、乗客ら20人が重軽傷を負った事件も、「バスの運転手になめられた」という、犯人の本当にささいな動機から発生しており、日頃の不満がつのって生じた不満爆発型犯罪ともみられるのである。その点、異論もあるかもしれないが、2001年6月の大阪・池田小児童殺傷事件も、同根のものであるといえよう。こうした「不満爆発型犯罪」こそは、まさに匿名化社会の犯罪の特徴といえるのである。

また、1981年6月には、東京の深川で通り魔殺人事件が発生しているが、これは事件そのものの動機が不明な犯罪であり、被害者との面識すらない犯罪であるだけに哀れである。この事件の起こる1か月前には、東京都台東区で失業中の鳶職人が会社社長を刺殺するという事件と、札幌市で2人の子どもを連れた会社員がナイフを持った男によって刺されて死亡するという事件も起こっている。この年、この深川通り魔事件までに、すでになんと8件の通り魔事件が起こっているのである。「犯罪は模倣する」というけれども、この模倣性は、都市社会特有の犯罪現象であるといえよう。1999年9月には、また、下関の通り魔事件と東京・池袋の通り魔事件が起こっている。都市社会の犯罪の典型的事例が、最近においても見られたのである。そして、これら一連の通り魔事件も、匿名化社会ゆえに起こる犯罪類型であるという意味においては、不満爆発型犯罪であるともいえるのである。

1983年2月に起こった「横浜浮浪者襲撃事件」も、匿名化社会の犯罪といえるものである。事件は、犯人が横浜市内の公園や地下街で寝ている最中の無抵抗な浮浪者を次々と襲い、3人を死亡させ、13人にけがをさせたというものである。この浮浪者連続集団暴力事件の犯人は、中学2、3年生、高校生、有職・無職少年ら10人であり、「抵抗しないので、おもしろ半分にやった」、「30件くらいやっている」と供述しており、匿名化社会の最下層に位置する無名な人々に対するものだけに、少年たちの社会性が問われる犯罪である。その後、1986年には、東京・新宿の西戸山で日雇い労働者が襲撃されるという事

件が、また、同年10月には、大阪・四天王寺境内で野宿をしていた労働者が襲撃されるという事件が起こっており、1987年1月には、東京・千住公園浮浪者襲撃事件が発生している。また、2002年には、東京において触法少年を含む中学生5人、高校生2人によるホームレス男性暴行致死事件が、2003年2月には、大阪で触法少年2人を含む17人の少年が、以前にホームレスに後輩が脅かされたことの報復として、金属バットや鉄パイプで殴打するなどの暴行を加え、重軽傷を負わせた事件が発生している。

しかしながら、なんといっても、匿名化社会における代表的な犯罪は、1984年3月以降に発生した一連のグリコ・森永事件であろう。これは、最初はグリコ社長が拉致され、10億円出せと脅迫され、その後、森永製菓も脅迫されたため、後に、「グリコ・森永事件」と呼ばれたものであり、その犯人グループが「かい人21面相」と名乗ったため、一躍有名となり、「劇場型犯罪」とか「欧米型犯罪」として騒がれたものである。匿名化社会を逆手にとった大胆不敵な犯行といえよう。

4 匿名化社会と無関心的対応

以上に述べたように、匿名化社会では、動機なき犯罪、不満爆発型犯罪、通り魔事件のような加害者と被害者の匿名的な関係によって特徴づけらる犯罪が生じる他に、市民の「自分に関係のないことにはなるべく関わりたくない」という無関心的対応が、犯罪を助長する場合が考えられる。たとえば、1985年1月には、電車内の乗客の無関心的対応が暴力事件を助長したケースが数多く報道されている。

まず、1985年1月11日、地下鉄内でマナーの悪さを忠告した老人が、少年に殴られけがをするという事件が発生している。その時、車内には80人近い乗客がいたようであるが、少年と老人とのもめごとには、見てみぬふりをしていたようである。老人が殴られて、血を流してからも、乗客は全くの無関心を装っていたという。老人がけがをして、血を流しているのを見て介抱したのは、中年の女性だけであったというから問題はなおさら複雑である。乗客の被害者

に対する無関心さとともに、事件そのものに対する無関心さが表れているところに、この事件のもつ問題の深刻さがあるといえよう。自分に関係のないことはなるべく関わりたくないという都会人の性格がよく表れており、都市社会における匿名性が問題になる場合の典型的な事例であるといえよう。

同月15日には、東京・五反田の国鉄(当時)車内で酒に酔って騒いでいた若者が注意をされたことに腹を立てて、窓ガラスを割って乗客にけがをさせるという事件が起こっている。

また、同月19日には、満員の京成電車のなかで、4人の男が車内に座っていた女性の身体に触るなどしていたのを車掌が見つけ、注意したところ、逆に殴られてけがをした。この電車は乗車率150％で、200人近い乗客が乗っていたが、近くにいた若者が注意しただけで、ほとんどの人が知らぬふりだったという。

さらに、同月21日には、国鉄(当時)東海道線でくわえたばこを再三注意した会社員が相手の中年男にナイフで脅かされるという事件が発生している。

誰もが経験するごとく、電車内にはたとえ多くの乗客が乗っていたとしても、それはお互いの顔さえ知らぬ他人同士の寄り集まりであり、いわば無名性・匿名性をもった集団にしかすぎない。これでは乗客の勇気やモラルにだけ頼るのは難しく、せいぜいのところ、監視して、駅員に知らせるぐらいの対応しかできないのが普通ではないかと思う。

「他人に関わることをなるべく回避する」という匿名化社会に特徴的な人間関係をどうするか、まさに現代社会そのものの在り方が問われているのである[34]。

7　匿名化社会の今後の課題

以上、都市化社会に特徴的な匿名性と犯罪・非行の関係について考えてみた。都市型犯罪の現状は、匿名化社会そのものを反映していると考えたからである。米川茂信は、「匿名化社会と暴力行為」のなかで、匿名性を、「人びとの間に物

理的接触はあっても、社会的接触が欠けていたり、社会的接触はあっても、その接触は、インパースナルなものであって、形式的、表面的で、接触相手のパースナリティや社会的背景までは知り合わないような人間関係を意味している」[35]とするが、もしそうだとするならば、現在の日本社会は、まさに匿名化社会そのものであり、没個性の情緒的関係をもたない社会であるということになる。匿名化社会における無感情的な人間関係をどうするか。この点こそが今我々の考えなければならない最重要課題であるように私には思われる。

2004年6月1日に佐世保で発生した小6女子児童による同級生殺害事件は、インターネットへの書込みのトラブルが原因であるといわれている。それが事実であるとするならば、高度情報化社会の到来による携帯電話やインターネットを用いての、匿名化社会のなかでの文字のみによるコミュニケーションの在り方が、今、問われているということになろう。相手の顔を見て、目を合せながら話をするという、最も基本的な生活習慣の確立こそが、犯罪を防止するための最善の手段であるとしたら、こんなに皮肉なことはない。そこでは、人間としての初歩的なコミュニケーションの在り方が問われているからである。こらあたりで我々は、もう一度、家庭の在り方、学校の在り方、地域社会の在り方を、真剣に検討する時期に来ているのではあるまいか。

1) 拙稿「我が国の安全神話は崩壊したのか：犯罪・過去最高、早急に治安対策を」『じゅん刊 世界と日本』1002号（2003年）1-73頁（本書第1章1-38頁）参照。
2) ホーリ（A. H. Hawley）によれば、「人間生態学は、構造的特質、人口統計学的特性、さらには他の制度との相互作用を含む環境の特徴といった変数のなかに、その真相を捜し求める」ものであるという。
3) Elmer, M. C., "Century-Old Ecological Studies in France," *American Journal of Sociology*, Vol. 39, July 1933, pp. 64-65.
4) Quetelet, L. A. J., *A Treatise on Man*. Edinburgh : Chambers, 1842.
5) Morris, T., "Some Ecological Studies of the 19th Century," In Voss, H. L. and D. M. Petersen (eds.), *Ecology, Crime and Delinquency*. New York : Appleton-Century-Crofts, 1971, p. 55.
6) Fletcher, J., "Moral and Educational Statistics of England and Wales," *Journal of the*

Statistical Society of London, Vol. 2, 1848, pp. 344-366.
7) Glyde, J., "Localities of Crime in Suffolk," Journal of Statistical Society of London, Vo. 19, 1856, pp. 102-106.
8) Mayhew, H. and J. J. Binny, *The Criminal Prisons of London*. London : Charles Griffin, 1862.
9) Shaw, C. R. and H. D. MaKay, *Delinquency Areas*. Chicago : University of Chicago Press, 1929 ; Shaw, C. R. and H. D. MaKay, *Social Factors in Juvenile Delinquency*. Washington, D. C. : U. S. Government Printing Office, 1931 ; Shaw, C. R. and H. D. MaKay, *Juvenile Delinquency and Urban Areas*. Rev. ed., Chicago : University Chicago Press, 1969.
10) Finestone, H., "The Delinquent and Society : The Shaw and McKay Tradition," In Short, J. R. Jr. (ed.), *Delinquency, Crime and Society*. Chicago : University of Chicago Press, 1976, p. 25.
11) Lander, B., *Understanding of Juvenile Delinquency*. New York : Columbia University Press, 1954 ; Bordua, D. J., "Juvenile Delinquency and 'Anomie' : An Attempt at Replication," *Social Problems*. Vol. 6, Winter 1958-1959, pp. 230-238 ; Chilton, R. J., "Continuity in Delinquency Area Research : A Comparison of Studies for Baltimore, Detroit, and Indianapolis," *American Sociological Review*, Vol. 29, February 1964, pp. 71-83 ; Schmidt, C. F., "Urban Crime Areas : Part I," *American Sociological Review*, Vol. 2, August 1960, pp. 527-542 ; Schmidt, C. F., "Urban Crime Areas II," *American Sociological Review*, Vol. 25, October 1960, pp. 655-678.
12) Wilks, J. A., "Ecological Correlates of Crime and Delinquency," In *Task Force Report : Crime and Its Impact—An Assessment*. Washington, D. C. : Government Printing Office, 1967, p. 138.
13) Beasley, R. W. and G. Antunes, "The Etiology of Urban Crime : An Ecological Analysis," *Criminology*, Vol4, 1974, pp. 439-461.
14) Schussler, K., "Components of Variation in City Crime Rates," *Social Problems*, Vol. 9, Spring 1962, pp. 314-323.
15) Boggs, S. L., "Urban Crime Patterns," *American Sociological Review*, Vol. 30, December 1965, pp. 899-908.
16) Quinney, R., "Structural Characteristics, Population Areas, and Crime Rates in the United States," *Journal of Criminal Law, Criminology, and Police Science*, Vol. 57, 1966, pp. 45-52.
17) Block, R., "Community Environment and Violent Crime," *Criminoogy*, Vol. 17, No. 1, 1979, pp. 46-57.
18) Robinson, W. S., "Ecological Correlations and Behavior of Individuals," *American*

Sociological Review, Vol. 15, June 1950, pp. 35-358.
19) Reppetto, T. A., *Residential Crime*. Cambridge, Mass.: Balinger, 1974.
20) Skogan, W. G., "The Changing Distribution of Big-City Crime : A Multi-City Time-Series Analysis," *Urban Affairs Quarterly*. Vol. 13, No. 1, 1977, pp. 33-48.
21) Harries, A. H. and S. D. Brunn, *The Geography of Laws and Justice*. New York : Praeger, 1978, pp. 3-4.
22) Pope, C. E., "Victimization Rates and Neighborhood Characteristics : Some Preliminary Findings," In Parsonage, W. H. (ed.), *Perspectives on Victimology*. Beverly Hills, Calif.: Sage, 1979 ; Boland, B., "Patterns of Urban Crime," In Skogan, W. G. (ed.), *Sample Surveys of the Victims of Crime*. Cambridge, Mass.: Ballinger, 1976 ; Hindelang, M. J., *Criminal Victimization in Eight American Cities*. Cambridge, Mass.: Ballinger, 1976 ; Shichor, D., Decker, D. L. and R. M. O'Brien, "Population Density and Criminal Victimization : Some Unexpected Findings in Central Cities," *Criminology*, Vol. 17, August 1979, pp. 184-193.
23) Hindelang, *ibid*.
24) Decker, D. L., Shichor, D. and R. M. O'Brien, *Urban Structure and Victimization*. Lezington, Mass.: D. C. Hearth and Company, 1982, pp. 18-19.
25) Decker, Shichor and O'Brien, *op. cit*, pp. 19-20.
26) 小野清一郎『法学評論(下巻)』弘文堂書房（1939年）349-367頁。植松正「都市と犯罪『都市問題』46巻2号（1955年）18-24頁。前田信二郎『犯罪の都市化』有斐閣（1957年）。
27) 植松・前掲書・22-23頁。
28) 前田・前掲書。
29) 星野周弘「非行環境原因としての文化に関する研究㈠：埼玉県下の都市・農村の非行の差異と文化」『科学警察報告書(防犯少年編)』5巻2号（1964年）31-32頁。
30) 佐藤寧子「都市化と犯罪・非行の集中」『都市問題』56巻11号（1965年）32頁。
31) 小俣謙二「犯罪発生原因に関する環境心理学的研究：研究の概観と都道府県単位での人口密度と犯罪の関連の検討」『名古屋文理短期大学紀要』23号（1998年）133-172頁。
32) 上田寛『犯罪学講義』成文堂（2004年）89頁。
33) 見田宗介・栗原彬・田中義久編『社会学事典』弘文堂（1988年）651頁。
34) 拙著『刑事政策あ・ら・かると』法学書院（1990年）339-347頁。
35) 米川茂信「匿名社会と暴力犯罪」『犯罪と非行』71号（1987年）143-172頁。

第3章
日常活動理論の体系的地位

1 はじめに

　本章で考察する「日常活動理論」(Routine Activity Theory) は、その理論的前提となる「合理的選択理論」(Rational Choice Theory) や犯罪対策理論としての「状況的犯罪予防理論」(Situational Crime Prevention Theory) と一体化して、「犯罪環境犯罪学」(Environmental Criminology) を構成するものである。犯罪環境犯罪学は、最近の英米の犯罪学において顕著な傾向となっている統合理論の試みを具現化したものであり、日常活動理論と合理的選択理論、犯罪機会(減少)理論 (Criminal Opportunity Theory)、それに状況的犯罪予防理論を統合した理論であると考えることもできるであろう[1]。

　そもそも、日常活動理論は、「社会変化と犯罪率の動向：日常活動アプローチ」(Social Change and Crime Rate Trends : A Routine Activity Approach) と題するコーエン (Lawrence E. Cohen) とフェルソン (Marcus Felson) の共著となる論文で明らかにされたものである[2]。以下においては、この論文を中心に、日常活動理論について考察してみることにしたいと思う。

2 犯罪統計の解釈原理としての日常活動理論

1 暴力の原因と予防に関する全米委員会

　「暴力の原因と予防に関する全米委員会」(National Commission on the Causes and Prevention of Violence) の概要報告書において、同委員会は、以下のような

重大な社会学的パラドックス（逆説）を提示している。

「暴力犯罪を引き起こすと考えられる状況が、悪化しておらず、それどころか全般的に改善されてきているのにもかかわらず、何ゆえに都市の暴力犯罪の割合が、過去10年の間に実質的に増加しているのかについて、我々は問題提起をしなければならない。大都市圏における社会的及び経済的条件の動向に関する国勢調査局の最新の報告書において、同調査局は、大部分の『福利指標が、1960年以降の都市において発展の方向へと向いている』と述べている。すなわち、たとえば、高校を卒業した黒人の比率は、1960年の43％から1968年の61％へと増加した。失業率は、1959年から1967年の間に著しく減少し、同じ時期の都市における黒人家庭の平均収入は、白人家庭の平均収入の61％から68％へと増加した。同じ時期、法的に定義された貧困水準を下回る生活をしている者の数も同様に、1,130万人から830万人へと下落しているのである。」

アメリカの社会的・経済的条件における、これらの動向の全般的な継続傾向にもかかわらず、『統一犯罪報告書』(*Uniform Crime Report*) は、報告された強盗、加重暴行、強姦及び殺人が、1960年から1975年の間に、それぞれ263％、164％、174％、188％増加したことを示している。同じ時期に報告された財産犯罪の割合の同じような増加（たとえば、不法目的侵入の200％増など）は、暴力委員会によって言及されたパラドックスが、非暴力犯罪に対しても同様に当てはまることを示唆するものである[3]。

コーエンとフェルソンは、犯罪率におけるこれらの逆説的な動向について、日々の生活における「日常活動」の変化という観点から考察を加えるのである。そのような活動上の構造の変化が、「犯罪の機会」に影響を及ぼすのであり、それゆえ、「直接的な接触による略奪的侵害行為」(direct contact predatory violations) としてコーエンとフェルソンが分類する犯罪類型の動向に、影響を与えると考えるのである。略奪的侵害行為とは、ここでは、「ある者が、明確かつ意図的に、他者もしくは他者の財産を奪うか、あるいは損害を与える違法行為である」と定義される[4]。さらに、ここでの分析は、少なくとも1人の犯罪者

と、その犯罪者が奪うかもしくは損害を与えることを試みる、1人の人もしくは1つの対象物との間の、直接的な物理的接触を伴う、略奪的侵害行為に限定されるのである。

コーエンとフェルソンは、日常活動の様式の構造的な変化が、①動機付けられた犯罪者、②ふさわしいターゲット、③侵害行為に対する有能な監視者の不在といった、直接的な接触による略奪的侵害行為の、3つの最低限の要素が、時間的及び空間的な収斂 (convergence) に影響を与えることにより、犯罪率に影響を及ぼすと主張するのである。彼らは、さらに、これらの要素のうちのどれか1つの欠如が、直接的な接触による略奪的犯罪が成功裏に達成されることを防ぐのに充分であることや、ふさわしいターゲットの時間的及び空間的な収斂、ならびに有能な監視者の不在が、個人を犯罪に従事させるように動機付ける構造的条件の増加を必然的に必要とすることなく、犯罪率の大幅な増加へと至ることさえあることを主張するのである。すなわち、仮に動機付けられた犯罪者の比率、もしくは、ふさわしいターゲットの比率さえもが地域社会において永続的なままであるとしても、それでもなお、日常活動の変化が、空間的及び時間的なそれらの収斂の可能性を変えるかもしれないのであり、それにより、犯罪が発生するより多くの機会を生み出すとするのである。それゆえに、ここでは、統制が重大なものとなる。仮に日常活動を通じての統制が減少すると、違法な略奪的活動が、その後、増加する可能性が高くなるかもしれないのである。

このような説明を展開するプロセスならびに現存するデータと、このような説明との一致について見極めるプロセスにおいて、コーエンとフェルソンは、彼らのアプローチと、古典的な人間生態学の概念、ならびに、いくつかのこれまでの既存の研究とを関連付けて説明するのである。

2　犯罪活動の構造

地域社会の構造が、いかにして違法行為を引き起こすのかという社会学的な見識は、ショー (C. R. Shaw) とマッケイ (H. D. MaKay) やシカゴ学派の仲間た

ちが、彼らの先駆的な著作である『非行地域』(Delinquency Areas) を発表して以来、ほとんど発展を遂げていないといっても過言ではない[5]。「空間」(space) に関する犯罪率の変化は、長い間認められているものであり、最近の研究結果でも、大都市の地域社会内で、これらの関係様式が持続していることが示されている。空間に関する研究は、犯罪率の傾向を描写し、さらには、その後の説明を提供する上で極めて有用ではあるものの、それらの研究は、違法行為の重要な人間生態学的特徴を、特定の人物や対象物を巻き込む、空間的及び時間的に特定の場所で発生する「出来事」(events) であると、概念的にも経験的にも、ほとんど考えていないのである。これらの考え方や関連する概念は、「時間」(time) に関する犯罪率の変化を説明するという難問への人間生態学的な分析の拡張を発展させる上で、手助けとなり得るものである。多くの犯罪学的な研究とは異なり、コーエンとフェルソンは、個人もしくは集団が何ゆえに犯罪的な方向へと傾斜するのかということを考察するのではなく、むしろ、犯罪的な傾向を既知の事実として理解し、社会的活動の時間的・空間的機構が、人々が彼らの犯罪的な傾向を行為へと変える方法について考察するのである。犯罪となる侵害行為は、ここでは他の日常活動の多くの属性を共有し、かつ、そのような日常活動と互いに依存するような日常活動として論じられるのである。違法活動と日々の生計活動との間の相互依存は、必然的に、我々を、人間生態学の文献から、特定の概念について考慮するように仕向けるのである。

3 ホーリの人間生態学理論から選択された概念

犯罪学者たちは、伝統的に大都市の地域社会内の犯罪率に関する「空間的」(spatial) 分析に注意を集中する一方で、彼らは、これらの行為の「時間的」(temporal) 相互依存については、ほとんど考慮していないのである。人間生態学についての古典的な理論において、エイモス・ホーリ (Amos Hawley) は、地域社会を地域の単位としてだけではなく、むしろ、人間の活動が空間と時間の双方を媒体として行われる際の、共生及び親交に関係のある機構として論じているのである[6]。

ホーリは、地域社会の構造について、3つの重要な構成要素を確認したのであるが、その3つとは、①「リズム」(rhythm)、すなわち、移動活動のリズムのように、出来事が起こる一定の周期性、②「テンポ」(tempo)、すなわち、特定の路上における1日当たりの罪となる侵害行為の数のように、時間単位当たりの出来事の数、③「タイミング」(timing)、すなわち、犯罪者のリズムと被害者のリズムとの調和のように、多かれ少なかれ相互に依存する、異なる活動間の調和である。これらの時間的機構の構成要素は、しばしば犯罪学の研究において無視されてきたが、いかにして違法な活動が行われるか、すなわち、違法活動の空間的・時間的必要条件について注目した後で、より明らかとなる有益性について分析する上で、有意義である[7]。

4　直接的な接触による略奪的侵害行為の最低限の要素

　すでに論じたごとく、直接的な接触による略奪的侵害行為には大きな相違があるものの、このような侵害行為は、それらの構造の分析を促進する、いくつかの重要な必要条件を共有するのである。それぞれの成功裡に成し遂げられた侵害行為は、最低限でも、犯罪的な傾向とこれらの傾向を実行する能力の双方を有する「犯罪者」(offender)、「ふさわしいターゲット」(suitable target) を提供する人物や対象物、さらには、侵害行為を予防することができる「監視者の不在」(absence of guardians) という条件を必要とするのである。コーエンとフェルソンは、これら3つのうちのどれか1つの条件の欠如が、通常、このような侵害行為が発生することを防止するのに充分であることを強調する。「監視」(guardianship) は、日々の生活に暗に含まれるものの、侵害行為の欠如によって特徴付けられるものであり、それゆえに、観察することが容易である。警察の行動が広く分析されている一方で、市民たちが日常活動に精を出している際の、彼らによるお互いのもしくは彼らの財産についての「監視」は、犯罪についての社会学的な調査において、最も無視されている要素の1つであるかもしれないのであるが、その理由は、とりわけ「監視」が、見たところ関係のない社会的役割及び違法行為の発生及び欠如と関係するものとして結び付けられる

からである。

これらの最低限の要素は、社会的構造が、それぞれの侵害行為類型のテンポにどのような影響を与えることができるのかについて、評価する際に用いることができる。すなわち、ある侵害行為が、どこか特定の時間や空間において起こる蓋然性は、有能な監視者の不在の場合において、犯罪者となる可能性のある者や、ふさわしいターゲットの収斂の結果として理解されるのである。社会的条件の動向や変動が、犯罪に適した環境のこのような収斂の頻度にどのような影響を与えるかについての考察を通じて、犯罪率の時間的動向についての説明が構築されることになるのである。

5　違法行為の生態学的性質

直接的な接触による略奪的侵害行為についてのこのような生態学的な分析は、隠喩的なもの以上のことを意図しているのである。このような侵害行為の脈絡において、人々は、生計手段を得たり失ったりしながら、財産、安全、地域的なヘゲモニー、性的なはけ口、物理的統制、さらには、時として生き残ること自体のために、彼ら自身の間で格闘するのである。犯罪者と被害者との相互依存は、機能的に異なる個人もしくは集団間の略奪的な関係とみなすことができる。略奪的侵害行為は、より大きな地域社会に対して、生計手段としての純利益を生み出さないものなので、そのような侵害行為は、他の活動を食い物にすることによってのみ、維持することができるのである。犯罪者たちは、略奪的侵害行為において協力し彼らの効率性を増加させ、かつ潜在的な被害者たちは、これらの侵害行為に対する彼らの抵抗手段を組織することになるので、双方の集団は、彼らの生活境遇を改善するために、共存の原理（symbiotic principle）を適用するのである。他方、略奪的犯罪による潜在的な被害者たちは、彼ら自身以外のターゲットを犯罪者たちが追い求めるように仕向ける、回避的措置（evasive actions）を取るかもしれない。違法な活動は、他の活動を食い物にするに違いないので、日常の合法的活動は、一定の地域社会もしくは社会において発生している違法行為の場所、類型、さらには数量を決定する上で、重

要な役割を演じるのである。さらに、社会における技術水準と同様に、地域社会組織の構造が、いかにして犯罪が発生する環境を提供することができるかについて、分析することを可能にするのである。たとえば、技術や組織は、監視者たちが、彼らが自由に用いることができるあらゆる防御のための道具、武器さらには技能を用いることで、犯罪者たちと抗戦する能力に影響を与えると同様に、犯罪傾向を有する者たちが、彼らのターゲットを制圧する能力に影響を与えるのである。自動車、小型の動力工具、狩猟用の武器、ハイウェイ、電話等を含む、合法的な目的のために開発された多くの技術的な革新は、犯罪者たちが、彼ら自身の仕事をより効率的に遂行することを可能にし、また、人々が自分自身もしくは他人の財産を保護する上での助けとなるものでもある。

　日常の合法的な活動は、しばしば、犯罪を遂行するのに必要な手段もしくは犯罪を遂行する他者から守るために必要な手段を提供するばかりでなく、そのような活動は、犯罪者に対して、ふさわしいターゲットを提供するものでもある。ターゲットの適合性は、価値、すなわち、犯罪者にとっての人的もしくは財産的なターゲットとして、物質的もしくは象徴的な望ましさ、物理的可視性、接近方法、さらには犯罪者による違法な処置に対するターゲットの無力さ（違法な移転を抑制する財物の重さ、サイズ、さらには付随的もしくは固定的な特徴、ならびに武器を用いてもしくは用いないで攻撃者に抵抗する被害者個人の能力を含む）といったものを反映する可能性が高いのである。日常の生産活動は、おそらく、消費財の価値や重さを決定することにより、違法な移転に対する消費財の適切性に影響を与えるかもしれない。日々の活動は、特定の時間に可視的でかつ接近できる場所における財産上のもしくは人的なターゲットの位置に、影響を与えるかもしれない。これらの活動は、同様に、人々に対して、犯罪行為のための武器や自衛のための武器としてすぐに役立てることができる物を所有することや、犯罪者に諦めさせるか、もしくは犯罪者に抵抗することにより、彼らの能力を減退させるような仕事で頭がいっぱいになるようにするかもしれないのである。

　潜在的な犯罪者、ターゲット、さらには監視者の収斂に影響を与える条件に

ついては、ほとんど知られていないのであるから、このような収斂は、犯罪率に関する主張の潜在的に貴重な拠り所であるといえよう。たとえば、日々の労働活動は、人々が信用している人物や高く評価している財物から、人々を引き離すものである。日常活動は、同様に、昼夜の様々な時間帯に異なる背景の人々を寄せ集め、時として違法行為の遂行や回避に影響を与える能力、道具もしくは武器にさえ直面するのである。このように、仕事、学校教育、さらにはレジャーのタイミング等は、犯罪率を説明するために、重要なのである。

コーエンやフェルソンによって示された、このような考えは、決して新しいものではないが、このような考えは、犯罪に関する理論的な文献において、しばしば見落とされていたものである。文献調査は、違法な振舞いが増長する日常活動に関連する描写的及び実務的なデータの重要な実例を明らかにするものの、これらのデータは、分析的な枠組内ではほとんど論じられていないのである。

以下においては、このよう文献の代表的なものについて、検討してみることにしたい。

3 現存する研究と日常活動理論との関係

ここで提示されている日常活動理論の主要な利点は、いくつかの異なる分析や、以前は結び付けられなかった犯罪学的分析を、1つの強固な枠組へと組み立てたことである。このような枠組は、同様に、犯罪活動についての描写的な説明のいくつかにおいて例示されているように、違法活動と合法活動とを結び付ける役目もするのである。

1 記述的分析

犯罪学に関する文献において、いくつかの犯罪行為についての記述的分析が存在する。たとえば、トマス・レペット (Thomas Reppetto) の1974年の研究である『住居犯罪』(*Residential Crime*) は、住居者たちが、いかにして彼らの

地域の人々や街路を管理し、犯罪者となる可能性のある者の接近を制限しているかについて考察している。彼は、同様に、市の中心部から家までの距離が遠くなればなるほど、犯罪の被害化の危険性が減少することについても考察している。レペットが提示した証拠（刑事司法の記録、地理的な地域の比較的な特徴の観察、被害化調査のデータ、さらには、犯罪者に対するインタビューからなる）は、犯罪者たちが、不法目的侵入のための道具を用い、かつ、少なくとも最低限の技術的能力を有している傾向が非常に強いこと、住居の物理的特徴が被害化率に影響を与えること、住居犯罪率の傾向の周期性が目立つこと（しばしば住居者たちの旅行や仕事の傾向に関連付けられる）、さらには、潜在的な犯罪現場の可視性が、犯罪がそこで発生する危険性に影響を与えることを示唆している[8]。類似した結論は、ポウプ（C. E. Pope）によるカリフォルニア州における不法目的侵入の研究[9]、さらにはスカー（H. A. Scarr）によるコロンビア特別区とその周辺における不法目的侵入の研究によっても報告されている[10]。加えて、多くの研究は、犯罪に関するコミュニティ・プログラムと同様に、建築上及び環境上のデザインが、ターゲットの適合性を減少させ、かつ可能な監視を増大させる役目を持つが[11]、一方で、違法活動についての多くの伝記的もしくは自叙伝的な描写は、法律違反者たちが、彼らの違法な活動に取りかかる際に、財物の性質もしくは人間活動の構造のいずれか、あるいは、その双方を考慮に入れることについても言及するのである[12]。

　社会の空間的・時間的機構が犯罪傾向に影響を与えるという証拠は、いくつかの資料において見出すことができる。時間帯、日毎、さらには月毎による特定の略奪的犯罪の割合の大きな差異がしばしば報告され、さらには、これらの相違が、略奪的犯罪行為が食い物にする、合法的活動の様々なテンポと調和しているように思われるのである[13]。同様に、ミクロ社会学のレベルにおいて、ショート（J. F. Short）＝ストロッドベック（F. Strodtbeck）は、黒人の地域社会における「クォター・パーティ」（quarter parties：特定地区出身者たちの集団）のような、地域社会の余暇様式（leisure patterns）という脈絡において、ギャングの少年たちと地域社会のその他の住居者たちとの暴力的な対立の機会、ならび

に、そのような逸話の当事者によって用いられた、意思決定の計算法において、法的介入の可能性の低さの重要性について記述するのである。加えて、多くの経験上の証拠は、犯罪及び非行の割合における地域社会上の著しい空間的相違を示している[14]。1976年に、アルバート・リース（Albert Reiss）は、これらの空間的相違が、いくつかの対立する主張はあるものの、公式及び非公式なデータ双方によって一致して支持されていると確信を持って主張している。リースは、さらに、犯罪者が彼ら自身の居住地から遠くないターゲットを選択する可能性が極めて高いことを指し示す、被害化の研究について言及している[15]。

2 犯罪の動向及び周期についてのマクロ・レベルの分析

犯罪がいかにして発生するのかについての詳細な記述は、本来興味深いものであるが、重要な分析作業は、これらの記述から、違法な活動がいかにしてより大きな活動体系内で最適な地位を得るのかについて学ぶことである、とコーエンとフェルソンは言う。しかしながら、その作業は、決して容易なものではない。たとえば、ボンガー（W. A. Bonger）＝デュルケム（E. Durkheim）＝ヘンリー（A. F. Henry）＝ショート（J. F. Short）、さらにはフライシャー（B. M. Fleisher）による、違法な活動の割合と社会の経済的条件とを結び付けようとする試みは、完全には成功してはいないのである。上記の研究において主張された関連性についての経験的なテストは、何人かの観察者が、犯罪のレベルは、社会の経済的条件と体系的に結び付けられてはいないと判断するような、一貫性のない結果を見出しているからである[16]。

誤った経済的・社会的要因が、これらの犯罪についてのマクロ的な研究において用いられていることは、あり得ることである。他の研究者たちは、社会変化がいかにして犯罪の機会構造に影響を与え、それにより特定の社会における犯罪率に影響を及ぼすかについての非常に興味のある代替的な説明を提供している。たとえば、19世紀の初頭に、パトリック・カフーン（Patrick Colquhoun）は、ロンドンの大都市圏における犯罪についての詳細で明快な描写と分析、ならびに、その統制についての方策を提示した。彼は、ロンドンが、港やターミ

ナルを通じて、価値のある品物の集合と移動の大幅な増加のためであると考えられる、巨大な犯罪の波を経験しているという、確たる証拠を収集したのである[17]。

イングランドの産業拡大の時代における犯罪についての類似の調査は、近代史を専攻する歴史学者であるJ. J.タバイアス（J. J. Tobias）によって実施されたのであるが、19世紀の犯罪史に関する彼の研究は、おそらく、拡大する産業国家において、犯罪に影響を与えている社会変化の構成要素を分離するための、最も包括的な取組であったかもしれないのである。タバイアスは、輸送、通貨、科学技術、商業、製品計画、貧困、住宅、さらにはこれらと同種のものが、いかにして19世紀に行われた違法活動の総量や類型に対して影響を与えたかについて詳細に述べている。彼の見解は、構造的な変化が、違法活動に従事する機会を促進したか、もしくは妨害したかのいずれかである、というものであった[18]。近年の社会変化が、いかにしてアメリカにおける犯罪のための機会構造に影響を与えているかについてのいくつかの経験的な研究の1つにおいて、ラロイ・グールド（Leroy Gould）は、1921年から1965年までの間における貨幣の流通の増加及び自動車の利用可能性が、明らかに、銀行強盗と自動車窃盗の割合の、それぞれの増加をもたらしたということを論証した。グールドのデータは、これらの関係が、経済活動における短期間の変動よりはむしろ、有り余るほどの犯罪を行う機会に起因することを示唆しているのである[19]。

本章で引用されている社会学的・歴史的研究は、いくつかの有意義な「経験上の」一般化、ならびに犯罪という出来事に対する重要な洞察を提供しているものの、これらの研究が、日常的な合法活動と違法な試みとの間のつながりについて、「体系的に」はっきりとは論じられていないと主張することは、正当であろう。これらの研究は、より大きな社会構造の変化が、いかにして略奪的犯罪に従事する機会の変化を引き起こし、犯罪率の動向を示す要因となるのかについては、説明し得ないのである。そのためには、前節で略述したような概念枠組を必要とするのである。マクロ・レベルのデータを用いてこのようなアプローチの実行可能性について論証することを試みる前に、本章では、このよ

うなアプローチの主要な前提となる、一貫性についての利用可能な、ミクロ・レベルのデータについて考察してみることにしたいと思う。

3 日常活動理論のミクロ・レベルでの前提

ここで採用する理論的アプローチは、第2次世界大戦後のアメリカにおける犯罪率の動向が、コーエンとフェルソンが日常活動と呼んでいるものの様式と関連していることを明らかにするものである。コーエンとフェルソンは、これらを、基本的な住民や個人的なニーズに対して、彼らの生物学的及び文化的な起源を提供する、周期的に起こり、かつ広く行き渡った、なんらかの活動と定義するのである。このように、日常活動は、標準的な食料の供給、避難所、性的なはけ口、余暇、社会的相互作用、学習、さらには子育てのみならず、形式化された仕事をも包含するのである。これらの活動の普及と繰り返しが、それらの活動を日々の生活の一部にする限りにおいて、これらの活動は、住民の消滅を防止するために必要とされる、最低限のレベルを超えているのである。

日常活動は、①家、②家から離れての仕事、さらには、③家から離れてのその他の活動において生じる。後者は、主として家族もしくはそれ以外の者を巻き込むかもしれないのである。第2次世界大戦後、アメリカが、第1のカテゴリーから離れて、残りの2つへ移行していること、とりわけ、家族でないものを巻き込んで、家族以外の者との活動を経験しているということを、コーエンとフェルソンは主張するのである。特に、コーエンとフェルソンは、日常活動構造のこのような移行が、有能な監視者が不在の状態で、動機付けられた犯罪者たちが、ふさわしいターゲットを伴って、空間的及び時間的に収斂する可能性を増大させ、よって、長い年月の間に、直接的接触による略奪的犯罪の著しい増加へ寄与することになると主張しているのである。

もしコーエンとフェルソンが言うごとく、日常活動理論が妥当なものであるとするならば、次に、我々は、略奪的侵害行為の本質や分布状態について考えながら、多くの経験上の関係に基づいて証拠を発見することに期待を寄せるべきであろう。たとえば、我々は、犯罪の被害化の危険性をより低くするために、

家の中もしくは家の近くで行われた日常活動、ならびに、家族やその他の主要な集団の間で行われた日常活動に期待する。なぜならば、これらの日常活動が、監視機能を高めるからである。我々は、同様に、日常的な日々の活動が、特定の時間に、可視的で接近可能な場所における財物や人的なターゲットの位置関係に影響を与え、それにより、それらの被害化の危険性に影響を及ぼすことを期待する。さらに、消費財のサイズや重さ、場合によってはそれらの価値を判断することにより、日常的な生産活動は、消費財の違法な移転に対する適切性に影響を与えるのである。最後に、もし日常活動理論が、先に提示されたパラドックスを説明するのに役立つのであれば、人物や財物の流れ、消費財のサイズや重さ等々が、第2次世界大戦後のアメリカの犯罪率の動向の変化と並行するものであるということを見出すであろう。

　このように、日常活動理論の真実性は、人間活動のミクロ・レベル及びマクロ・レベル双方の相互依存関係の分析によって評価することができるのである。前者のレベルにおける一貫性が議論の余地のないものであり、あるいは、それどころか明白であるとしても、それでもなお、後者のレベルの研究に取りかかる前に、このアプローチが既存のデータと矛盾するものではないことを明らかにする必要があるであろう。次節においては、この点について検討してみることにしたい。

4　実証的評価

1　犯罪の状況及び発生地

　日常活動理論は、世帯及び家族の活動が、たとえ、それを評価することにおいて問題があるとしても、そうでない活動と比べて、より低い被害化の危険性を伴うものであるということを、具体的に述べるものである。

　1973年と1974年における政府の大規模な被害化調査からの全米的な概算は、これらの一般化を支持するものである。表4は、12歳以上の人口10万人当たりの事件毎の被害化率について示したものである。明らかに、パネルA

表4 1974年のアメリカにおける強姦、強盗、暴行、個人的接触による窃盗等の事件毎の特定危険率（年齢12歳以上の人口、10万人当たりの比率）

A		強姦	強盗	暴行	個人的接触による窃盗	合計
住居の場所	家庭の中あるいは近く	63	129	572	75	839
	それ以外の場所	119	584	1,897	1,010	3,610

B		強姦	強盗	暴行	個人的接触による窃盗	合計
被害者・加害者関係	単一犯					
	親族	7	13	158	5	183
	知人	23	30	333	30	416
	顔見知り	11	26	308	25	370
	見知らぬ者／ちょっとした顔見知り	106	27	888	616	1,837
	累犯者					
	何らかの知り合い	10	68	52	43	373
	見知らぬ者	25	349	530	366	1,270

C		強姦	強盗	暴行	個人的接触による窃盗	合計
被害者の数	1人	179	647	2,116	1,062	4,004
	2人	3	47	257	19	326
	3人	0	13	53	3	69
	4人以上	0	6	43	1	50

D		強姦	強盗	暴行	個人的接触による窃盗	合計
場所と人間関係（単一犯のみ）	家庭／見知らぬ者	61	147	345	103	654
	家庭／顔見知り	45	74	620	22	761
	街路／見知らぬ者	1,370	7,743	15,684	7,802	32,469
	街路／顔見知り	179	735	5,777	496	7,167
	その他の場所／見知らぬ者	129	513	1,934	2,455	4,988
	その他の場所／顔見知り	47	155	1,544	99	1,874

資料源：Cohen, L. E. and M. Felson, "Social Change and Crime Rate Trends: A Routine Activity Approach," *American Sociological Review*. Vol. 44, August, 1979, pp. 595.

とパネルBにおける割合は、家もしくは家の近くの方が、それ以外の場所と比べてはるかに低く、親族間の方が、それ以外の者と比べてはるかに低いことを示している。このデータは、被害化の危険性が、加害者と被害者の社会的距離により直接的に変動するということを示している。同表のパネルCは、さらに、単一犯による被害化の危険性が、累犯者による被害化の危険性をはるかに上回っているということを示している。これらの関係は、アメリカ人が平均で1日当たり16.25時間を家で過ごし、1.38時間を路上・公園等で過ごし、6.36時間をその他の場所で過ごすといった、時間の割当てに関するデータを検証することによって強化されるであろう。表4のパネルDは、そのような場所で過ごした10億人・時間（person-hours：100万人×10万時間）当たりの被害化についてのコーエンとフェルソンの概算値を示したものである。たとえば、個人的接触を伴う窃盗罪の割合は、家で顔見知りの者によるよりも、路上で見知らぬ者による方が、350倍高いということを意味するのである。

　1973年の被害化に関するデータから独立した算定数値は、家もしくは家の近くに駐車した100万自動車時間（vehicle-hours）当たり2件の自動車窃盗、路上・公園・遊び場・学校のグラウンドもしくは駐車場に駐車した100万自動車時間当たり55件の自動車窃盗、さらには、それ以外の場所に駐車した100万自動車時間当たり12件の自動車窃盗があったことを示している。こうした関係の方向性そのものは驚くべきものではないかもしれないが、これらの規模については注記されるべきであろう。犯罪の被害化の危険性は、人々が彼ら自身の身を置く状況や場所、もしくは彼らの財物を置く状況や場所によって劇的に異なるのである。

2　ターゲットの適合性

　日常活動理論の別の前提は、ターゲットの適合性（target suitability）が、直接的接触による略奪的侵害行為の発生に影響を及ぼすというものである。コーエンとフェルソンは、ターゲットの適合性についてのすべての構成要素（すなわち、価値、可視性、接近可能性、さらには不活発）を明らかにするためのデータを

示してはいないが、自動車や電子器具といった高価でかつ移転可能な耐久消費財が、違法な移転の危険性が最も高いことを暗示しているのである。

この点に関して、コーエンとフェルソンは、特定の適切な事例として、統一犯罪報告書において報告された、窃取された財物に関する1975年のデータと、商品に対する個人消費者の消費に関する全米のデータ、ならびに、同年の積荷価格についての電気器具産業の概算とを比較している。1975年に消費されたこれらの商品100ドル当たり26.44ドルもの自動車及び自動車部品が盗まれ、一方で消費された100ドル当たり6.82ドル相当の電子器具が盗まれたことが算出されている。これらの概算は、市民や警察の評価における誤算を免れないものではあるが、ここで重要なことは、他の割合と関連するそれらの規模である。たとえば、わずか8セント相当の非耐久消費財、ならびに12セント相当の家具及び電子を用いない家庭用耐久消費財が、消費されたそれぞれのカテゴリーの100ドル当たりの割合において盗まれているのであるが、自動車に関する危険性は、それぞれ330倍と220倍というように極めて大きいのである。ここでは、危険にさらされている商品の「在庫」に関するデータを欠いているが、これら一連の「流れ」に関するデータは、自動車や電子器具の窃盗が、平均よりも非常に高いことを明確に立証するものであるといえよう。

『消費者報告書』(*Consumer Reports*) という購入ガイドに関する刊行物は、何ゆえに電子器具が窃盗犯人にとって優れた小売価値があるのかについて指摘している[20]。たとえば、パナソニックの自動車用テープ・プレイヤーは、1ポンド当たり30ドルの価値があり、フィリップスの写真カートリッジは、1ポンド当たり5,000ドルとして値踏みされる一方、冷蔵庫や洗濯機といったような大型電気器具は、1ポンド当たり1ドルから3ドルの価値しかないのである。これは別に驚くべきことではないが、1969年におけるコロンビア特別区の不法目的侵入に関するデータによれば、家庭用の娯楽品だけで、衣服、食品、薬品、アルコール類、さらにはタバコをすべて合わせたものの4倍近くの盗品品目を構成し、オフィスの必需品や備品の約8倍を構成したことを示している[21]。さらに、1975年に分類された全米の窃盗の69％が、自動車や自動車

の部品、もしくは自動車の装飾品、ならびに車上窃盗、もしくは自転車窃盗を伴うものであった[22]。電子部品や装飾品に加えて、ラジオやテレビの装置は、都市間の輸送車によって輸送が完了したすべてのトラックの荷台の荷物の総トン数のわずか0.10％に過ぎなかったが、乗用車や自動車の部品や装飾品、オートバイや自転車及びその部品は、輸送が完了したトラックの荷台の総積荷4億1,000万トンのわずか5.5％にしか過ぎなかったのである[23]。明らかに、持ち運びでき、かつ移転できる耐久消費財が、アメリカにおいて流通している商品の価値と重さの占有率と比べて、著しく不釣合いに窃取されたことが報告されているのである。

3　家族活動と犯罪率

　ある者は、成人の1人暮らしの世帯で生活している者及び家の外で勤めている者は、世帯内の家族活動に、彼らの時間を集中することを余儀なくされることが少ないように思われるであろう。日常活動理論の視座からすれば、これらの人々及び彼らの世帯は、略奪的犯罪行為の被害化の割合がより高いはずである。同様に、おそらく家族活動よりは、むしろ仲間集団の活動に従事する可能性がより高い、青春期の人々や若年成人は、犯罪の被害化の割合がより高いということを予想することができよう。最後に、既婚者は、それ以外の者よりも、被害化の割合が低いはずである。表5と表6は、接触を伴う一個人に対する窃盗を除いて、これらの予想を裏付けるものである。これらの表を考察すれば、被害化の割合は、年齢と反比例して関連するように思われるし、かつ「より活動的でない」状態にある人々（たとえば、家事を切り盛りする人、働くことができない人、退職した人）に関しては、より低いということがわかる。注目すべき例外が、表5において示されているが、これは働くことができない人々は、それ以外の「活動的でない人々」と比べて、強姦、強盗、さらには接触を伴う一個人に対する窃盗等による被害化の可能性が高いように思われるということである。雇用されていない人々も、同様に、被害化の割合が異常に高いのである。しかしながら、これらの割合は、ここで述べられている日常活動理論のアプロ

表5 アメリカにおける10万人当たりの個人的被害化率

変数／資料源	被害者類型	強姦	強盗	暴行	個人的な接触による窃盗	合計
A 年齢／ヒンデラングほか (1977)	12-15	147	1,267	3,848	311	16,355
	16-19	248	1,127	5,411	370	15,606
	20-24	209	1,072	4,829	337	14,295
	25-34	135	703	3,023	263	10,354
	35-49	21	547	1,515	256	7,667
	50-64	33	411	731	347	4,588
	65以上	20	388	492	344	1,845

変数／資料源	被害者類型	強姦	強盗	暴行	個人的な接触による窃盗	合計
B 被害者の主な活動状況／ヒンデラングほか (1977)	16歳以上の男性					
	軍　隊	—	1,388	4,153	118	16,274
	雇　用	—	807	3,285	252	10,318
	失　業	—	2,179	7,984	594	15,905
	家　事	—	0	2,475	463	3,998
	学　生	—	1,362	5,984	493	17,133
	働けない	—	1,520	2,556	623	3,648
	退　職	—	578	622	205	2,080
	16歳以上の女性					
	家　事	116	271	978	285	4,433
	雇　用	156	529	1,576	355	9,419
	失　業	798	772	5,065	461	12,338
	学　生	417	430	2,035	298	12,810
	働けない	287	842	741	326	1,003
	退　職	120	172	438		

変数／資料源	被害者類型	強姦	強盗	暴行	個人的な接触による窃盗	合計
C 婚姻関係／司法省 (1973,1977)	12歳以上の男性					
	未　婚	—	1,800	5,870	450	16,450
	既　婚	—	550	2,170	170	7,660
	別居／離婚	—	2,270	5,640	1,040	12,960
	未亡人	—	1,150	1,500	—	4,120
	12歳以上の女性					
	未　婚	360	580	2,560	400	12,880
	既　婚	70	270	910	220	6,570
	別居／離婚	540	1,090	4,560	640	9,130
	未亡人	—	450	590	480	2,460

資料源：Cohen, L. E. and M. Felson, "Social Change and Crime Rate Trends: A Routine Activity Approach," *American Sociological Review*. Vol. 44, August, 1979, p. 597.

表6 世帯単位の成人数と年齢による強盗・不法目的侵入の被害化率
（1974年と1976年の一般社会調査による）

年　齢	世帯単位の成人数1人	2人以上	比率（%）
18-35歳	0.200（140）	0.095（ 985）	2.11
36-55歳	0.161（112）	0.079（ 826）	2.04
56歳以上	0.107（262）	0.061（ 640）	1.76
すべての年齢	0.144（514）	0.081（2451）	1.78

資料源：Cohen, L. E. and M. Felson, "Social Change and Crime Rate Trends : A Routine Activity Approach," *American Sociological Review*. Vol. 44, August, 1979, p. 597.

ーチと一致するものである。すなわち、雇用されていない人々の被害化の高い割合は、潜在的な犯罪者の年齢や人種構成と同様に、そのような犯罪者が極めて集中しているところの居住地との近接性を反映しているのかもしれないけれども、その一方で、障害のある人々は、彼らが動機付けられた犯罪者に対して、抵抗することができないがために、個人的な被害化の危険性が高いとも考えられるのである。そして、それにもかかわらず、家を持っている人は、雇用されている人や雇用されていない人、学校にいる人や軍隊にいる人よりも明らかに被害化率は低いのである。

　表6が示すごとく、不法目的侵入と強盗の被害化率は、成人の1人暮らしの世帯に住んでいる人については、調査されたそれぞれの年齢群に属するそれ以外の人々の約2倍である。それ以外の被害化のデータは、世帯の被害化率が世帯の大きさにより直接的に異なる傾向にある一方で、より大きな世帯が1人当たりの被害化率が低いということを示している。たとえば、1,000世帯当たりの世帯の被害化に関する全体的な割合（不法目的侵入、世帯に対する窃盗、さらには自動車窃盗を含む）は、1人暮らしの世帯が168で、6人以上の世帯が326であった。このように、6つの1人暮らしの世帯に属している6人は、平均1,008の世帯の被害化を経験しており、6人家族の1世帯当たりの被害化と比べて3倍以上である。さらに、世帯主の年齢は、これらの犯罪に関する被害化率と強い関連性がある。20歳未満の者が世帯主の世帯については、自動車窃盗の割合が、65歳以上の者が世帯主の世帯の9倍、不法目的侵入及び世帯に

対する窃盗の割合が4倍である[24]。

コーエンとフェルソンが言うごとく、本章で示されたデータは、もともと日常活動理論を実証することを目的として収集されたものではないのであるが、そうした目的のためにデータを入手しようとすれば、そうした試みが可能であったことは言うまでもない。日常活動理論は、調査されたデータと一致し、その上、むしろわかりやすく、かつ緊密に結び付いた分析上の枠組のなかに、必ずしも新しくはないものの、他のところでは、場合によっては単に「記述的な」重要性でしかないと考えられるかもしれないような特定の研究結果を、適合させるのに役立つのである。次節においては、日常活動理論のマクロ社会学的傾向について考察したいと思う。それというのも、このマクロ社会学的な傾向が、犯罪率における傾向と密接な関連性を有するからである。

5　日常活動構造の動向と犯罪率の動向の変化

本章で示されている主要な命題は、1960年以降にアメリカにおいて報告された犯罪率の劇的な増加が、アメリカ社会の日常活動構造、ならびに、それに対応するターゲットの適合性の増大、及び監視者の存在の減少と結び付けられるということである。もしこのような命題が正当性を有するのであれば、それに続いて、社会的動向を確認し、これらの動向がいかにして略奪的犯罪の被害化率と関連するのかについて、確認することができるはずである。以下においては、この点について検討することにしよう。

1　人間活動様式の動向

1960年から1970年の10年間、アメリカは、アメリカの住民活動において注目すべき動向を経験した。たとえば、大学の女子学生からなる人口の割合は、118％増加した。既婚女性の労働力への参加率は31％増加したが、一方で、第一次的な個人として生活している人口の割合も、34％増加した。アメリカの国勢調査の調査員が最初に訪問したときに、14歳以上の者が誰もいなかっ

た世帯に関する、1960年と1971年の1時間毎のデータを比較することにより、日常活動様式の変化についての、さらなる見識のいくつかを得ることができるのである。これらのデータは、午前8時に14歳以上の者が誰もいない世帯の割合が、1960年から1970年の間に、約50％増加したことを示している。ある者は、同様に、郊外への旅行の割合が増加したことを見出しているが、このような郊外への旅行は、日中及び夜間双方の住居への不法目的侵入に、より大きな機会を提供するものである。1960年から1970年の間に、州立及び国立公園への旅行者が72％増加し、3週間の休暇の適格性がある農園労働者の割合が144％増加し、さらには、人口10万人当たりの海外旅行者数が184％増加した。アメリカ合衆国国勢調査局（U. S. Census Bureau）による、輸送に関する国勢調査の一部として行われた全米旅行調査（National Travel Survey）は、1967年から1972年までの5年間に、アメリカ人によって取られた休暇数が81％増加したという、一般的傾向を確認している[25]。

　世帯から離れての活動の分散（dispersion）は、近年の主要な社会変化であるように思われる。この10年間には、同様に、15歳から24歳までの人口の割合が31％と著しい増加を経験したにもかかわらず、年齢構造の変化は、この時期に起こった多くの社会的動向、とりわけアメリカ社会における人と物の流れの動向の1つにしか過ぎなかったのである。

　活動構造の変化の重要性は、1970年から1975年の間（犯罪率の増加が継続した時期）の人口統計学的な変化を一見することにより強調されるであろう。犯罪率と関連性のある年齢構造の近年の変化の大部分は、すでに1970年までに始まっていた。実際、15歳から24歳までの人口の割合は、1965年から1970年までの5年間における15％の増加と比べて、1970年から1975年の間にはわずか6％の増加しかなかったのである。他方、日常活動構造の主要な変化は、これらの期間も継続した。たとえば、わずか5年で、夫がいて、結婚している女性からなる労働力世帯の人口の概算された割合は、11％増加し、一方で、人口10万人当たりの夫や妻のいない世帯の概算数は、9,150から1万1,420に増加しており、25％の増加であった。同時に、高等教育機関に入学した人口

の割合も、1970年から1975年の間に16％増加しているのである[26]。

2　関連した財物の動向と人間活動様式の関係

　先に言及した活動動向の多くは、通常は耐久消費財への重大な出費を伴うものである。たとえば、比較的より多くの世帯、とりわけ夫や妻のいない世帯における人口の分散は、テレビや自動車といった耐久消費財市場を拡大するものである。労働力への女性の参入や、大学に入学した男女は、自動車市場の拡大をもたらすのである。仕事及び旅行の双方ともが、しばしば主要な可動性のある、もしくは携帯可能な消費財の購入、ならびに、それらの消費財を家から離れたところで用いるといった活動を伴うものである。

　耐久消費財の販売が、1960年から1970年の間に劇的に変化し、それゆえに、窃盗犯が窃取するによりふさわしい財物を提供するようになったことを示す、かなりのデータが入手可能である。たとえば、1960年から1970年の10年間に、アメリカにおける自動車やその部品に対するドル・コスト平均法による個人消費者の支出は71％増加し、一方で、それ以外の耐久消費財に対しては105％の増加がみられた。さらに、家庭用電子器具及び小型家庭用品の発送は、5,620万から1億1,970万単位に増加した。同じ10年間に、器具の輸入は、輸入額が681％増加しているのである[27]。

　この同じ時期において、犯罪が発生する機会をさらに提供するような小型消費財製品の革命が生み出された。多くの耐久消費財の重さに関する、1960年及び1970年のシアーズ百貨店のカタログから、関連するデータを調査することができる。シアーズは、全米最大の小売業者であり、標準的な製品の販売及び再販に関する政策は、そのカタログを、広範に宣伝された耐久消費財に関するデータ源にするものである。1960年に販売向けリストに載せられた最軽量のテレビは38ポンドであったのに対して、1970年のそれは15ポンドであった。このように、最軽量のテレビは、1970年と比べると、1960年においては2倍半重かったことがわかる。シアーズのカタログ・リストに載せられた他の多数の商品に対しても、同じような動向が認められる。1959年及び1969年の

12月に発行された『購入指標に関する消費者報告書』(*Consumer Reports Buying Guide*) からのデータは、ラジオ、レコード・プレーヤー、スライド映写機、テープ・レコーダー、テレビ、トースター、さらには、その他多くの商品に対しても、同じような変化を示している[28]。このように、1960年から1970年の間における多数の商品の軽量化は、これらの商品やその他の商品にとっては極めて重要なことであり、そのことは、耐久消費財の市場が、窃盗犯にとって、より多くのふさわしいターゲットを生み出しているということを意味しているのである。事実、1960年から1975年の間に、違法な移転にふさわしい財物、ならびに、世帯及び個人が攻撃にさらされることに関して、急激な増加が見られたのである。

3 商業施設における関連する動向

もちろん、世帯や個人による小型の消費財の所有が増加した結果、企業も、彼らの取引に関係する金銭と同様に、彼らが輸送し販売する商品の価格を値上げした。しかし、1958年、1963年、1967年、さらには1972年に行われた企業についての国勢調査は、多くの卸売、小売、サービス業、さらには、公的な商品保管施設の数が、アメリカにおいて16人に1つといった具合に、一定の割合であったことを示している。より多くの商品や金銭が、比較的固定化された数の商業施設に分散された結果、施設当たりの商業活動のテンポは、明らかに増大している。同時に、小売業における店員もしくはセールスマンとして雇われた人々の割合も、1960年から1970年の間に、1.48％から1.27％に減少し、全体として14.7％減少しているのである[29]。

企業及び個人双方の財物が増加したのにもかかわらず、活動のペースの変化は、家であろうとそれ以外の場所であろうと、より多くの世帯への商品の分散が原因で、後者をより大きな攻撃の危険にさらしたように思われるが、一方で、商業施設へと商品を集めたのである。しかしながら、莫大な量の商品とそれを監視するごくわずかの従業員といった状態にある小売施設における商品は、それ以外の大部分の企業の財物と比べて、違法な移転という危険性の増大にさら

されているのである。

4 犯罪動向の構成

もし人や財物の流れにおけるこれらの変化が、実際に犯罪動向に関連しているとするならば、財物の「構成」が、このことを反映するはずである、とコーエンとフェルソンは言う。大部分の企業の被害化と比べて、個人及び世帯の被害化がより大きく増加することを予測することができるし、一方で、万引は、

表7 アメリカにおける強盗、不法目的侵入、窃盗、殺人に関する犯罪分析動向
(1960年～1975年) (％)

A 強 盗	1960	1965	1970	
ハイウェイ強盗	52.6	57.0	59.8	
住居侵入強盗	8.0	10.1	13.1	
商業地区強盗	39.4	32.9	27.1	
合 計	100.0	100.0	100.0	

B 不法目的侵入	1960	1965	1970	1975
住 居	15.6	24.5	31.7	33.2
住居（夜間）	24.4	25.2	25.8	30.5
商業地区	60.6	50.2	42.5	36.3
合 計	100.0	99.9	100.0	100.0

C 窃 盗	1960	1965	1970	1975
万引き	6.0	7.8	9.2	11.3
その他	94.0	92.2	90.8	88.7
合 計	100.0	100.0	100.0	100.0

D 殺 人	1963	1965	1970	1975
親族殺人	31.0	31.0	23.3	22.4
恋愛・口論	51.0	48.0	47.9	45.2
重 罪	17.0	21.0	28.8	32.4
合 計	100.0	100.0	100.0	100.0

資料源：Cohen, L. E. and M. Felson, "Social Change and Crime Rate Trends: A Routine Activity Approach," *American Sociological Review*. Vol. 44, August, 1979, p. 600.

他のあらゆる企業からの窃盗類型と比べて、より急激に増加するであろうと予測することができる。見知らぬ者による一身的な犯罪が、顔見知りによる犯罪と比べて、より大きな増加を示すであろう。そして最後に、住宅地の不法目的侵入の割合は、夜間よりも昼間の方が増えているはずである。

犯罪の構成に関する利用可能な時間的な連続は、これらの予測を裏付けるものである。たとえば、表7は、商業上の不法目的侵入が、全体の60％から36％にまで減少し、一方で、昼間の不法目的侵入が16％から33％にまで増加したことを示している。企業に対する他の犯罪と異なり、万引は、そのシェアを拡大しているのである。他の暴力犯罪の状況に関する動向データを欠いてはいるものの、謀殺のデータは、コーエンとフェルソンの予測を裏付けるものである。1963年から1975年の間、重罪犯人の類型における謀殺の件数は、全体の17％から32％に増加した。この時期における親族殺しの割合が47％増加したのに比べて、既知の、もしくはその疑いのある重罪犯人の類型における謀殺の割合が、294％増加したことを見出しているのである。このように、記録された犯罪率の構成における動向は、先に言及した活動構造の動向と一致するように思われる。

6　日常活動理論の意味するもの

以上のごとく、日常活動理論の提唱者であるコーエンとフェルソンは、従来の犯罪についての多くの伝統的あるいは因習的な理論は、第2次世界大戦後のアメリカにおける犯罪率の年毎の変化について説明することが極めて困難であることを指摘している。それらの理論は、他の時期、特定の地域社会内、あるいは住民のなかの特定の副次集団における犯罪動向を説明するのには有意義であるかもしれない。しかしながら、アメリカにおける長期的な集合データは、これらの理論構造において推定された原因となる変数の多くに関する動向が、犯罪の原因であると仮定されたものと反対の方向にあるということを示しているとするのである。たとえば、1960年から1970年の10年間に、低所得水準

よりも下にいる人口の割合は、44％下落し、失業率は186％下落した。総人口に占める中心都市人口はわずかに下落し、一方で、外国の資本金の割合は、0.1％下落した等々である。

　他方において、コーエンとフェルソンは、日常活動理論の3つの要素（動機付けられた犯罪者、ふさわしいターゲット、有能な監視者の不在）の時間的及び空間的な収斂が犯罪をもたらすという考え方は、犯罪率の動向を理解する上で有意義であるように思われるとする。これらの要素のどの1つが欠けても、直接的な接触による略奪的犯罪を防止することはできないからである。ふさわしいターゲットと有能な監視者の不在の時間的及び空間的な収斂は、個人を犯罪に従事するように動機付ける、構造的条件のいかなる増大もしくは変化もなしに、犯罪率の大規模な増加へと至る可能性があるのである。思うに、もし伝統的あるいは因習的な理論において、犯罪の原因であると規定される変数についての社会的指標が、第2次世界大戦後のアメリカにおける犯罪の増加を促進する方向へと変化したと言うのであるならば、犯罪率の増加は、おそらく観察された以上に信じがたいものであったであろう。いずれにしても、犯罪学者が、犯罪率の最近の増加を説明する際に、ふさわしいターゲットと有能な監視者の不在という2つの要素の収斂の重要性について、過少評価していたというのが、真実であろう。さらに、これらの要素の時間的及び空間的な収斂の効果は、付加的というよりは、むしろ、増大するものであるかもしれない。すなわち、一定の割合での収斂は、比較的控えめな社会的動向が、いかにして比較的大きな犯罪率の動向の変化に寄与しうるかについて論証しながら、そのような一定の割合よりもはるかに大きい犯罪率の増加を引き起こすかもしれないということである。

　世帯の指標を含む、断面図的なデータについてのほんのわずかの調査研究が、コーエンとフェルソンの研究と類似した結論を生み出している。たとえば、ロンケック（D. Roncek）、チョルディン（H. M. Choldin）＝ロンケックは、サンディエゴ、クリーブランドさらにはピオリアに関する街区レベルのデータについて報告し、主として個人世帯である街区の世帯の割合が、一貫して街区の犯罪

率の最善もしくは最善に近い予測指標を提供することを示している。人種、密度、年齢さらには貧困を含む、多くの社会的変数に対して統制を加えた後にも、このような関係は継続するのである。このように、世帯の構造と犯罪の被害化の危険性との間の関連が、集合的な全米の時間的な連続に関するデータのみならず、個人レベルや街区レベルの断面図的なデータにおいても認められるのである[30)]。

　コーエンとフェルソンは、犯罪者が犯罪に従事するように動機付られる要因の重要性を否定することなく、違反行為そのもの及びその発生の前提条件に対して特別な注目を集めてきた。しかしながら、日常活動理論のアプローチは、もしかしたら、将来的には、犯罪者や彼らの性向に対しても同様に適用されるかもしれないと彼らは主張するのである。たとえば、主要な集団活動の構造は、犯罪的性向の文化伝播や社会統制が発生する可能性に影響を与えるかもしれず、一方で、地域社会の構造は、犯罪を犯しやすい仲間集団の活動のテンポに影響を与えるかもしれないのである。同様に、違反行為を実行するのに適した環境が犯罪的な性向に報いることで、長期的にそのような性向に寄与すると予想することも可能である。

　コーエンとフェルソンは、さらに、日常活動理論の枠組が、何ゆえに刑事司法制度、地域社会、さらには家族が、1960年以降、社会統制を及ぼす上であまりにも非効果的であるように思われるのかについて説明する上で、有効であるかもしれないということを主張する。略奪的な侵害行為を実行する機会の実質的な増加は、社会統制のための社会のメカニズムを侵食しているのかもしれないと言うのである。たとえば、処罰の確実性、敏速性、さらには厳格性を増加させることを求めている組織が、違法な略奪的行為から得られる報いの確実性、敏速性さらには有用性の増加という結果になるかもしれない、構造的変化と競い合うことは困難であるかもしれない。

　生活の利益を享受する機会を増大させるまさにその機能が、同様に、略奪的な侵害行為の機会も増大させるということは、まことに皮肉なことである。たとえば、自動車は、平均的な市民と同様に、犯罪者に対しても移動の自由を与

え、窃盗に対しては、攻撃されやすい脆弱なターゲットを提供するのである。大学への入学、女性の労働力への参入、都市化、郊外化、さらには新たな電子消費財は、世帯の束縛から逃れる様々な機会を提供し、一方で、それらは、略奪的な被害化の危険性を増大させるのである。実際、略奪的犯罪に対する機会は、我々の生活様式の多くを変更することなく、実質的な犯罪の総量を探り出すことが非常に難しいかもしれないといった程度で、合法な活動に対する機会構造に巻き込まれるように思われる。略奪的犯罪が、単に社会崩壊の予備指標であるとみなされるのではなく、もしかしたら、自由や繁栄が、日々の生活の日常活動に現れる際の、それらの副産物であると理解されるかもしれないのである。日常活動理論の神髄はそこにある、とコーエンとフェルソンは主張するのである。

7 おわりに

　以上において、日常活動理論の形成過程を詳述したが、この日常活動理論は、犯罪対策論としては、犯罪を醸成する社会的・制度的要因の改善ではなく、端的に犯罪機会の直接的な縮減を目指す、クラーク（Ronald V. Clarke）の「状況的犯罪予防理論」と結び付くことになる。事実、クラーク自身、イギリスにおける状況的犯罪予防理論の開発の独自性を強調しながらも、状況的犯罪予防理論に先行してあるいは同行して発展したアメリカの犯罪学理論、たとえば、ジェフリー（C. R. Jeffery）のCPTED理論（Crime Prevention Through Environmental Design）、問題志向型警察活動、犯罪環境犯罪学、そして日常活動理論等の間接的な影響を認めているからである。

　著者からみれば、クラークの主張する「犯罪機会縮減」の諸方策としての、①個々の具体的な犯罪形態を対照とし、②犯罪の直接的な環境を管理、設計、操作することで、③犯罪者が認識する犯罪の手段とリスクを増大させ、報酬を減少させるという、基本的な考えそのものは、犯罪者の動機付けを減弱化し、ターゲットを強化し（target hardening）、監視の目を増やすという、日常活動理

論の基本的命題を政策化したものである。

　そして、この日常活動理論が機能し、状況的犯罪予防理論が防犯理論として成立するためには、犯罪者の行動には一定の合理性が存在することを仮定することが必要であるということになろう。日常活動理論では、動機付けられた犯罪者が、ふさわしいターゲットを選択し、監視者の不在を狙って行動することを前提としていることから考えて、当該犯罪者は合理的な選択のできる人間であることが当然予定されていると考えられよう。

　また、犯罪機会に際して、犯罪者が犯罪の手間とリスク及び報酬を認識し、その両者を天秤にかけながら意思決定を行い、犯行に出るという「合理的選択」のプロセスが存在しないなら、いくらその者に認識される犯行の直接的な環境を管理、設計、操作したとしても、防犯上は何らの期待ができないことは言うまでもない。このため、犯罪機会における犯罪者の合理的選択のプロセスを仮定・実証し、状況的犯罪予防を犯罪者の側から理論的に基礎付けるために登場したのが、コーニッシュ（C. B. Cornish）＝クラークの合理的選択理論ということになるのである。

　このような英米での理論的発展状況をみるとき、コーエンとフェルソンの日常活動理論は、ハーシーの「社会的紐帯理論」と並ぶ、1980年代のアメリカ犯罪学の統制理論において双璧をなすものとして評価することができよう。しかしながら、日常活動理論は、犯罪機会の生成過程を説明するが、犯罪者の形成過程を説明していない。これとは逆に、社会的紐帯理論は、犯罪者の形成過程を説明するが、犯罪機会の生成過程は説明していないのである。そうした意味からは、両理論は統合することが必要であり、そのパイプ役となるものが、合理的選択理論であるということになろう。そして、これらの理論が、現在、我が国で論じられている「環境犯罪学」、著者のいう「犯罪環境犯罪学」として、犯罪予防理論の中核として論じられているということになるのである。

1)　拙著『犯罪学原論』日本加除出版（2004年）参照。たとえば、フェルソンは、コーニッシュ＝クラークの編著書のなかの論考で、自己の日常活動理論とハーシ

(Travis Hirshi) の統制理論を結合し、さらに、この両理論を合理的選択理論に結合することを試みている。詳しくは、Cornish, D. B. and R. V. Clarke (eds.), *The Reasoning Criminal : Rational Choice Perspectives on Offending*. New York : Spronger-Verlg, 1986, pp. 119-128. 参照。

2) Cohen, L. E. and M. Felson, "Social Change and Crime Trends : A Routine Activity Approach," *American Sociological Review*, Vol. 44, Augusut, 1979, pp. 588-608. 本論文において、コーエンとフェルソンは、アメリカでの1960年から1970年の間の住居侵入盗の増加が、単身世帯の増加や女性就業率の上昇に起因する、日中留守宅の割合の増大や、テレビその他の電気製品の携帯性の向上などの「日常活動」(routine activity) の変化によって、おおむね説明可能であることを実証したのである。

3) National Commission on the Causes and Prevention of Violence, *Crimes of Violence. Vol. 13*. Washington D. C. : U. S. Government Printing Office, 1969.

4) Glaser, D., *Social Deviance*. Chicago : Markham, 1971, p. 4.

5) Shaw, C. R., McKay, H. D., Zorbaugh, F. and L. S. Cottrell, *Delinquency Areas*. Chicago : University Chicago Press, 1929.

6) Hawley, E., *Human Ecology : A Theory of Community Structure*. New York : Ronald, 1950.

7) *Ibid.*, p. 289.

8) Reppetto, T. J., *Residential Crime*. Cambridge : Ballinger, 1974.

9) Pope, C. E., *Crime-Specific Analysis : The Characteristics of Burglary Incidents*. U. S. Department of Justice, Law Enforcement Assistance Administration. Analytic Report 10. Washington, D. C : U. S. Government Printing Office, 1977a ; Pope, C. E., *Crime-Specific Analysis : An Empirical Examination of Burglary Offense and Offender Characteristics*. U. S. Department of Justice, Law Enforcement Assistance Administration. Analytic Report 10. Washington, D. C : U. S. Government Printing Office, 1977b.

10) Scarr, H. A., *Patterns of Burglary*. U. S. Department of Justice, Law Enforcement Assistance Administration. Washington, D. C : U. S. Government Printing Office, 1972.

11) Jeffery, C. R., *Crime Prevention Through Environmental Design*. Beverly Hills : Sage, 1971 ; Newman, O., *Defensible Space : Crime Prevention Through Urban Design*. New York : Macmillan, 1973 ; Washnis, G. J., *Citizen Involvement in Crime Prevention*. Lexington : Health, 1976.

12) Sutherland, E. H., *The Professional Thief*. Chicago : University of Chicago, 1937 ; Martin, J. B., *My Life in Crime*. New York : Harper, 1952 ; Maurer, D. W., *Whiz Mob*. New Haven : College and University Press, 1964 ; Williamson, H., *Hustler!* New

York : Doubleday, 1968 ; Jackson, B., *A Thief's Primer*. New York : Macmillan, 1969 ; Chambliss, W. J., *Boxman : A Professional Thief's Journey*. New York : Harper and Row, 1972 ; Letkemann, P., *Crime As Work*. Englewood Cliffs : Prentice-Hall, 1973 ; Klockars, C. B., *The Professional Fence*. New York : Free Press, 1974.
13) Wolfgang, M. E., *Patterns of Criminal Homicide*. Philadelphia : University of Pennsylvania Press, 1958 ; Amir, M., *Patterns of Forcible Rape*. Chicago : University of Chicago Press, 1971.
14) Short, J. F. and F. Strodtbeck, *Group Process and Gang Delinquency*. Chicago : University Chicago Press, 1965.
15) Reiss, A. J., "Setting the Frontiers of a Pioneer in American Criminology : Henry McKay," In Short, J. F. Jr. (Ed.), *Delinquency, Crime, and Society*. Chicago : University Chicago Press, 1976, pp. 64-88.
16) Bonger, W. A., *Criminality and Economic Conditions*. Boston : Little, Brown, 1916 ; Durkheim, E., *Suicide : A Study in Sociology*. New York : Free Press, 1951 ; Durkheim, E., *The Division of Labor in Society*. New York : Free Press, 1966 ; Henry, A. F. and J. F. Short, *Suicide and Homicide*. New York : Free Press, 1954 ; Fleisher, B. M., *The Economics of Delinquency*. Chicago : Quadrangle, 1966.
17) Colquhoun, P., *Treatise on the Police of the Metropolis*. London : Baldwin, 1800.
18) Tobias, J. J., *Crime and Industrial Society in the Nineteen Century*. New York : Schocken Books, 1967.
19) Gould, L., "The Changing Structure of Property Crime in an Affluent Society," *Social Forces*, Vol. 48, 1969, pp. 50-59.
20) Consumer Reports Buying Guide, *Cnsumer Reports (December)*. Mt. Vernon : Consumer Union, 1975.
21) Scarr, *op. cit.* Table 9.
22) Federal Bureau of Investigation, *Crime in the U. S. : Uniform Crime Report*. Washington, D. C. : U. S. Government Printing Office, 1976, Table 1, Table 26.
23) Interstate Commerce Commission, *Annual Report : Freight Commodity Statistics of Class 1 Motor Carriers of Property Operative in Intercity Service*. Washington, D. C. : U. S. Government Printing Office, 1974.
24) U. S. Department of Justice, *Crime Victimizations in the U. S., 1973*. Washington, D. C. : Law Enforcement Assistance Administration, 1976, Table 9, Table 21.
25) U. S. Bureau of Census, *Census of Transportation, 1972. U. S. Summary*. Washington, D. C. : Government Printing Office, 1973, Introduction.
26) U. S. Bureau of Census, *Current Population Studies*. Washington, D. C. : U. S. Government Printing Office, 1947-1976.

27) U. S. Bureau of Census, *Statistical Abstract of the U. S.* Washington, D. C. : U. S. Government Printing Office, 1975-1976.
28) Consumer Reports Buying Guide, *Consumer Reports (December)*. Mt. Vernon : Consumers Union, 1959, 1969.
29) U. S. Bureau of Census, *op. cit.*, 1975, Table 589.
30) Roncek, D. W., *Crime Rates and Residential Densities in Two Large Cities*. Ph. D Dissertation, Department of Sociology, University of Illinois, Urbana, 1975 ; Choldin, H. M. and D. W. Ronek, "Density Population Potential and Pathology : A Block-Level Analysis," *Public Data Use*, Vol.4, 1976, pp. 19-30.

第4章
アメリカ合衆国の野球量刑

1 はじめに

　1994年、アメリカ合衆国において、「暴力犯罪統制及び法執行法」(Violent Crime Control and Law Enforcement Act of 1994) が制定され、10月1日から施行された。本法では、重罪犯罪で3度あるいはそれ以上有罪とされた者に対しては、パロールの可能性のない無期拘禁刑（いわゆる終身刑）が科せられるという条項が設けられている。これがいわゆる「野球量刑」(baseball sentencing) と言われるものであり、「三振法」とか「三振アウト法」と呼ばれているものである[1]。
　近年、アメリカでは「法と秩序」(law and order) 政策が唱道され、「犯罪者に厳しい政策」(get-tough policy) が展開されている。こうした政策の功罪はともかくとして、本章で分析の対象とする「スリーストライク法」（三振法とか三振アウト法という呼び方ではなく、全米での量刑改革について論じるという本章の目的から、この名称を使用したいと思う）も、こうしたアメリカの量刑政策の一環である。このスリーストライク法については、結果的に、被告人が重罰化を恐れて有罪の答弁を拒否し、陪審審理を要求することが多くなったことから、司法当局に過剰な負担をかけているとか、重罪犯罪者に対する量刑政策が、結果として、政争の道具として使われているとの批判もある。以下においては、スリーストライク法が抱えるこうした諸問題について検討してみることにしたい[2]。

2　スリーストライク法の概要

　今更改めて指摘するまでもなく、暴力犯罪を減少させ、累犯者や常習犯罪者により効果的に対処しようとする努力の一環として、ここ数年の間に全米各地で新たな立法を提案する動きが広範囲にわたって展開されている。常習犯罪者の対策として役立つと思われる多くの選択肢の中でも、1993年にワシントン州で提案され可決された「スリーストライク法」の提案は、一般大衆の間でも、また立法者の間でも大きな反響を呼んでいるものの1つである。各州の提案者は、スリーストライク法を常習的な重大暴力犯罪者、すなわち、「終身刑にリーチがかかっている犯罪者」に対処するための有効な解決策であると考えているようである。

　一般的に言って、スリーストライク法の大部分は、以前に重罪で1回あるいはそれ以上の有罪判決を受けた犯罪者に重罰化された刑罰を求めるものである。これらの法は、犯罪者が当該犯罪で科された刑罰に加えて、数年間刑務所で刑期に服することを要求しているものもあれば、以前の犯罪が、暴力犯罪、性犯罪、銃器を用いて行われた犯罪等、特定の種類の犯罪である場合には、それに対応するような形での量刑が考えられている。すなわち、3度目の「重大犯罪」によって有罪判決を言い渡された犯罪者は、20年あるいはそれ以上の拘禁刑を言い渡される一方、3度目の「暴力犯罪」で有罪判決を言い渡された犯罪者は、パロールの可能性のない無期拘禁刑を科されることになっている。そして、ほとんど例外なく、スリーストライク法は、法律によって規定された量刑の範囲を逸脱するような裁量権を裁判官に認めない強制的なものである。

　スリーストライク法の最も顕著な特徴は、科される刑罰の異常なまでの長さである。たとえば、ジョージア州、インディアナ州、ルイジアナ州、メリーランド州、テネシー州、ワシントン州、ウィスコンシン州の法律では、パロールの可能性のない無期拘禁刑が言い渡される一方、カリフォルニア州では、25年でパロールの資格が与えられ、ニューメキシコ州では30年、コロラド州で

は40年でその資格が与えられる。我が国の死刑への代替手段としての重無期刑の主張が20年を経た後の仮釈放を要件とするものであることを考えるとき、その量刑の重さが分かるであろう[3]。

3 スリーストライク法とその関連法

　ワシントン州とカリフォルニア州で制定された法律は、守備範囲の広いスリーストライク法の原型である。たとえば、1993年12月に施行されたワシントン州の「常習犯罪者責任法」(Persistent Offender Accountability Act) と名付けられた州民発案593号の下では、「常習犯罪者」という定義に該当する犯罪者はすべて、必ずパロールの可能性のない無期拘禁刑を言い渡される。常習犯罪者とは、本法では、以前、別々に2度有罪判決を受けたことに加え、「極めて重大な犯罪」とみなされる重罪によって有罪判決を受けた者と定義されているのである。ここで言う、「極めて重大な犯罪」とは、殺人や暴行、強盗から不法目的侵入、児童に対する淫行、売春の斡旋まで、広い範囲の犯罪を含んでいる。しかも、ワシントン州の場合、州政府が本法の効果を最小限に抑えて恩赦を行うことがないように、州政府に対して、その刑期満了以前に釈放された常習犯罪者の状況に関する報告書を年に2回公表することや、当該犯罪者が生きている限り、あるいは少なくとも釈放後10年間継続してその報告を行うことを義務付けているのである[4]。

　カリフォルニア州のスリーストライク法は、1994年3月に可決され、その後、同年秋の州民投票によって裁可されている。したがって、同法を改正するには、議会において3分の2の得票を得ることが必要になったことを意味するのである。同法の規定の下では、最初の2つの重大な重罪がツーストライクと計算される。その後、どのような種類の重罪を犯しても、それが重罪である限りスリーストライク・アウト、すなわち三振となり、25年間仮釈放の可能性のない無期拘禁刑（いわゆる終身刑に最低拘禁期間を定めたもの）が科されるのである。加えて、同法の下では、ツーストライクで量刑は2倍となり、受刑者は

地域社会内監督や地方のジェイル(未決囚と1年未満の既決囚が収容されている)で刑期を過ごすのではなく、刑務所に服役しなければならないことになる。さらにその上に、それまでに刑務所で得られた善時制(裁判所の言い渡した刑期から刑務所での善行保持を理由として与えられた善時日数を差し引いて釈放される早期釈放制度)による「善時クレジット」は、各人の加重された刑期の50％の保証から20％の保証に軽減されるのである[5]。

ネバダ州の「スーパー常習犯罪者法」は、暴力又は性に関連する重大な重罪犯罪を行った累犯者に限定することによって、スリーストライク法の焦点を若干絞っている。同州は、3度目の暴力又は性に関連する重罪に対して発動され、パロールの付く無期拘禁刑か、あるいはパロールの付かない無期拘禁刑を言い渡すという内容のものである。

バーモント州の暴力前科犯罪者及び常習犯罪者法は、反復される暴力犯罪に焦点を当てている。同法では、それまでに暴力による重罪犯罪で2度の有罪判決を受けていれば、3度目の暴力による重罪犯罪に対する有罪判決には、最低拘禁期間として少なくとも15年の強制的な刑期を科すことが規定されている。しかし、裁判官は、それでも最大限終身刑までの刑期及び無期拘禁刑を含む刑期を言い渡すことができる。加えて、同法の規定の下で判決を言い渡された者は、最低拘禁期間を終了するまでは、プロベーション、早期釈放、帰休制、パロール等の資格は得られないのである。

また、スリーストライク法の別類型として、ミシガン州では検察官が以前の重罪による有罪判決に基づいて、より厳しい求刑を行う選択肢を持っているし、ミネソタ州では、犯罪者が3度目の暴力犯罪で有罪判決を受けた場合には、裁判官は現在の量刑ガイドラインから離れて量刑することはできないことになっている。

合衆国政府は、1994年暴力犯罪統制及び法執行法——これは連邦反犯罪法(Federal Anti-Crime Act)として知られている——の可決によって、スリーストライク法を承認するに至った。同法により、各州は暴力犯罪者に対する刑罰を重くする見返りとして、連邦政府から財政的援助を受けることができるのであ

る。事実、真実量刑奨励補助金制度（Truth-in-Sentencing Incentives Grants）によって、各州の暴力犯罪数から算出された一定の方式に基づいて、連邦基金の援助が約束されているのである。しかしながら、各州は、その補助金を受ける前に、2度暴力犯罪で有罪となった犯罪者が最低限その刑期の85％を服役しなければならないように、刑法典を改正しなければならないことになっている。また、各州は、刑務所収容を言い渡される暴力犯罪者の割合を増加させ、ツーストライクとなった暴力犯罪者からはパロールを剥奪し、そうした受刑者が刑に服する期間を長くしなければならないことになっているのである[6]。

4　スリーストライク法の一般的効果

　累犯者を、パロールの可能性のない無期拘禁刑を含めて、かなりの長い期間拘禁しようというアイディアは、確かに、一般の人々の間では熱狂的に歓迎された。この施策の支持者は、この種の量刑は、犯罪を減少させるだけでなく、最終的には、納税者の支払った税金を節約することになるであろうと述べている。それは、彼らが、スリーストライク法が無害化を通して被害者化の防止に要する費用を減少させるだけでなく、刑事司法システムによって、累犯者を再逮捕し、再処遇するのに要する実質的な費用を結果的に減少させることになるであろうと信じているからである。

　しかしながら、特別専門委員会は、スリーストライク法及び関連法の効果に関する初期の評価を分析し、同法が基盤としている仮説の妥当性に疑問を呈している。

　以下においては、スリーストライク法に関する効果測定の代表例として、カリフォルニア州のスリーストライク法にかかる費用とその効果について、資料を公表した、ランド・コーポレーション（以下、ランドと略称する）の分析結果を紹介したいと思う[7]。

1　カリフォルニア州の制度の分析

　まず、ランドの研究者は、犯罪率と、スリーストライク法の規定の下で、街路における犯罪者と刑務所における犯罪者の人口動態を変化させる方策にかかる費用とを推定するための分析モデルを作成した。彼らは、また、4つの代替的量刑計画、すなわち、①ツーストライクで即行使される選択量刑計画、②暴力的重罪犯罪者のみに焦点をあてた量刑計画、③暴力犯罪者はより厳しく扱うが、軽罪犯罪者はより寛大に扱う量刑計画、④スリーストライクという条件が放棄され、重大なあるいは暴力的な重罪（それまでにストライクとカウントされたことのないものも含む）によって有罪とされた犯罪者が、善時制による刑の軽減という利益なしに、その全刑期を服役しなければならないという量刑計画、をテストしたのである。

　ランドによる評価結果は、量刑に関する議論に重大な一矢を投じることになった。結果そのものは、興味のあるものではあるが、決して予期できなかったといったようなものではない。たとえば、それぞれの量刑計画には、利点もあれば欠点もある。本質的には、より多くの注目を集めた量刑の代替策の方が、現行法で適用されるスリーストライク法の選択肢よりも費用がかからない。しかし、その代替策は、犯罪を減少させるという点では、結局のところ、スリーストライク法よりも効果はないのである。

　テストされた4つの代替的量刑計画の中では、費用と効率という点からは、特に暴力的重罪犯罪者のためにだけ重い量刑を留保している選択量刑計画が最も可能性の高い代替策であることが明らかになっている。この量刑計画であれば、半分の費用で、スリーストライク法によって達成することができる犯罪減少のおよそ3分の2の犯罪減少を達成することができるからである。カリフォルニア州のスリーストライク法は、今後25年間にわたって、以前の法律の下であったならば行われたであろうと思われる年間重大犯罪数を、28％減少させる可能性を持っているのである。そのこと自体は紛れもなく、相当な犯罪減少をもたらすことになるが、しかし、同時にそれは、同期間にカリフォルニア

州の納税者に年間55億ドルの増税をもたらすことになる。この点、ツーストライク選択量刑計画及び重大犯罪者はより厳しく罰し、軽い犯罪者は寛容に処遇するという量刑計画は、費用と犯罪を減少させる可能性という点からは、スリーストライク法と暴力的重罪犯罪者のためにだけ重い量刑を留保している選択量刑計画との中間に位置することになるのである。

　ランドによる調査結果でより関心を引くものの1つは、スリーストライクという条件が放棄され、重大なあるいは暴力的な重罪によって有罪とされた犯罪者が、善時制による刑の軽減という利益なしに、その全刑期を服役しなければならないという量刑計画である。この量刑計画は、犯罪の減少という点では現行スリーストライク法に匹敵し、費用がそれほどかからないという点でも同法に匹敵する。このモデルには、また、いくつかの付加的な利点もあるのである。なぜならば、この量刑計画は、犯罪者が最初に重大な犯罪を行ったときに短い刑期を言い渡すことによって、犯罪経歴の早い段階で犯罪者を無害化するものであるから、スリーストライク法が、犯罪経歴が深まったときに幾人かの犯罪者に対して長い刑期を科したとしても、その無害化の効果は、年齢と犯罪のよく知られている関係に一致するに過ぎないものになる。つまり、犯罪学的に言えば、最初に犯罪を行った年齢が遅い、いわゆる遅発犯を拘禁するために、いまある乏しい財源を投資することは、ほとんど意味をなさないことになるのである。

2　カリフォルニア州立法分析局の評価

　カリフォルニア州のスリーストライク法に関する最も最近の評価は、カリフォルニア州立法分析局（State's Legislative Analyst's Office）によってなされている。基本的には、その評価は、スリーストライク法に関連する多くの問題を確認し、意図し得なかった一連の結果を列挙している。まず第1は、スリーストライク法は、重大な暴力犯罪者に集中して適用されるのではなく、実際のところは、同法の下で訴追された被告人の約70％が非暴力犯罪者であり、軽窃盗及び薬物所持で訴追された者であるということである。

第2は、スリーストライク法が答弁取引率に重大な影響を与えていることである。すなわち、旧法の下では、全重罪事件のうち、90％以上は答弁取引で終決していた。しかしながら、スリーストライク法の下では、この数字は次第に低下し、ツーストライク事件では14％、スリーストライク事件ではわずか6％となっている。これは、被告側の私選弁護士及び検察官の双方が、被告人に対して答弁取引を拒否しても何ら損にはならないことを助言しているためであるといわれる。当然のことではあるが、カリフォルニア州では、陪審審理が急激に増加している。たとえば、ロサンゼルス・カウンティでは、陪審審理は従来の2倍以上となるであろうと推測されている。つまり、ロサンゼルス・カウンティでは陪審審理が5,000件以上になるであろうと見積もられているのである。これは、カリフォルニア州の裁判所で、民事事件の審理を待っている者にとっては決して良いニュースではない。刑事事件は、迅速な裁判という原則の下で優先されるのが一般的であるから、スリーストライク法による陪審審理が増加すると、すべての資源はそちらの方にまわされ、民事事件の審理が遅延するのは目に見えているからである。

　第3は、スリーストライク法は、いくつかの点においてジェイルに悪影響を与えていることである。カリフォルニア州立法分析局によると、各カウンティは、ツーストライクの被告人には通常の金額の2倍の保釈金を課す傾向があるのに対して、スリーストライクの被告人には保釈そのものを認めていない。その結果、すでに過剰拘禁状態下にあるジェイルは、さらに過剰となる。しかも、この種の犯罪者に対してジェイルでの監視に要する費用は、保安上の危険性がより高いと考えられるので、より高くなるのである。そして、おそらく最も悪いことには、ツーストライクあるいはスリーストライクの犯罪者をジェイルに拘禁することが、ジェイルから他の被収容者を早期に釈放させることにつながることである。たとえば、ロサンゼルス・カウンティのジェイルにおいて被収容者が収容される期間は、彼らが言い渡された刑期の3分の2から、2分の1未満にまで低下しており、これは、まさにスリーストライク法の意図しなかった結果であるといえよう。

第4は、改正が難しい量刑法を持つ他の州においてもすでに実証されてきているように、カリフォルニア州では、検察官も裁判官も陪審員も、そしてまた、犯罪の被害者さえもが、スリーストライク法の目的を反古にする方法を知っているということである。それは、彼らが、いくつかの事例において、スリーストライク法をそのまま適用することが却って不公正であることを認識し、加重された刑罰が必ずしも当該犯罪にふさわしいものではないことを知っているからである。そうした場合においては、訴因はより軽微な犯罪に変更され得るであろうし、裁判官は以前の重罪犯罪を軽罪に切り替えることもできるし、さらには、以前の重罪前科の存在を考慮しないことすらできるのである。

　第5は、カリフォルニア州の刑務所人口は、現在、週に300人から400人ほど増加しているが、このことを、すべてスリーストライク法の影響であるとすることはできないということである。なぜならば、この評価研究の段階では、スリーストライク法の下で有罪とされ、刑の宣告にまで至ったケースは、それほど多くはないからである。それにもかかわらず、カリフォルニア州立法分析局の調査結果は、ランドの被収容者人口と費用の推計を正しいものとして評価している。つまり、1999年までには、カリフォルニア州矯正局は、刑務所人口でおおよそ70％の増加を経験し、被収容者総数21万1,000人になるであろうとの推計である。この増加率推計が正しいものとすると、カリフォルニア州では、1999年までに、数十億ドルの費用をかけて、少なくとも、あと15の刑務所を建設しなければならないことになるのである。

　第6は、1994年上半期におけるカリフォルニア州の犯罪率が6.7％に低下したということに関してである。こうした傾向はしばらく続くであろうと推測されている。しかしながら、それは、スリーストライク法が機能している結果であるということになるのかどうかは定かではない。なぜならば、犯罪率そのものは、スリーストライク法が可決される以前から低下し始めているからである[8]。

3 ネバダ州のスーパー常習犯罪者法の分析

ネバダ州では、3度目の暴力的重罪及び性に関連する重罪で有罪とされた犯罪者を目標としたスーパー常習犯罪者法の可決が検討されている。議会の要請を受けて、ネバダ州立法協議局は、同州の刑務所施設から入手した受刑者の受け入れに関する現実の情報に基づいて、スーパー常習犯罪者法の財政上の影響について分析を行っている。カリフォルニア州よりもはるかに少ない被収容者人口を擁しているネバダ州では、スーパー常習犯罪者法の適用可能な候補者として、わずか7人の被収容者しか確認することができなかった。そのうちの3人は、すでに、スーパー常習犯罪者法で考慮されている量刑よりも重い刑期に服していた。すなわち、2人は死刑囚監房に収容されており、残りの1人は2つの終身刑を執行中であったのである。ネバダ州立法協議局は、ネバダ州の経験則に基づき、終身刑の期間を37年と計算して、残る4人に対してスリーストライク法が適用された場合、現在の刑期よりも、合計で81年間余計に服役しなければならないであろうという結論を出している。そして、同局は、また、1993会計年度の被収容者1人当たりに要する費用（1万4,188ドル）を81倍した、合計114万9,228ドルが、スリーストライク法に基づいて、4人を収容するために必要となると試算したのである。同局は、その計算に当たって、故意に、インフレや犯罪率の上昇、資本の上昇、管理及び運営費といった要素を考慮に入れていない。もし、こうした費用を含めていれば、総費用は著しく増加するであろうと思われる[9]。

4 テキサス州における連邦真実量刑補助金の評価

1995年1月、テキサス州刑事司法政策審議会は、近年における連邦政府による犯罪防止に関するイニシアティブの潜在的な影響について査定した。その報告書によれば、もしテキサス州が量刑ガイドラインの採用なしに、すべての暴力犯罪者に対するパロールを廃止し、これらの犯罪者に、その刑期の85％を服役するように要求し、しかも、現行の量刑形式がそのまま維持されるとす

れば、同州で、この政策の効果を上げるためには、1996年から2000年までの間に、約１万400床の舎房を用意する必要があるとの結論を出している。さらに、本報告書は、たとえテキサス州が連邦補助金の規定の下で、同州に配分される可能性のある資金のすべてを受け取ることができたとしても、その資金で、新しく建設する刑務所の舎房の建築費用を賄うことはできないし、運営上の費用を補う連邦の財源もないことを報告している。そして、この連邦政府のイニシアティブの長期にわたる影響を試算するとき、同審議会は、このイニシアティブにより、2000年から2046年までの間に、テキサス州では、現在の刑務所以外に、５万400床の舎房を用意する必要性が生じると推計しているのである[10]。

5　刑事司法システムへの影響

　これまでにスリーストライク法を実施している州の実態に照らしてみて明らかなことは、この種の法律が各州の裁判制度の機能不全をもたらしているということである。機能不全の最大の原因は、この法律によって答弁取引率の急激な低下が生じていることによるものである。被告人が陪審審理を選択すれば選択するほど、裁判所の処理能力は低下し、裁判費用が増大することはいうまでもない。ぎっしり詰まった裁判所の公判日程表に余裕を設けるためには、民事事件は、正義を求める市民の許容限界を超えて、後回しにしなければならないことになる。

　このような答弁取引における劇的な変化は、決して驚くべきことではない。今までにも、種々の強制的量刑施策が全米各地の法令集に採用されてきた。たとえば、ニューヨーク州の厳しい薬物規制法やマサチューセッツ州の銃器規制法などは、違反者の強制的拘禁を規定している。この種の法律の影響について評価してみるとき、こうした法律は、常に、法執行に携わる実務家が、不公正が生じていると感じるときに、彼らによって廃止される傾向があることを示しているのである。すなわち、検察官は、有罪判決を求めて、その主張を展開す

ることを拒否し、陪審員は有罪の評決を拒否し、裁判官はその規定の下で人々に刑を宣告することを拒否する。この種の法律の意図を打破するための方策として、我々は、刑事司法のあらゆる段階で、いくつもの示唆に富んだ手段を発見することができるのである[11]。

ジェイルはすでに過剰拘禁状態にあるが、それでも、その収容能力以上に利用されている。保安上の理由から保釈を認められていないスリーストライクでアウトとなった犯罪者を収容する空間をつくるために、より危険な重罪犯人を釈放することになるのだとすれば、そうした運用の結果は、間違いなく不公正となり、正義に適うものではないのである。それゆえに、刑事司法における公正さを高めるためにスリーストライク法を支持するのだと主張する者にとっては、その主張を是認するような証拠はほとんど見出し得ないことになる。

刑事司法に関する諸研究は、重罰化された量刑構造の下では、以前と変わらず、人種によって量刑格差があることを指摘している。たとえば、強制的量刑手続に基づいて宣告された刑期を比較検討した場合、司法上の裁量権の余地を減らそうとする立法上の努力は、結局のところ、検察庁で行使される裁量権によって阻止される傾向にあることが明らかになっている。そしてまた、この段階での裁量権の行使は、たいていの場合、公共の安全には関係していない種々の要因が機能しているのであり、一般市民の精査には晒されていないものである。こうしたプロセスの中で検討した場合、事件の処理や結果に影響を与える主たる要因は、人種であり、公判前勾留に対するものとしての公判前釈放であり、被告人側の弁護士の質とタイプであるということになろう。検察官が有罪答弁の合意に関して、実質的な統制力を保持している限り、裁量権が行使され、立法目的が無力とされる可能性が依然として残っていることに留意しなければならないのである[12]。

6 刑務所におけるスリーストライク法の効果

スリーストライク法及びその関連法の潜在的な効果の1つは、その現実の効

果が徐々にしか現われてこないということである。実際のところ、スリーストライク法のような量刑重罰化の刑事司法上の重要性は、認識されるまでに長い時間がかかるところにある。このように、その効果が遅れるのは、最も重大な暴力犯罪者はすでに比較的長い量刑を受けていることに加えて、スリーストライク法の実際上の効果は、被収容者が服役しなければならない刑期を長くするにすぎないからである。ネバダ州の例では、被収容者が現在服役しなければならない刑期である12年の刑期を終えた後に、スーパー常習犯罪者法に基づく量刑が効果を生じることになるであろうと推計されている。つまり、スリーストライク法の財政上の効果は、21世紀、具体的には、2033年にならないと分からないことになるのである。

サウス・カロライナ州では、同州の予算局が、現在考慮されているスリーストライク法によれば、今後14年間にわたって10億ドルの歳費が必要となり、その大半の6億6,400万ドルは刑務所の建設にまわされるであろうと推計している。同州での試算によると、1996年には、被収容者数は157人増加し、それに要する費用は190万ドルになるとのことである。また、1999年には、被収容者数は3,273人となり、費用は4,110万ドルと見積もられ、2010年には、被収容者数2万005人、費用概算2億5,150万ドルとの数字が示されている。

もう1つの潜在的なスリーストライク法の効果は、全米の刑務所施設において、中高年被収容者の増加が顕著な傾向となって現われてくるであろうということである。他の人口区分と比較して、たとえ中高年で逮捕される者の割合は減少しているとしても、法に抵触し、その後逮捕される中高年者の実数は、全米で増加しているのである。高齢被収容者に関する最近の数字は、その実数も全人口に対する割合も、実質的に増加していることを示している。事実、55歳及びそれ以上の受刑者の数は、1981年から1991年までに倍以上になっているのである[13]。

各州によって定義と拘禁実務に違いがあるので単純に比較することは困難であるが、アメリカでは、記録的な数の被収容者が終身刑に服しているようである。1990年には、30の刑務所施設において、1万1,227人の被収容者が終身

刑に服していた。この数字は徐々に増加し、1994年現在では、36施設において、1万7,281人の被収容者が終身刑に服しているのである。

20年あるいはそれ以上の期間、刑務所に服役している被収容者の数は、1990年の45施設、9万6,921人から、1994年の49施設、14万1,026人まで増加しており、これは総計49％の増加である。こうしたデータは、事実上、全米各州及び連邦刑務所施設における刑務所人口の年齢分布の割合が、かなり高齢化の傾向を示していること、そして、今後とも、こうした高齢化傾向が続くであろうことを暗示しているのである[14]。

刑務所における中高年者が今までになく増加することになると、中高年被収容者の間では、一般の人口構成における中高年者の健康上のニーズに比べて、健康上の問題が生じることが多いために、拘禁に要する費用の増加に著しく拍車がかかることになる。一般に高齢被収容者の場合には、薬剤のサービス、物理療法、特別食の用意、熟練した看護治療、その他の関連サービスを含む専門の継続的な健康管理を要する、普通の被収容者より慢性的な健康上の問題をもつ者が多いのである。アメリカでは、高齢被収容者の3分の1が1つあるいはそれ以上の慢性的な健康上の問題を抱えているといわれている。そうした疾患としては、視聴覚障害、胃腸疾患、関節炎から、呼吸器障害、心臓疾患、癌、エイズ、結核、アルツハイマー病に至るまで、ありとあらゆる範囲にわたっている。この中高年被収容者人口の健康管理に要する費用の推計は、一般人口構成の中で被収容者を拘禁する場合の費用の2倍から3倍になっているのである。このことは、高齢被収容者に対しては、それぞれの深刻な慢性疾患のために、1人当たり年平均4万ドルから6万ドルの費用を費やさなければならないことを意味しているのである。彼らの大部分は、公共の安全に対して重大な脅威を与えることはないので、その拘禁費用は、支出に見合うだけの効果もないのに莫大な費用を費やしているという批判にもつながることになるのである[15]。

7 スリーストライク法の評価

　要約的に述べるとすれば、スリーストライク計画、ツーストライク計画、真実量刑計画及びその他これと関連する計画の最も重要な結果は、これらの計画が実行に移されたところでは、すでに増加している刑務所人口が、その後、毎年、さらに増加する傾向にあるということである。また、それに伴って、拘禁費用も増加しており、犯罪率と加重された量刑を科される犯罪者数との変動によって、その増加率は大きく変化しているのである。しかし、この法律による財政上の影響に関する全貌は、パンドラの箱と似ており、21世紀の第1・四半世紀が過ぎる頃になるまでは判然とはしないのである。

　今更改めて指摘するまでもなく、スリーストライク法及びその関連法を支える基盤は、犯罪の減少と費用の削減にあることはいうまでもない。すでに検討したごとく、カリフォルニア州の刑法に関するランドの評価によれば、スリーストライク法は重大な暴力犯罪を減少させる可能性はあるが、驚くほどの費用がかかるのである。そして、確たる証拠もなく、カリフォルニア州の犯罪率の減少を、新法の効果とみることにも問題があることはいうまでもない。カリフォルニア州だけではなく、強制的量刑重罰化計画を持つ他の管轄区域でも、受刑者とその拘禁に要する費用の増加は、紛れもなく共通の重要な課題なのである。

　スリーストライク法及び関連法が犯罪減少に対して有する可能性は、年齢と犯罪との関係に関する極めて多くの犯罪学的研究を検討した場合、積極的に評価することができるように思われる。一般に、犯罪率は10代でピークに達する。最も重大な犯罪は、14歳から24歳までの若年男子によって行われるのが常であるから、犯罪とは若者にとってのゲームであると言えないこともない。そうした活動的な年代が終わると、すぐに犯罪活動が収縮する最初の時期を迎え、犯罪率は徐々に低下していくのである。これは、急激な犯罪率の低下は、暴力犯罪で逮捕された者の大部分（約67％）が30歳未満であるという事実に

見て取れる。しかし、指標犯罪で逮捕された者の犯罪歴の平均期間を計算すると、5.6年であり、30歳から40歳までの間にピークに達するので、年齢と犯罪との真の関係は、広く引証されているような年齢・犯罪関連曲線を完全に透写するわけではないようである。この2つの発見は、刑罰政策の発展にとっては極めて重要である。それは、拘禁による無害化の対象とされる可能性が最も高いのは、30歳から40歳までの間の犯罪者であり、よく言われるように、30歳未満の犯罪者ではないことを明らかにしたからである。

年齢と犯罪との関係及び犯罪歴の複雑性に関しては、さらなる調査研究が求められるであろうが、スリーストライク計画やその他の強制的量刑選択計画のような量刑計画が、以下に掲げるような既存の常識的理解を補強するものであることは明らかである[16]。

まず第1は、統計的に見れば、常習性というのは加齢とともに衰退するものとされている。したがって、刑務所で年を取るということを前提に、犯罪者を刑務所に長期間拘禁することは、常習性を減退させることのみが目的であるとすれば、それは、乏しい財源を意味もなく投資することになる、というものである。

第2は、若い頃の犯行は、長い犯罪歴を生み出す前兆となることが多いので、犯罪対策を樹立するための年齢・犯罪関連曲線は、若者の犯罪予防に注意を喚起する必要があるという強い教訓を示している、というものである。犯罪学的研究の中で確実に認知されている仮説の1つは、どのような内容の犯罪行為であれ、最初に逮捕された時の年齢が10代という若い時であればあるほど、彼らは犯罪行為を行い続けるということである。したがって、犯罪を減少させることに関心を寄せている立法府は、法制度の最前線で、こうした若者に対して税金を投入することによって、最大限の見返りが期待できることになるのである。したがって、問題の焦点は、若者が犯罪歴を獲得するに至る前に、彼らに対する犯罪予防計画及び早期介入計画を幅広く展開することにあるということになろう。そして、こうした計画や活動プログラムの多くは、刑事司法システムの外で展開せられるべきであり、特に、子どもの成長過程や家庭、学校に集

中して実行されるべきであるということになるであろう。

　第3は、強制的量刑計画は、刑事司法における個別化と公正という原則からみて、あたかも対立物のように思われるということである。それというのも、量刑法というものは、どう見ても、個々の事例に影響を与える事情や、種々の事例で見られる多くの事実の概要を考慮することはできないからである。量刑改革を主張する者は、改革により、不変性や公開性が増し、裁判上の裁量が取り除かれることで、刑事司法における公正が増すであろうと信じているが、これまでの経験では、こうした改革が公正でも効果的でもなかったことを示しているのである。

8　スリーストライク法特別委員会の結論と勧告

　以上のように、スリーストライク法及びそれと関連する刑罰法に関して、アメリカ合衆国が経験したことを分析して分かったことは、同法の本来意図していた結果と、同法が生み出した表に出ない、あるいは予期していなかった効果との間に、大きな違いがあるという現実である。考えてみれば、こうした法律の文言によって「委任」され、あるいは「保証」されていることと、法の施行の際に実際に生じる問題との間の顕著な相違は、過去においても、現在においても、はたまた、将来においてもみられる、すべての重要な刑事司法過程における立法の特徴なのである。そして、こうした相違は、刑事司法システムが確たる頂点を持たず、公共の安全という共通の目的はあるものの、その構成部分の間では競合することの多い諸要求を調和するよう意図された、非常に複雑な組織体であるということから生じるのである。もちろん、公平性、手続上の公正さ、効率性、一貫性が共通に要求されることはいうまでもない。アメリカ合衆国の刑事司法の歴史における主要な法律の制定に係わるこれまでの経過と同じく、スリーストライク法に関しても、このような法律が公布されたときの、検察官、裁判官、被告側弁護人、陪審員、パロールボード、矯正職員等のそれぞれの思惑が、どのような影響をもたらすかということを予測することは著し

く困難であることを示している。したがって、予期しない否定的な反応からスリーストライク法の施行を実りあるものとするためには、法律の施行そのものを厳格に監視し、改正要求のある場合には、求められた目的を達成するよう柔軟な姿勢を示すことが肝要であるということになるであろう。

スリーストライク法に関する特別委員会は、本法の施行に関して、以下のような勧告をまとめているので付言しておくことにしたい[17]。

(1) 司法長官は、連邦スリーストライク法が連邦裁判所及び矯正システムに与える影響について詳細な調査研究を開始すべきである。そして、そうした調査研究の結果の分析が終了するまでは、連邦法を拡大することは差し控えるべきである。

(2) 現在、極めて応報的な雰囲気が一般社会や国全体に感じられる折柄、一般市民に対して、強制的量刑計画にかかる費用とその結果を知らせる必要がある。司法長官は、アメリカ合衆国の最高の法執行官として、全米司法研究所とともに、一般市民に対して正確な情報を客観的かつ公平に知らせる最適の地位にあるからである。

(3) 司法長官と全米司法研究所は、現在、スリーストライク法に関しての公開討論を要求している検察官や被害者の代弁者に対して、対話を開始するための適切な手段を講じるように配慮すべきである。犯罪者の間にみられる個々の違いを考慮することを許す裁量権を適切なものとするために、現在の強制的な量刑制度の乱用を監視するような量刑法を発展させ、同時に、裁判官の能力と経験を生かせるような機構を開発することが必要である。

(4) 全米司法研究所は、費用と犯罪率双方に対する強制的量刑法の影響を評価するために、適切な調査手段と調査研究を発展させるに当たって、連邦及び州の立法局を勇気づけ、支援することが必要である。現在のところ、種々の分析手法とデータベースが、強制的量刑法のもたらす影響の大まかな評価をするために存在する。もちろん、分析手法もデータベースも、ともに改良することが求められてはいる。しかし、それはそれとして、立法者及び一般市民は、過剰拘禁状態にある刑務所に対する費用とその効果と

いう観点からだけでなく、それに関連する手続と成果という観点からも、こうした法律の及ぼし得る影響を理解しなければならないのである。そうしたものの中には、民事裁判制度に与える否定的な効果もあり、また、税収には限りあることから生じる、教育、福祉厚生、インフラストラクチャー、重大な公共サービス等からの乏しい財源の流用ということもあるのである。

(5) スリーストライク法が成し遂げるのと同じだけの犯罪減少効果を、極めて少ない費用で達成できる代替的量刑政策が存在するのであるから、全米司法研究所は、犯罪減少及び費用という観点からは、これらの施策の展開を支援し奨励すべきである。そうした意味からは、集中監督プロベーションやコミュニティ・サービス（社会奉仕命令）といったような制度が考えられて然るべきである。しかしながら、こうした計画が公共の安全に与える効果を立証するために、調査研究が計画と並行して行われるべきであることはいうまでもない。

(6) 若者の犯罪の防止や早期介入計画への資金の投入が、スリーストライク法よりも効果があると思料する場合には、司法長官は、こうした計画へ向けて連邦資金を配分するよう指示すべきである。犯罪防止計画の最前線へ資金を投入することに付随する効果は、こうした計画に参加する者の教育的、経済的役割を改善することに貢献するからである。

(7) 司法長官は、種々のスリーストライク法が公共の安全に与える影響及び同法に関連して必要となる経費等に関する既存の調査研究の結果を探求するために、一連の地域会議を召集することを考慮すべきである。幼年期における犯罪防止策や早期介入計画と代替的量刑計画に要する費用及び効果等も検討されるべきである。

9　おわりに

以上においてみたごとく、アメリカ国民の「犯罪への不安感」に支えられて

いるかにみえるスリーストライク法は、1960年代の犯罪問題を国家的課題として取り上げるという「犯罪の政治化」政策の一端をなすものである。しかしながら、現在全米的規模に拡大されているこの新しい量刑政策は、事件処理という側面からは、答弁取引率の低下による裁判の遅延や未決拘禁者を収容するジェイルの過剰収容という問題を惹起し、今までにもすでに危機的レベルにまで達していた刑務所の過剰拘禁をますます深刻なものとし、1960年代に理想とした「犯罪者の社会復帰」など、夢のまた夢としてしまっている。

そして、このスリーストライク法とその関連立法の何よりもの問題は、費用効率という側面からは、重大な欠陥があり、連邦レベルの量刑政策としては、失敗策であるということある。

すでに犯罪歴のあるいわゆる常習犯罪者を厳しく処罰することよりも大切なことは、犯罪の原因となっている社会的不公平性を打破することであり、いまなお深く国民の間に潜行している人種差別をなくすことである。4人の子どもからピザ一切れを窃取した罪で、25年間仮釈放の可能性のない無期拘禁刑に処せられたり、閉店したレストランの屋根から侵入し4枚のクッキーを窃取した罪で、26年間仮釈放の可能性のない無期拘禁刑に処せられるという量刑の実態が、国民を納得させるものであるとは私には到底思われない。

性犯罪者前歴登録・告知制度をはじめとして、現在アメリカ合衆国で、次々と打ち出されているこうした魔女狩り的な政策は、アメリカ合衆国の民主主義そのものを危機に陥れるおそれがある。犯罪の危機的状況に直面して、その危機を強調するあまり、民主主義そのものを危機に陥れているのであるとすれば、これほど不幸なことはない。アメリカ合衆国の犯罪対策に未来はあるのであろうか。

1) 本法については、大木英敏「米国犯罪防止対策法の概要（1994年凶悪犯罪規制及び法執行法」『警察公論』50巻4号（1995年）87-91頁。岡本美紀「アメリカ合衆国における『1994年暴力犯罪統制及び法執行法』について―いわゆる『三振アウト』条項を中心として」『比較法雑誌』29巻4号（1996年）29-55頁参照。
2) 本章は、Flynn, E. E., Flanagan, T., Greenwood, P. and B. Krisberg, "Three-Strikes

Legislation : Prevalence and Definitions," *Critical Criminal Justice Issues*, U. S. Department of Justice, Office of Justice Programs, National Institute of Justice, 1997, pp. 123-133. に基づくものである。

3) スリーストライク法制定当時の概要については、Karpelowitz, A., "Three Strikes" Sentencing Legislation Update. Denver, Co. : National Conference of State Legislatures, 1994. 参照。

4) ワシントン州とカリフォルニア州のスリーストライク法については、岡本美紀「アメリカ合衆国における『スリーストライク法』に関する検討」『比較法雑誌』31 巻 4 号（1998 年）145-176 頁参照。

5) カリフォルニア州のスリーストライク法については、鮎田実「アメリカ合衆国における常習犯罪者対策としての『三振法』の概要と問題点―カリフォルニア州を中心に―」『法学新報』105 巻 10・11 号（1999 年）203-229 頁参照。

6) Clark, J., Austi, J. and F. T. Cullen, "Three Strikes and You're Out : A Review of State Legislation," *National Institute of Justice Research in Brief*, U. S. Department of Justice, Office of Justice Programs, National Institute of Justice, 1997.

7) 以下の叙述については、Greenwood, P. W., Rydell, C. P., Abrahamse, A. F., Caulkins, J. P., Chiesa, J., Model, K. E. and S. P. Klein, *Three Strikes and You're Out. Estimated Benefits and Costs of California's New Mandatory Sentencing Law*. Santa Monica, CA : RAND, 1994. 参照。

8) 以上の叙述については、*The "Three Strikes and You're Out" Law-A Preliminary Assessment*. Sacramento, CA : Legislative Analyst's Office, 1995. 参照。

9) "Criminal Justice System in Nevada," *Legislative Counsel Bureau, Bulletin No. 95-6*, Carson City, NV., 1994, pp. 13-19.

10) Fabelo, T., *Biennial Report to the Governor and the 74th Texas Legislature : The Big Picture Issues in Criminal Justice*, Austin, TX., 1995, pp. 16-18.

11) Flynn, E. E., "Turning Judges into Robots," *The Forensic Quarterly*, Vol. 50, No. 2, 1976, pp. 143-149.

12) Meierhoeffer, B. S., "The General Effect of Mandatory Minimum Prison Terms," Washington, D. C. : Federal Judicial Center, 1992. Schiraldi, V. with M. Godfrey, "Racial Disparities in the Charging of Los Angeles County's Third 'Strike' Cases," San Francisco, CA : Center on Juvenile and Criminal Justice, 1994.

13) Flynn, E. E., "The Graying of America's Prison Population," *The Prison Journal*, Vol. 72, No. 1 & 2, 1992, pp. 77-98.

14) Austin, J., *Three Strikes and You're Out : The Likely Consequences on the Courts, Prisons, and Crime in California and Washington State*. San Francisco, CA : National Council on Crime and Delinquency, 1994.

15) Anno, B. J., "The Cost of Correctional Health Care : Results of a National Survey," *Journal of Prison and Jail Health*, 1990, Vol. 9, No. 2, pp. 105-134.
16) Farrington, D. P., "Age and Crime," in Tonry, M. and N. Morris (eds.), *Crime and Justice Review of Research*, Chicago, IL : The University of Chicago Press, 1986, pp. 189-250.
17) 全米司法研究所の結論である。

第5章
ニュージーランドにおける青少年司法の歴史

1 はじめに

　1989年の「児童、青少年及びその家族法」(Children Young Persons and Their Families Act) の制定は、ニュージーランドにおける青少年犯罪者に対する対応を統一的なものとし、さらには、青少年とその家族の生活における国家の役割を明らかならしめるための革新的な一連の原理と手続を打ち立てることを可能ならしめたといわれている。実際のところ、本法は、ニュージーランドにおける青少年司法の一大改革を引き起こしたものであった。この法律の制定目的は、「児童、青少年及びその家族と、家族集団の福利を促進することである」とされている（第4条）。したがって、本法は、児童及び青少年の犯罪行為に対応する最善の方策を決定する際に、専門家よりは、むしろ、家族や地域社会に権限を付与しようとするものであるといえるであろう[1]。

　本章は、ニュージーランド裁判所省（2003年10月1日，法務省に合併された）の基金のもと、青少年裁判所アンドリュー・ベクラフト (Andrew Becroft) 首席裁判官の管轄のもとに、エミリィ・ワット (EmilyWatt) 研究員が調査研究に従事し、その成果をまとめたものに依拠したものである（以下においては、ワット報告書と略称する）[2]。このワット報告書は、新しい制度の発展過程を理解することが、この革新的な立法の背後にある原理に関して、よりよい理解と洞察を与えることになるであろうという期待をこめて、国際的、国内的な観点から、本法の青少年司法に関わる規定の背景を調査しようとしたものである。

　ワット報告書の前半部分は、青少年司法に対する態度に関しての国際的な動

向を概説しており、そこでは、子どもに対するいくつもの推移する考え方が、実は、養育・保護の必要性のあるものと、厳格な統制の必要性のあるものといったように、交互に繰り返す子どもに対する基本的な考え方の変化を、如実に反映したものであったとしている。

そして、ワット報告書の後半部分では、以上のような洞察に基づいて、本報告書は、ニュージーランドの経験を精査しようとするものであり、そこでは、ニュージーランドの制度そのものも、最初は国際的な動向に従っていたが、後には、青少年の犯罪問題について、それに対処するにふさわしい草分け的な制度を導入するに至ったのだとするのである。

2　国際的視座からする過去100年間の青少年司法の歴史

1　少年裁判所の創設

青少年犯罪者のための分離した裁判所の存在は、西洋の法制度において、比較的最近においてみられるようになったものである。歴史上、青少年犯罪者は、成人裁判所において有罪の宣告がなされ、成人として処罰されたのであり、年齢はいかなる免責をも与える理由にはならなかった。司法制度は、犯罪が自由意思に基づく合理的行為とみなされた古典主義的アプローチにより特徴づけられていたからである。したがって、刑罰は、改善よりは、むしろ、抑止に焦点を合わせ、成人と児童に平等に適用されたのである。

しかしながら、19世紀後半には、子どもは比類なく脆弱であるという認識がなされるようになり、その結果として、子どもを中心に置く、福利を基礎とした処遇への動きがみられるようになった。青少年犯罪者に恩赦を与えるという既存の裁判所実務は、まもなく、責任無能力の法則（doli incapax）、つまり、権利侵害を行うことについての無能力という概念を通して、イギリスのコモンローにおいて正式な原則として採用されるに至ったのである。そこでは7歳未満の子どもは免責特権が与えられ、さらに、反証がない限り、7歳から14歳までの子どもは、権利侵害を行う能力がないものとみなされた。そして14歳

を超える子どもは、成人として裁判にかけられ、有罪の認定がなされたのである。

　多くの国が、青少年犯罪者を成人の犯罪者から分離しておく必要性を認めて、感化院を設立した。また、それと同様の目的から、子どものための特別な形式による訴追手段を創設する動きもみられたのである。最初の分離した青少年裁判所がどこであるかについては、いくつかの争いがある。多くの者が、アメリカ合衆国イリノイ州において1899年に設立された少年裁判所が最初のものであると主張する一方で、南オーストラリアの「州児童法」(State Children's Act) が、1895年に少年裁判所を設立していたという者もいるのである。実のところ、多くの国は、早急にそうしたアメリカやオーストラリアの例に倣ったのであり、イギリスとカナダは1908年に、フランスとベルギーは1912年に、ハンガリーは1913年に、オーストリアとアルゼンチンは1919年に、ドイツとブラジルは1923年に、少年裁判所を設立している。ニュージーランドは1925年になってはじめて、分離した青少年裁判所を正式に設立したのである[3]。

　これらの裁判所は、青少年犯罪者は環境の被害者であり、刑罰よりはむしろ援助を必要とするものであるという原理に基づいて設立されたものである。この実証主義的アプローチは、青少年司法のいわゆる「福祉モデル」の基礎であり、そしてそれは、20世紀前半において、多くの国において、様々なレベルで広まっていったのである。

2　福祉モデル

　福祉モデルは、青少年の犯罪行為が、望ましくない教育と環境に起因するという見解に基づくものである。20世紀の初頭において、裁判所の介入の焦点は、こうした見解に基づいて、成人裁判所においてなされる責任と刑罰の強調という側面よりは、むしろ、青少年に対する介護・保護の側面へと移行したのである。青少年犯罪者たちは、ネグレクトされた若年者と同一の改善方法で処遇され、裁判所は、彼らの「行為」(deed) ではなく、彼らの「必要性」(need) に焦点を合わせたのである。

アメリカ合衆国は、国家がパレンス・パトリエ、すなわち「厳しいが、思いやりのある親」として行動し、青少年犯罪者は、裁判所の慈悲の対象者であるといった、福祉モデルのかなり純粋な形態を採用したのである。イギリス、ニュージーランド、そしてオーストラリアにおいては、初めはこの実証主義的観点が、より抑制されたものであった。イギリスにおいては、1908年の児童法 (1908 Children Act) が、少年のための分離した裁判所を設立したが、それは、アメリカの裁判所の様式であるパレンス・パトリエのスタイルと比べて、より福祉的志向に乏しいアプローチを採用したものであった。もちろん、慈悲深い介入といったような処置が、後年において実施されたが、イギリスにおいて、福祉的アプローチが本格的に導入されたのは、1965年と1968年における、2つの重大な労働党政府の白書においてであり、これが1969年の児童及び青少年法 (1969 Children and Young Persons Act) の設立の背景となったのである。この法律は、犯罪の責任年齢を10歳から14歳にまで引き上げ、ボースタルと拘置所を段階的に廃止し、刑事手続を保護手続に置き換え、さらにはダイバージョンの方策を拡大することを提案したのである。この法律は、1968年の社会事業法 (1968 Social Work Act) が、刑事的でない児童の審問制度を支持し少年裁判所なしで済ませていた、スコットランドにおける急進的な発展に影響を受けたものであると主張されている[4]。イギリスの1969年法の大部分は、一度も実行されなかったけれども、青少年の犯罪行動に対する福祉的対応を支持することへの確かな兆候であったといえるであろう。

　福祉モデルのもとで組み立てられたこれらの制度は、19世紀の「古典的な制度」に比べて大きな改善をもたらしたものではあったが、しかし、これらの制度は、何ら問題がないといったわけではなかったのである。イギリスが1969年法を通過させたときでさえ、世論の動向は、すでにその方向を変え始めていたのである。

　制度の批判者たちは、束縛のない裁判所の権限の行使が、デュー・プロセスと子どもの法的権利を無視するものであると主張した。無罪推定の原則に違反し、法律上の弁護人選任権もなく、その上、裁判官に与えられた広範な裁量権

は、青少年犯罪者の処遇において、階級的及び人種的な差別を許容する可能性があると批判したのである。さらに、批判者たちは、社会復帰の理念が、子どもたちの生活における、不必要かつ重大な干渉を正当化するために用いられる可能性があると主張した。青少年が、社会復帰を達成するために必要と思われる期間拘禁されるとしたら、犯罪の重大さは、結果としての拘禁期間に何らの影響も及ぼさなかったことになるとしたのである。その証拠に、実際のところ、制裁は、しばしば不定期なものであったのである。

1964年に、フランシス・アレン（Francis Allen）は、次のように述べている。

「『社会化された司法』の意味論は、不注意な者のための罠である。ある者の動機づけがいかなるものであったとしても、また、どのようにある者の目的を高尚なものにしたとしても、取られた処置が、子どもの自由の強制的な喪失や、家族からの不本意な子どもの隔離といった結果となった場合、あるいは、プロベーションに従事する者による、子どもの活動の監視という結果となった場合であっても、干渉を受けた個人に対する衝撃は、本質的に懲罰的なものである。善良な意図や柔軟な言葉は、この現実を改めるものではない。もし我々が、少年裁判所の実務が、必然的に、相当程度の刑罰を執行することにあるという事実を率直に認めることをいとわないのであれば、我々は、ここでの多くの混乱を避け得ることになるであろう」[5]と。

この厳しい批判と一致するかのように、多くの国が少年犯罪の波に直面して、大衆的パニックを経験したのである。そこでは、福祉モデルは、その本来の役割を果たしてはおらず、あまりにも寛容で、その上、青少年犯罪者に責任があるとは考えてはいないといったような感覚が存在することが見出されたのである。さらには、この制度には、常習犯罪者を処遇しえないといった不安感が絶えず付きまとうことが指摘され、また、社会防衛のために、多くの者が、抑止的な応報モデルへの回帰を支持したのである。

このような論議と批判に出会って、多くの国が、責任とデュー・プロセスを考慮に入れた形において、青少年司法政策を改めたのである。そのため、その

後、大部分の国において採用された制度は、「公正モデル」(Justice Model) に基づいて作られたものと理解することが可能である。

3 公正モデル

公正モデルは、しばしば、少年司法制度において、福祉モデルの対極にあるものと位置づけられているものである。公正モデルは、責任と犯罪に応じた定期刑、青少年の法的権利の尊重、さらには、より公式の手続の確立を促進するものである。いくつかの点において、公正モデルは、福祉の観念とは正反対のものであるといえよう。すなわち、①犯罪者ではなく犯罪に、②決定論ではなく責任と自由意思に、③個別的な処遇ではなく平等な制裁に、さらには、④不定期による社会復帰よりは、むしろ、定期の制裁に焦点を合わせるのである。

当時の公正モデルの出現は、戦後の経済的な発展の崩壊と結び付けて考えることができる。経済的繁栄が、楽観主義と社会復帰的な博愛（人間が本来持っている善への信念）を育成した一方で、景気の後退と、その結果としての社会復帰プログラムに対して支払う資金の喪失は、19世紀の古典主義への回帰を要求する結果となって現われたのである。

この公正モデルへの復帰の動きは、20世紀後半の多くの国における少年司法改革の基礎を形成したといえる。スコットランドと北アイルランドが、福祉に焦点を合わせた制度を継続した一方で、他の国や地域では、劇的にその考え方を変更したのである。

特に、アメリカ合衆国においては、1960年代末の一連の最高裁判所における注目すべき判決により、その動きは活発なものとなった。その判決とは、少年裁判所において、デュー・プロセスによる刑事裁判的様式の手続を採ることを支持したものであった。そして、1970年代には、さらに、極めて影響力のある報告書が、公正への回帰を支持した政府に対して起草されたのである。

公正モデルが、アメリカの立法において最も純粋な形で顕現される一方で、この公正モデルの多くの要素は、他の国々においても明白なものとなった。イギリスにおいては、1982年の刑事司法法（1982 Criminal Justice Act）は、責任と

デュー・プロセスの重要性に焦点を合わせたものとなり、さらには1969年法から明らかに後退するといった、明確なイデオロギー上の変更を表明したのである。カナダにおいては、1908年のカナダ非行少年法（1908 Canadian Juvenile Delinquents Act）は、1965年の段階において、少年裁判所の権限を制限し、子どもの法的権利を保護することを支持する政府に対する報告書の中で、非難されるに至ったのである。このことが、最終的には1908年法に取って代わったカナダの1984年の青少年犯罪者法（1984 Young Offenders Act）に影響を与えたのである。

しかしながら、公正モデルも、また、批判の対象となっている。そこでの主要な関心事は、実質的な公正の欠如ということである。多くの者が、故意に犯罪の原因、特に社会的に不利な立場に立つ者の問題を無視することや、あまりにも過度に平等な刑罰という観念に重要性を置くことは、それ自体、不公平な結果を招きかねないと主張するのである。

無論、現実には、いかなる制度も、純粋なモデルに対して効果的に作用するものではなく、それらはむしろ、多くの考え方により影響を受けるものである。しかしながら、国際的に問題提起がなされ、ニュージーランドにおける1989年法の形成に多大の影響をもたらした、少年司法のパラダイムの変遷について理解することは、極めて有用なことであるといえるであろう。

3 ニュージーランドの経験

以下においては、ワット報告書に従い、ニュージーランドにおいて、青少年司法に影響を与えたと思われる重要な法律上の出来事について、一覧表を作成して紹介したいと思う。その方が、歴史的経緯を理解する上で、より効果的であると思うからである。

1867年	ネグレクト及び犯罪児童法（Neglected and Criminal Children Act）が通過。この法律は、裁判所に対して、児童を教護院（Industrial School

	に送る権限を付与した。この法律は、また、教護院を感化院（Reformatory）と区別したが、ここで言う感化院とは、「犯罪」児童のためのものである。
1822年	教護院法（Industrial Schools Act）が通過したため、1867年法を廃止した。本法は、ネグレクトされた児童あるいは犯罪児童の後見を、教護院の管理者の手に委ねた。本法は、また、教育局の権限を増大させ、児童が、どこに、どのくらいの期間委ねられるかを決定するための相当な裁量権を教育局に付与した。 治安判事法（Justices of Peace Act）が通過。本法は、児童（12歳未満）と青少年（12歳から16歳未満）とを区別した。本法は、青少年によって行われた殺人以外の正式起訴状を要する犯罪は、（両親の同意を得て）略式で扱われることを明言している。児童及び青少年の双方に対して用いることができる刑罰は、拘禁刑、罰金刑あるいは鞭打ちである。
1893年	刑法典法（Criminal Code Act）が通過。第22条は、7歳未満は、いかなる者も犯罪について有罪とされず、12歳未満の児童は、責任無能力の法則の恩恵が与えられると明言している。
1900年	1867年法において感化院が立法化されていたが、犯罪児童を、保護を要する児童と分離しておくために、最初の感化院が設立された。バーナム教護院とテ・オランガホーム（Te Oranga Home：Orangaは、「健康、福祉、安全、公衆衛生」の意味）が、感化院となった。教護院収容の年齢制限も、16歳にまで引き上げられた。
1906年	少年犯罪者法（Juvenile Offenders Act）が通過。この法律の目的は、「刑事裁判所における司法運営から分離することができない、堕落や悪評から児童を救済すること」であった。本法は、治安判事が16歳未満の者に対する訴追について審問するための「特別な時間」を割り当てることを明言し、少年のための私的審問制度を確立した。
1908年	1822年法との統合という形において教護院法（Industrial Schools Act）が通過。
1917年	制定法改正法（Statute Law Amendment Act）が通過。この法律は、少年プロベーション・オフィサーの任命に対して制定法上の根拠を与えた。この法律は、少年を普通の家庭環境に置く試みを表明するものであり、施設収容を最後の手段とすることを明言している。
1924年	犯罪予防（ボースタル施設設置）法（Prevention of Crime <Borstal Institutions Establishment> Act）が通過。この法律は、1909年から用いられている、15歳から21歳までの男子青少年の一部を刑務所に送致する処置を追認した。

1925 年	児童福祉法（Child Welfare Act）が通過。この法律は、「特別に国家の保護下にある児童の扶養、介護さらには統制に関して、よりよい供与を行い、さらには窮乏した児童、ネグレクトされた児童、あるいは非行児童の保護と訓練を全般的に提供するためのものである。」本法により、正式に児童裁判所（Children's Court）が設立された。
1957 年	警察に少年犯罪予防部が設立された。
1961 年	犯罪法（Crime Act）が通過。この法律は、刑事責任年齢を、7歳から10歳に引き上げた。本法は、責任無能力の法則を、以下のように正式なものとした。すなわち、10歳未満の児童は、いかなる犯罪についても有罪を認定されないものとする。当該児童が、その行為もしくは不作為が、権利侵害であるか、法に反することを知っていた場合を除き、いかなる児童も、10歳以上14歳未満の場合には、いかなる犯罪についても有罪を認定されないものとする（第21条及び第22条）。
1968 年	後見法（Guardianship Act）が通過。この法律は、優越原理を正式に確立し、児童及び青少年の利益は、第1にしてかつ最も重要な考慮すべき事項であると明言した（第23条第1項）。
1972 年	社会福祉局（Department of Social Welfare）が結成される。
1974 年	児童及び青少年法（Children and Young Persons Act）が通過。
1978 年	児童及び青少年法をその管轄内に含めることになる家庭裁判所の設立を勧告する、裁判所に関する王立委員会報告書を発表。
1979 年	社会福祉局の収容施設において保護を委ねられている児童の虐待についての人種差別及び差別待遇に関するオークランド委員会（ACORD）報告書の公表。 国際児童年。児童の権利について公的な注目を集めた。この年の議論が、ニュージーランド児童委員会と児童虐待に関する国立諮問委員会の創設という結果をもたらした。
1980 年	独立の家庭裁判所を設立した上での、控訴裁判所、高等裁判所、地方裁判所といった裁判所構成の修正。
1983 年	多文化社会における青少年と法に関する諮問委員会報告書を発表。 マアトゥガ・ファンガイ（Maatua Whangai：食べ物を与える、養うの意味）が開始。
1984 年	労働党政府が、現行の児童及び青少年に関する立法を見直すことを目的として、特別調査委員会を設立。
1985 年	刑事司法法（Criminal Justice Act）が通過。この法律は、純粋に正式起訴状を要する犯罪を除き、16歳未満の者の拘禁を禁止した。

1986 年	プアオ・テ・アタ・トゥ（Puao-Te-Ata-Tu：夜明け）報告書を提出。 法務省に対するテ・ファインガ・イ・テ・ティカ（Te Whainga i Te Tika）報告書。 1986 年の児童及び青少年法案を議会に提出。この法案は、大部分が 1984 年の特別調査委員会の勧告に従ったものであった。
1987 年	労働党政府が、1986 年の児童及び青少年法案を見直すための第 2 次特別調査委員会を設立。この特別調査委員会の報告書は、1987 年 12 月に特別委員会へ提出された。
1988 年	国家部門法（State Sector Act）が通過。
1989 年	公的財政法（Public Finance Act）が通過。 ニュージーランドが国連の児童の権利に関する条約に署名。この条約は以下のようなことを明言した。すなわち、児童に関するすべての措置を取るに当たっては、公的もしくは私的な社会福祉施設、裁判所、行政当局又は立法機関のいずれによって行われるものであっても、児童の最善の利益がまず考慮されるものとする（第 3 条第 1 項）。 児童は、自己に影響を及ぼすあらゆる司法上及び行政上の手続において、国内法の手続規則に合致する方法により、直接的もしくは間接的に、又は代理人を通じて、聴取される機会を与えられる（第 12 条第 2 項）。 児童、青少年及びその家族法（Children, Young Persons and Their Families Act）が、11 月 1 日に発効。

4　ニュージーランドにおける福祉モデル

　ニュージーランドにおける青少年司法についての基本的考え方の変動は、最初は、20 世紀の初めに、古典主義的なアプローチに取って代わった、実証主義的な福祉的アプローチを模範とした、国際的動向に従ったものであった。1925 年の児童福祉法（Child Welfare Act）は、完全に福祉モデルを受け入れたニュージーランドにおける最初の立法の 1 つであり、非行少年を、困窮した児童と再定義することに焦点を合わせたものであったのである。シーモア（J. A. Seymour）は、ニュージーランドにおける初期の立法は、イギリス法の影響を色濃く受けたものであったが、1925 年法は、アメリカの政策決定者のよりリベラルな福祉に基づく考え方を採用したものであったと主張する[6]。

1925年の児童福祉法は、青少年が懲戒的な処罰よりは、むしろ、保護と指導を必要とするということを目標とし、かつそのような信条で、特別な児童裁判所を創設したのである。この福祉という考え方は、その後50年の間に普及し、1974年の児童及び青少年法（Children and Young Persons Act）により頂点に達したが、この法律は、第一義的にかつ最優先的に考慮すべきものとして、児童あるいは青少年の利益を考える、といった信条に基づいていたのである。

1　1974年法

　この法案は、1974年に非常に強い熱意でもって迎えられ、さらには、その第2読会において、社会福祉大臣は「この法案を、単に現行の児童福祉法を更新するものであるとみなすことは、全くもって間違いであろう。この法律は、完全に新しいアプローチであり、ニュージーランドにおいて今世紀に提出された主要な社会福祉法案の中でも、重要なものの1つである」とコメントしたのである[7]。

　1974年法は、1925年の児童福祉法の50年間にわたる支配の終焉を特徴づけるものであり、この法律は、疑いなく、より包括的なアプローチを提供する一方で、多くの者は、この法律が、単に、現行の実務の明確化ないしは同化にすぎないと主張しているのである。

　この法律は、順向的というよりも反動的であったが、3つの主要な革新領域を提供するものであった。すなわち、法的に児童と青少年とを区別し、児童委員会の設立を通してダイバージョンの方策を正式なものとし、児童裁判所の改革に向かっての手段を講じたのである。

　1974年法は、法的に児童と青少年とを区別することにより、1969年のイギリスの児童及び青少年法により打ち立てられた原則に従ったのである。児童は、14歳未満のものと定義され、青少年は14歳以上17歳未満とされた。本法は、どちらのカテゴリーからの犯罪者に対しても、異なるアプローチを規定したのである。

　児童に関して、本法は、刑事責任の法定年齢を10歳と規定し、さらには、

謀殺もしくは故殺による訴追を除いて、14歳未満のいかなる児童も、刑事手続によることはないと規定し、責任無能力の法則を維持したのである。児童は、刑事手続が彼らの両親に対して提起された場合にのみ出廷することを余儀なくされた。それというのも、児童は保護を必要としたからである。本法は、非公式の地域社会の人々を包摂した児童委員会を設立することにより、できる限り可能な場合において、青少年犯罪者を裁判所の手続からダイバートすることを目的としたものであったのである。児童委員会は、警察、社会福祉局の職員、マオリ族及び太平洋諸島業務担当大臣によって任命された公務局の職員、さらには地元住民で構成されていた。児童とその家族は、出席することが要請される。第15条は、警察あるいは社会福祉局が、すべての児童に関する事件を児童委員会に報告することを義務づけている。それゆえ、児童委員会は、訴訟手続をそのまま続行すべきであるかどうか、あるいは、何らかの非公式の手続で充分であるのかどうかを決定することが必要になったのである。

児童と異なり、青少年は、彼らの両親に対する訴訟と同様に、裁判所に対して提訴されることも可能であった。しかしながら、青少年に対しても、同様に、法律が、公式あるいは非公式のダイバージョン手続を設定していたのである。逮捕する代わりに、警察官は、非公式の警告を与えることができた。さらなる処置が必要な場合には、彼らは、訴追する前に、警察の青少年支援課に青少年を委ねることができたのである。もちろん、決定に当たっては、警察は社会福祉局の職員と協議をしなければならないことはいうまでもない。この法律は、単に、児童福祉及びマオリ族の地域社会の人々と警察の協議という現行の実務を公式化したものにしかすぎないのであるが、このような協議は、1930年代から行われていたのである。

1974年法は、また、児童裁判所（Children's Court）を児童・青少年裁判所（Children's and Young Persons Court）に置き換えた。この裁判所は、犯罪行為と介護・保護の双方の事例を取り扱い、公式に通告の対象となっているすべての青少年に対して、同じ福祉に基盤を置いた処置を用いたのである。まさに福祉モデルそのものとも言うべく、このアプローチは、それらすべての問題が、ソ

ーシャル・ワーク的援助と治療によって処理されることが可能な家族問題の徴候であるという信念に基づいたものであったのである。この裁判所は、地方裁判所からの専門の治安判事によって統括されていたので、「最後の手段」ということになっており、児童委員会の能力を超えたすべての問題を取り扱ったのである。この裁判所は、社会福祉局長官の後見の下に、青少年犯罪者をその管轄下に置くことができたのであるが、裁判所自身は、拘禁刑については何らの権限をも有しなかった。しかしながら、この裁判所は、成人に対する判決と同等の判決を言い渡すことを目的として、15歳を超える年齢の青少年を、地方裁判所に委ねることができたのである。

1974年法は、このように、多くの福祉的アプローチの原則を具体化した。犯罪者は、介護・保護を必要としている者たちと同様のプロセスを用いながら取り扱われ、立法は、明らかに、社会復帰的な目標に焦点を合わせていたのである。

2　1974年法に関する諸問題

1974年法に対してもたらされた最初の興奮は、まもなく、世界中における青少年司法の福祉モデルに対して向けられたものと同様の批判に取って代わられることとなった。すなわち、①軽微な犯罪に対してあまりにも多くの不適切な青少年の逮捕がなされているという問題と、それに続く烙印押しの問題、②制限のない制裁といった形で現われる固有の不公平性、③さらには、犯罪を行った多くの青少年は、何ら特別な家族問題や社会的な問題を有してはいないという認識等がそれであり、このような認識が、福祉的な処置は、それゆえ不適切であるという批判となって現われたのである。

国際的な動向とほぼ同調するような形で、ニュージーランドでも、同様に、福祉モデルが、青少年の犯罪行為の水準にほとんど影響を与えていないように思われたので、ニュージーランドでも、福祉モデルへの公衆の信頼の喪失という事態に直面したのである。このことは、認知された浮浪児数の増加や、この制度が常習的な青少年犯罪者を取り扱うことができないという信念によって、

悪化させられたのである。その後の法改正は、これらの批判に対抗する試みを例証するものである。すなわち、1977年の改正法は、児童が謀殺について審理されることを認め、1981年と1982年に、警察は、浮浪児を取り扱うことについて、より強大な権限を与えられたのである。大衆は、慈悲よりはむしろ統制を求めていたといえよう。

同様に、青少年犯罪者に対する責任の欠如につての強い批判があった。ロバート・ラドブルク（Robert Ludbrook）は、このことについて、以下のように述べている。

> 「1989年法以前の我々の少年司法制度は、青少年の行為の人間的、社会的さらには経済的な結果から、彼らを保護する効果を有していた。青少年を公務員、すなわち、警察官、裁判官、弁護士、ソーシャル・ワーカー、さらには在宅看護人といった人々との接触を通して、彼らは、彼らの不品行の結果から保護されたのである。彼らは、しばしば彼ら自身を、地域社会の一般の人々に対する苦痛と心配の原因としてよりは、むしろ、制度の被害者とみなすようになった。福祉と処罰という双方の考え方が、被害者としての青少年犯罪者の役割を強調したのである」[8]と。

福祉的アプローチについての一般的な批判を構成しているものは、制度についてのより特定した実務問題に関してであった。それらの批判は、3つの領域に集中していた。すなわち、①ダイバージョン手続が期待されたようには機能しておらず、②裁判所の役割が結果としてあまりにも活動的なものであり、さらには、③青少年司法制度が、マオリ族の青少年の必要性を満たしえなかったということである。

(1) ダイバージョン

1974年法は、ダイバージョンを強調したものであった。ニュージーランドにおける研究は、裁判所に出廷したというスティグマが、さらなる犯罪行為を増加させることを示していた。したがって、児童委員会と青少年支援組織（Youth Aid）による相談プロセスによって、裁判所は「最後の手段」としての

手だてであることを確認することが期待されたのである。しかしながら、1980年代において、制度は期待されたようには機能していないことが明白になった。1987年のニュージーランドにおける少年司法の政策と実践に関する報告書において、モリス（A. Morris）＝ヤング（W. Young）は、警察が、ダイバージョン制度をまったく信頼しておらず、彼らが、訴追が必要であると考えた場合には、完全に制度を迂回し、単に逮捕するだけという傾向があることを見出したのである[9]。彼らが児童委員会あるいは青少年支援組織に委託したケースは、警察があらかじめ訴追が不適当であると判断していた事例であったのである。警察は、したがって、裁判所制度へのいわば門番として、恣意的な統制を及ぼしていたのである。1982年の法改正は、特別な事情のある場合を除いて、裁判所は、児童委員会を経由していない訴状を審理することを拒否しなければならないと規定することで、児童委員会への委託数を増加させようと試みた。しかしながら、これが、どれくらい効果的であったかは不明である。

さらにいくつかの批判もなされている。すなわち、①追跡調査の欠如、②訴追請求に関して排他的な力を持った警察（結果として、社会福祉局の職員への権限が付与されなくなった）による協議の支配、③地域社会や家族を関わらせることに失敗したこと、さらには、④専門家による支配とその結果としての児童による理解と参加の欠如といったことである。ダイバージョン手続は、また、社会統制網の拡大の効果があり、別の状況下では非公式に扱われたであろう軽微な犯罪者を取り扱う際の手続を正式なものとした、と批判されたのである。

1987年の報告書において、モーリスとヤングは、1974年法よって確立されたダイバージョンの施策は失敗したと結論づけている。

> 「児童委員会は、選別する機関としても、あるいはまた、非公式な地域社会の援助を提供する聴聞機関としても効果的ではない。協議プロセスは、同様に、訴追前のろ過装置としての役割を果たすことができないでいる」[10]と。

(2) 裁　判　所

　ダイバージョン方策の失敗は、裁判所の手続に対する過度の依存という結果となった。1984年の特別調査委員会——この委員会は、児童及び青少年についての立法を再検討するために設立されたのであるが——は、確かに公式の通告がなされた児童及び青少年の割合は、1974年法の発効から減少しているが、裁判所に出廷する者の割合は増加していたと報告しているのである[11]。

　裁判所は、また、社会復帰の名において実践された押し付けがましい介入についても、さらなる批判に直面したのである。1925年以降、裁判官は、常習犯罪行為に対する対処として、不定期の後見命令を用いることができたのであるが、これは、イギリスの実務家が、「マース・チョコバーの子供たち」(Mars Bars Kids')と呼んだもの——チョコレートを万引きしたために収容された青少年の意味——と同様、何らの効果も期待できないものであったのである。

　裁判所は、また、形式にこだわることや、手続過程を阻害することに対して異議を申し立てられた。1974年法は、裁判所が、リラックスした形式ばらない環境を創造するために、簡単な言葉で、児童あるいは青少年に手続を説明する義務を有することを規定した。しかしながら、モーリスとヤングは、青少年とその両親たちが、手続に参加できると感じておらず、そのような手続を正しく理解していなかったことを報告しているのである。事実、少年の1人は、「めちゃめちゃにされて、釈放された」と述べているのである[12]。

　裁判所の不充分性については、家庭裁判所と比較した場合に、さらに強調されることになるが、この家庭裁判所は1980年に創設されたものであり、あまり形式的ではない調停プロセスを通して必要性を満たし、かつうまく機能していない家族の不和を解決する能力に関して、賞賛されている。多くの者は、この家庭裁判所が、児童及び青少年法を、その管轄内に含めるべきであると主張したのである。

(3) 文化的問題

　1980年代は、マオリ族による自決と自治のための新たなかつ決然とした努

力がなされた時代であるが、そうしたことが、1974年法の単一文化的な性格への不満を激増させる結果となった。1974年法の優越原理は、児童あるいは青少年の利益は、第一義的にかつ最優先的に考慮すべきものであるとする規定を設けたのであるが、このことが、かえって児童の生活におけるファナウ（whanau：マオリ族の社会生活上の拡大家族）、イウィ（iwi：ヨーロッパ系移住者が入る前のニュージーランドの社会的・政治的単位：部族）さらにはハプー（hapu：マオリ族の親族集団：氏族）の責任を包括したものとし、その重要性を無視する結果となったと主張されたのである。

さらに、当事者主義そのものが、完全にマオリ族の考え方と適合せず、マオリ族の青少年を苦しませていたことは明白であった。1980年から1984年に、マオリ族の青少年が公式に通告された割合は、マオリ族以外の者と比べて、6倍以上高いものであった。結果として、マオリ族ではない青少年と比べて、不釣合いに多くのマオリ族の青少年が拘禁刑の判決を受けたのである。ここにおいて、何らかの形でマオリ司法の要求が持ち上がったことはいうまでもない。

1986年には、「テ・ファインガ・イ・テ・ティカ」(Te Whainga i Te Tika)、すなわち、法務大臣への報告書において、以下のことが主張されている。

「現行の制度は、もっぱらイギリスの法と司法制度に基礎を置いており、完全にマオリ族の文化的な制度を無視し、かつ、その制度を完全に破壊しており、マオリ族を完全に阻害している。いわば、現行の制度は、マオリ族を純然たる混乱状態のままに置き、かつ、気まぐれのままに放置しているのである」[13]と。

こうした要求は、決して新しいものではなく、1974年法が制定される前でさえ、この立法は、白人の進歩主義の術語で飾られた、人種的に抑圧的な立法の1つとして描写されたのである。1980年代におけるマオリ族の要求の政治問題化は、ワイタンギ条約に敬意を払うという労働党政府による1984年の約束により、さらなる勢いが与えられたのである。この約束は、ニュージーランドの多くの立法、特に1974年の児童及び青少年法の大規模な見直しへ導いたのである。

5 改革へのプロセス

　1980年代のニュージーランドにおける経済的、社会的、政治的な風潮は、かなり流動的なものであった。すなわち、すべての重要な出来事が、ワイタンギ条約とランガティラタンガ（rangatiratanga：統治権の意味。元来は土地などに対する首長の権力を意味した）の役割に寄せられ、経済的な不況が、新たな経済秩序を生み出し、効率と説明責任に対する政府の圧力へと発展した。その上に、福祉国家の精神への疑問が高まり、政府の干渉をより少なくする動きがみられたのである。

　ダンカン（Duncan）とワラル（Worrall）は、以下のようなコメントを試みている。

　　「（1980年代における）経済的あるいは政治的な風潮は、いかなる経費削減処置に対しても最大限の受容があり、さらには、家族と児童の福祉に関する国家の責任についても、前進的な削減策が試みられたのである。国家の経済的安定の水準と、家族に対して与えられる支援の程度との相補的な関係は、社会政策のアナリシストや歴史学者による多くのコメントを輩出した。政府が、経費を削減する必要がある時期には、責任を家族に転化するという傾向があるのである」[14] と。

　社会的・政治的な圧力は、現行の児童及び青少年に関する法律への批判によって構成されたものであったが、これが、現実に、法律の見直しに対する強力な動機づけを提供したのである。労働党政府が1984年の選挙で政権を獲得したときには、児童及び青少年法についての論争は、断片的な変更によっては改善され得ないということを確認したものであった。新しく社会福祉大臣となったアン・ハーカス（Ann Hercus）は、児童及び青少年についての法律の、全面的な見直しを要求したのである。これが、その後4年にわたって続く運命となった法律改正に向かっての混乱した、かつ長い道程の最初の一歩であったのである。そして、その具体的なプロセスは、以下の通りであった。

① アン・ハーカスは、1984年に、社会福祉局の職員からなる特別調査委員会（マオリ族の代表者なし）を設立した。特別委員会によって審議報告書が作成され、配布され、意見具申がなされた。
② 新たな法律が起草され、1986年に児童及び青少年法案が、社会福祉大臣によって提出された。この法案は、その後、社会事業局の特別委員会に付託された。その後、この法案は、広範囲な公衆の非難を浴び、特にその複雑性と単一文化的な法制度の理解の仕方について批判を呼んだ。
③ 1987年に、労働党政府が再選出され、新しい社会福祉大臣に、マイケル・カリン（Michael Cullen）博士を登用した。その年、あまりの批判の強さに、大臣は、法案を見直すための第2次特別調査委員会を立ち上げたのである。
④ 特別調査委員会は、1987年に報告書を提出し、その報告書は、特別委員会に委ねられ、公衆の批判にさらされた。1987年から1989年の間、特別委員会は、法案を作り直すために、社会福祉局とともに仕事を展開している。そして、法案は、1989年4月に、第2読会のために議会に戻されているのである。法案は、その最終段階に達する前に、審議のための時間はごく限られたものとなり、細かく検討するための時間はほんのわずかしかなく、1989年11月1日には、「児童、青少年及びその家族法」として、正式に法律となったのである。

以下においては、以上のプロセスのそれぞれの段階について、少し詳細に分析することにしたいと思う。

1　1984年における展望

児童及び青少年法についての導入部分において、社会福祉局の特別調査委員会は、以下のように述べている。

「社会的立法の整備は、急速な社会的、人口統計学的、科学技術的な変革の時代において必要となってくるのである。生活様式と家族構造において著しい変革をもたらした、過去10年間にわたるニュージーランド社会

において、極めて著しい急速な変化があった」[15]と。

前記のように、この社会的変化が、経済的あるいは政治的な領域における変動と結び付けられ、青少年司法制度についての主要な批判を引き起こしたのである。

国際的な見解と一致する形において、特別調査委員会の勧告は、青少年司法の福祉モデルの考え方を否定したのである。実際に、特別調査委員会は、以下のように述べている。

「犯罪を行う多くの青少年は、特別に家族的な問題や社会的な問題を有しているわけではない。彼らあるいは彼らの家族が有する問題は、それがいかなるものであっても、青少年の訴追によって誘発された公的介入によって改善されるよりも、むしろ悪化させられる可能性が高いように思われる。したがって、青少年による犯罪は、現行法下においてそうであるように、社会復帰の目的のために、そしてまた、青少年の生活に影響を及ぼす拡大された権限の取得を正当化するために、用いられてはならないのである」[16]と。

こうした目的から考えて、特別調査委員会の意図は、福祉志向的な介護・保護手続とは明確に分離された形において、青少年犯罪者のための司法志向的な手続を確立することにあったのである。この分離された青少年司法制度は、説明責任、法的権利の保障を約束し、不必要な施設化を阻止しようとするものであった。

特別調査委員会は、家庭裁判所が、児童・青少年裁判所を監督するといった1978年の裁判所に関する王立委員会の勧告を拒絶したのである。その代わりに、彼らは、介護・保護問題を家庭裁判所の管轄に委譲する一方で、青少年の犯罪行為を取り扱うために、地方裁判所青少年部を設立することを提案した。そして、そこでは、青少年犯罪者を取り扱うために、訓練され、経験があり、さらには人格高潔な専門の裁判官によって統括されることが求められていたのである。青少年の法的権利の強調と一致させる形において、地方裁判所は、法的代理とデュー・プロセスに関して、より良い保護を提供するであろうと考え

られたのである。

　特別調査委員会は、また、最後の手段として、裁判所を再定義するために、逮捕に関する警察の権限を制限することを提案した。彼らの勧告は、軽微な犯罪者に対して烙印押しをする機会を減少させる試みとして、より非公式な手続に焦点を合わせたのである。特に、彼らは、警察、社会福祉局の職員、マトゥア・ファンガ（matua whangai：里親、育ての親の意味）の職員、さらに適切な場合には、太平洋諸島の地域社会のメンバーからなる、青少年評価委員会（Youth Assessment Panel）の設立を提唱したのである。これらの委員会は、児童委員会と青少年支援機関の協議に取って代わり、さらには裁判所への門番の役割を務めることを意図したものであった。訴追を勧告することへの代替措置として、委員会は、彼らが用いることができる中間的なダイバージョンの処置を保有しようと考えたのである。そうした手段としては、警告や、マオリ族委員会あるいは地域社会決議集会のような地域社会内調停グループへの委託がある。特別調査委員会は、この制度に関して、連続した社会統制網の拡大の可能性があることを認めたが、加害者、被害者と地域社会の和解といった潜在的な利益が、これらの懸念に勝るものであるという反証をあげたのである。

　これらの提案が、青少年評価委員会の組織を通じて、あるいは地域社会決議集会を通じて、マオリ族の地域社会に対して司法管轄権を提供することにより、文化的な関心事に対して、より敏感な対応を可能にするであろうということが期待されたのである。

2　1986年の児童及び青少年法案

　1986年12月に議会に提出された児童及び青少年法案は、その大部分が特別調査委員会の方針に従ったものであった。それにもかかわらず、この法案は、公的な意見具申に際して予想外の拒絶を受けたのである。この法案は、児童・青少年裁判所に取って代わるために、新たに地方裁判所青少年部を設立することを提言したのであるが、しかしながら、この法案は、児童が、その福利について懸念を引き起こしかねないような犯罪を行った場合には、裁判所が、当該

児童に介護・保護の必要性を見出すことを認めるという、従来の福祉的アプローチの側面を維持したからである。

この法案は、青少年評価委員会が設立されるべきであるという勧告を採用しなかったし、同様にまた、児童委員会と青少年支援機関との協議をも廃止したのである。そのために、この法案は、ダイバージョンを警察の独占的な専権事項とした。この法案が、児童及び青少年と裁判所との接触を最小化するために、逮捕と訴追についての警察の権限を制限することを試みる一方で、以下のような形で、1984年の特別調査委員会の所見を無視したのである。

「警察の中心的な仕事は、犯罪の予防、捜査、そして犯罪行動の統制である。警察活動の成功を推し量る標準的な目安は、訴追である。警察に、裁判所以前の段階に青少年を引き留めるための主要な役割を務めるように警察に求めることは、個々人の警察官によって行われる種々の役割において葛藤を生み出し、当該警察官は同僚と葛藤関係に陥るかもしれないのである」[17] と。

さらに、青少年評価委員会をなくしてしまったことにより、この法案は、少数者集団の権利あるいは必要性、すなわち、利益集団によって決して気づかれないままではなかった事実に対して、何らの譲歩をすることもなかったのである。

1986年法案が、いかにしてその目的を達成するであろうかということに関して、モーリスとヤングは、当時、以下のようなコメントを残している。

「ここでありそうなことは、少年の犯罪行為の問題に対する両面価値的で、曖昧なアプローチが継続するであろうということ、さらには、この法案において採用された処置が、ほとんどダイバージョンの方策を用いることを奨励することも、デュー・プロセスの考慮を促進することもないであろうということである」[18] と。

3 1987年の特別調査委員会

1986年法案の進展は、多くの要因からはかばかしいものではなかった。社

会福祉大臣であるアン・ハーカスが、1987年の労働党再選と同時に議会を去ったとき、1986年法案は、その主要な提案者を失うことになったのである。後任の大臣であるマイケル・カリンは、野党によって提案された法案を引き継ぐことになった。

　この法案を批判する者たちは、法案が、社会福祉局において二文化併用アプローチの枠組みを提供することを提言した大臣諮問委員会の報告書である、プアオ・テ・アタ・トゥ（Puao-te-Aata-tu：夜明け）に、何ら言及していないことを指摘している。アン・ハーカスは、報告書の勧告を受け入れ、社会福祉局にそれらを採用するように求めているのである。したがって、1986年法案は、報告書の精神を反映することが期待されていたのであるが、結果としてはそのようになっていなかったのである。

　同様に、社会福祉局長は、議会に対する1986年の報告書の中で、青少年の生活への介入を最小限にすることへの確固とした信念を示していたが、1986年法案のダイバージョン方策は、それらの約束を実現するようには配慮されていなかった。

　したがって、国民の意見は、特に介護・保護の問題について、かなり批判的であったが、そもそもこの問題は、本質的に大いに論争の余地のあるものであったのである。青少年司法の領域においてと同様に、国民の意見は、法案に対して明らかな反感を表明したものであった。児童・青少年裁判所の分離した司法管轄権に対して支持を表明する者はいなかった。すなわち、大部分の意見は、家庭裁判所の管轄権のもとでの独立した裁判所の創設に賛成したのである。反対意見は、また、いかなる抑制も均衡もなく、警察に対して与えられる過度の権限に焦点を合わせたのである。しかしながら、おそらく、最も強力な批判は、法案が、文化的に適切ないかなる形態の司法をも提供していなかったということにあったといえるであろう。

　青少年司法に対する反対意見だけが、全体的評価の機動力となっていたのかどうかは明確ではない。しかしながら、介護・保護の法律に関する懸念が行き詰まりを作り出していたように思われる。これらの批判に鑑みて、新しい大臣

は、法案を、より単純で、柔軟で、誰でもが受け入れる余地があり、さらには文化的に配慮した形において法案を見直すための特別調査委員会を設立したのである。

その創設に際して、特別調査委員会は、新たな法律が解決することを試みるべきいくつかの問題点を、以下のように確認している。

「その制定過程において、法案は、とりわけ、国家介入対家族の自治、青少年犯罪者を処遇するに当たっての福祉モデル対公正モデル、予防と介入について与えられる優先順位、さらには、児童及び青少年に影響を与える問題を取り扱うに際しての専門家の役割対地域社会の素人のメンバーの役割等、しばしば相矛盾するかに思われる見解が焦点となっていたのである」[19]と。

それはともかく、青少年司法に関しては、報告書は、裁判管轄権とダイバージョンの問題に焦点を合わせている。

裁判所に関しては、特別調査委員会は、1986年法案において確立されたように、介護・保護と青少年の犯罪行為に対する裁判管轄権の分離が維持されるべきであることを勧告した。しかしながら、委員会は、青少年裁判所が地方裁判所よりは、むしろ、家庭裁判所の一部門となることを勧告したのである。そして、この青少年裁判所は、家庭裁判所の裁判官によって統括され、地方裁判所の裁判官によって保証されるように制度化されていたのである。現行の児童・青少年裁判所が、地方裁判所のもとで、青少年犯罪者の必要性を満たすことに失敗しており、家庭裁判所の方が、青少年犯罪者の評価と処置において、より優れており適切であると主張されたのである。家庭裁判所は、地方裁判所と必然的に結び付けられる烙印押しを払拭するであろうが、地方裁判所は、有罪判決と処罰に関係しているとみられがちであるとしたのである。

特別調査委員会は、法案の不充分なダイバージョン手続（さらには、結果としての警察権限の増大）についての批判と取り組み、家族助言委員会（Family Advisory Panel）の設立を勧告した。これは、児童委員会と同様の、ダイバージョンと協議のプロセスであり、地域社会のメンバーから構成され、ソーシャ

ル・ワーカーによって調整されることになっているものであった。そしてそこでは、社会統制網の拡大を最小化するために、警告のようなより非公式の処置が効果がないと考えられる場合にのみ、委員会が用いられるべきであることが強調されたのである。

この報告書は、1987年12月に大臣に提出され、その報告書に対する紹介部分において、委員長は、以下のように記しているのである。

「我々の勧告が、現在の法案についての意見の相違を克服することに何らかの形で役立ち、さらには、立法と手続が、ワイタンギ条約の精神を具体化するものであるべきであるという政府の要求を満たすものであると、我々は信じるのである」[20]と。

4　特別委員会の再調査

この報告書は、1987年12月に特別委員会へと送られ、そこで、さらに18か月が法案を作成し直すために費やされたのである。1988年4月、特別委員会における主要な労働党の国会議員であるアネット・キング (Annette King) は、以下のように、懸案となる2つの問題を確認している。

「第1は、介護、統制さらには保護についての児童の必要性を満たすために求められる公式の権限や構造と、児童に関する拡大家族の権利や責任との間に適切な均衡を見出す必要性である。第2は、家族の問題を解決し、児童及び青少年を世話し、保護し、さらには統制するために用いることができる公式及び非公式の方策を効果的に利用する、柔軟で文化的に適切な構造を発展させる必要性である。」[21]

委員会は、また、特にマオリ族への意見具申の不足という観点から、協議プロセスの妥当性について懸念している。それを克服するための方策として、特別委員会は、1988年の初頭において、国土内のマラ (marae：集会所として用いられる囲い地) や太平洋諸島センターを視察することに時間を費やし、いかにして法案を作成し直すかについて模索したのである。

委員会は、同様に、最終的に1987年の特別調査委員会の勧告を覆すことに

なった、多くの勧告を実際に行った社会福祉局と、さらなる協議を重ねたのである。社会福祉局は、社会福祉局青少年及び雇用部長であるマイク・ドゥーラン（Mike Doolan）による1988年の報告書によってかなりの影響を受けていた。彼の報告書である『福祉から司法へ：青少年犯罪者に対する新たな社会事業の実践に向けて』(*From Welfare to Justice : Towards New Social Work Practice with Young Offenders*) は、イギリスと北アメリカの3か月間にわたる研究調査旅行の結果であった。

彼の報告書の中で、ドゥーランは、青少年司法業務の目標について、以下のような見解を提示している。

「①大部分の青少年は、成人期までには、彼らの犯罪的な行動から脱却し、かつ、②訴追という手段による介入が、有害な効果をもたらし、再犯の機会を増加させると仮定すると、青少年司法業務は、①訴追は明らかに公益のためになる事例のみに限定し、②青少年が彼らの自由を失うような場合を最小限にまで縮小し、さらには、③専門的活動の否定的な効果を統制することになるであろうと思われる」[22]と。

これらの目標は、1989年法に転化され、「公益が特に要求しない限り、刑事手続は、その問題を取り扱うに際して代替的な手段がある場合には、児童及び青少年に対して提起されるべきではない」といった形での指導原理として規定する、第208条(a)となって明文化されたのである。

社会福祉局は、青少年裁判所の家庭裁判所からの分離と、1984年の特別調査委員会によって提案された、地方裁判所の管轄下において青少年裁判所を設置するという制度への回帰を勧告したのである。それゆえに、青少年裁判所首席裁判官が任命されるべきであり、彼らの役割は、青少年司法の目標を達成するための基本的な考え方を発展させることにあるとされたのである。ドゥーランは、家庭裁判所の管轄内に青少年裁判所を置くことが提唱された主たる理由は、家庭裁判所と関係づけられたスティグマの欠如、及び裁判所の広汎な信頼性であったと主張したのである。彼は、以下のように反駁している。

「家庭裁判所が、刑事的な司法管轄権を行使しないという理由で、（特に

マオリ族の人々との)信頼性を享受することはありそうである。したがって、家庭裁判所に刑事的な司法管轄権を付与するといった提案は、やがてその信頼性に対して、ほぼ確実に影響を与えるであろうと思われる。刑事的な司法管轄権を持つ裁判所はスティグマを伴う。私には、そのこと自体は回避されないように思われる。この問題の解決法は、刑事手続が最後の手段としてのみ用いられるべきであるということであろう」[23]と。

結局のところ、福祉及び公正モデルの不透明性を防止するためには、青少年裁判所は、何らの福祉的な処置を有すべきでないということが勧告された。可能な処置としては、無条件もしくは条件付釈放、賠償、罰金あるいはソーシャル・ワーカーによる監督のような非拘禁的な処置に限定されるべきであるというのである。なぜならば、このような非拘禁的な選択肢は、介護・保護手続を分離するのに役立つであろうといったことや、犯罪に対する処置が、期限が定められ、犯罪に相応で、公正であるといったことを保障するのに役立つであろうということが期待されたからである。このような選択肢が、単に文化的に不適当な当事者主義への回帰を支持しているように思える一方で、提案された家族集団協議会が、このことに対抗する形で、地域社会に権限を付与するであろうということが期待されたのである。

社会福祉局の勧告は、家族助言委員会を排除するものであったが、それというのも、この委員会は、児童委員会と同じ欠点を有するように考えられたからである。そしてまた、この委員会は、社会統制網の拡大や、警察によって回避され、用いられないであろうという疑念のほかに、必ずしも焦点が合っているようには思われなかったのである。ドゥーランは、さらに、委員会が、福祉及び公正モデルの不透明性をそのままにし、ダイバージョン・プロセスを実行することにより、より効果的に用いられるかもしれない構造基盤を設立する際の諸方策を、結局はだめにしてしまうかもしれないと主張した[24]。

その代わりにドゥーランは、意思決定の際に、ファナウや家族に権限と方策を与え、司法上の枠組内でダイバージョン・プロセスを維持することになるような制定法上のプロセスを提案した。家族集団協議会は、加害者、被害者、さ

らにはその家族を関わらせることを前提とし、青少年司法コーディネーターによって召集されることになっていたのである。これは、青少年裁判所の処分に先行して、訴追なしに紛争を解決するか、あるいは、訴追に対して効果的な成果をあげることを提案する試みであった。決議案は、裁判官によって是認されるか却下されることを予想して、裁判所に登録されることになっていた。この提案は、それゆえ、調停、合意さらには和解といった本来の方策の諸側面を反映したものであった。したがって、この制度は、マオリ族が、プロセスそのものの真の所有者であるという事実を是認することが期待されたのである。

これらの技法のいくつかは、ブラウン（M. J. A. Brown）判事によって、西オークランドにおける試験的プログラムにおいて実施され、後にカラザス（David Carruthers）判事によって、ポリルア地方裁判所においてテストされたのである。この試験的プログラムを実施する際に、ブラウン判事は、カラザス判事に「あなたが問うべき質問が3つある。すなわち、あなたの地域社会の構成員は誰なのか、その強みは何なのか、さらには、どのようにしたらその強みが最大限に活用されるのか、の3つである」と助言したのである。つまり、ここで暗示されているように、裁判官から地域社会への権限の移譲は、伝統的な裁判所制度からの急進的な発展であったのである。

明らかに、マイク・ドゥーランの報告書は、1989年法の最終的な再構成において、非常に影響力のあるものであった。ファナウや家族の協議会という彼の提案や、地方裁判所の支部としての青少年犯罪者のための特別の裁判所の必要性といった主張は、即座に1989年法へと組み込まれたのである。これらの提案は、広く喧伝されていた懸念、すなわち、文化的な適切性、デュープロセス、家族への権限の付与、さらには、警察にあまりに多くの権限を認めないで、効果的なダイバージョン手続を確保するといったことに対する真の解決策を提供するように思われたという点において、魅力的なものであった。

法案が、1989年4月、第2読会のために議会に再提出されたとき、その法案は、1986年の具体化案とは、非常に異なる文書となっていた。劇的な変更は、4年間の審議期間と、2つの政府特別調査委員会の報告、さらには900を

超える意見具申を必要とした立法過程のあかしであった。青少年司法の規定は、議会からはほとんど反対を受けず、1989年11月1日、ニュージーランドの「児童、青少年及びその家族法」は、法律となったのである。

6　おわりに

　以上の論述からもわかるように、明らかに1989年法は、多くの原理に基づいて作られたものであり、福祉モデルと公正モデルの間の均衡を図るだけでなく、被害者、加害者及びその家族との間における和解や調停を考慮に入れるプロセスを提供し、ファナウや家族に対して権限を付与し、さらには文化的に繊細で適切なサービスを提供するための効果的なダイバージョンの方策を実現するためのものであったのである。

　この法律は、ワイタンギ条約やランガティラタンガの役割、国家の役割対家族の責任と自治、公正モデル対福祉モデル、さらには、児童の権利対統制と規律についての家族の権利といったような、当面する対立を解消することを目的として、どちらかといえば、極めて不安定な政治的及び社会的な背景のもとに制定されるに至ったのである。

　結果としてここで提案されている指針は、これら現存する対立を和解させ、同時に、ニュージーランドの社会独自の必要性を満たそうとするものであると評価することができるであろう。現在、ニュージーランドの1989年法は、世界的にも、完全に新たな青少年司法プロセスを提唱したものとみなされ、「新たなパラダイム」を提示したものとして評価されている。そしてそれゆえに、ニュージーランドは、本法によって、「国際的な流行仕掛け人」となっているのである。マッカレー（F. W. M. McElrea）裁判官は、本法を、以下のように結論づけている。

　　「我々は、現実に、新しい司法パラダイムを保持している。それは、単に古いモデルに修正を加えたものではない。ニュージーランドにおける青少年司法には、新しい出発が約束され、新しい糸が織り込まれ、新しい精

神が広まっているのである」[25]と。

　私は、マッカレー裁判官の全面的な支援を得て、2003年7月、修復的司法の実際を調査研究するためにニュージーランドを訪問した。そこで入手したのが、本章で紹介したワット報告書である。ここで紹介した1989年の「児童、青少年及びその家族法」が制定されるまでの、ニュージーランドにおける青少年司法100年の歴史は、世界レベルでの青少年司法の発展史と軌を一にしたものとなっている。

　1989年の「児童、青少年及びその家族法」の内容そのものについては、すでに『法学新報』第103巻第4・5号において紹介しておいたので、そちらを参照して頂きたいと思う[26]。今更改めて指摘するまでもなく、本法は、その目的のみならず、児童や青少年の生活と青少年司法の双方に対する国の介入の基準となる一連の広範な一般原則を成文化しているという点で、英語圏世界では先例のないものである。そして、本法は、また、世界的に見て、修復的司法の先駆けとなる立法として評価されているものでもある。ニュージーランドをはじめとする英語圏の諸国における修復的司法の実際については、2004年12月『諸外国の修復的司法』という題名で編著書を出版した。

　いずれにせよ、1989年の「児童、青少年及びその家族法」の制定は、刑事政策の分野において、絶えず先験的な実験を試み、新しい施策を提供し続けている国、ニュージーランドの面目躍如たるものがあると私は思うのである。そして、本章は、その画期的な立法がなされるまでの100年間の背景事情を歴史的に跡付けたものなのである。

1) 拙稿「ニュージーランドの青少年法と青少年司法システムの現状」『法学新報』103巻4・5号（1997年）163-203頁参照。
2) Watt, E., "A History of Youth Justice in New Zealand," Unpublished Paper. この報告書は、私が日本比較法研究所研究基金に基づく共同研究のため、2003年7月15日から22日までニュージーランドを訪問した際に入手したものである。この場をお借りして警察から検察、裁判、矯正、保護の各分野の専門家に直接話をする機会を与えてくださったフレッド・マッカレー（Fred MaElrea）裁判官に感謝の意を

表したいと思う。
3) Freiberg, A., Fox, R. G., and M. Mogan, *Sentencing Young Offenders*. Sydney: Commonwealth Youth Bureau and Australian Law Reform Commission, 1988, p. 2.
4) Fionda, J., "Youth and Justice," in Fionda, J. (ed.), *Legal Concepts of Childhood*. Oxford: Hart Publishing, 2001, p. 81.
5) Allen, F. A., *The Borderline of Criminal Justice: Essays in Law and Criminology*. Chicago: University Chicago Press, 1964, p. 5.
6) Seymour, J. A., *Dealing with Young Persons and Their Families Act*. Auckland: Occasional Pamphlet Number Eleven, Legal Research Foundation, 1976.
7) Wittman, M. R., *Juvenile Justice Legislation in New Zealand 1974-1989: The Process of Lawmaking*. Unpublished LLM Dissertation. Wellington: Victoria University of Wellington, 1995, p. 50.
8) Mason, K., *Report of the Ministerial Review Team to the Minister of Social Welfare Hon. Jenny Shipley*. Auckland: 1992, p. 4.
9) Morris, A. and W. Young, *Juvenile Justice in New Zealand: Policy and Practice*. Study Series 1, Wellington: Institute of Criminology, 1987, p. 124.
10) *Ibid.*, pp. 124-125.
11) Department of Social Welfare, *Review of the Children and Young Persons Legislation: Public Discussion Paper*. Wellington: Department of Social Justice, 1984, p. 37.
12) Morris and Young, *op. cit.*, p. 101.
13) Department of Social Welfare, *Review of Children and Young Persons Bill: Report of the Working Party on the Children and Young Persons Bill*. Wellington: Department of Social Welfare, 1987, p. 82.
14) Brown, M. J. A., *Care and Protection is About Adult Behabior: The Ministerial Review of the Department of Child, Youth and Family Services*. Report to the Minister of Social Services and Employment Hon Steve Maaharey, 2000, pp. 12-13. からの引用。
15) Department of Social Welfare, *op. cit.*, 1984, p. 1.
16) Department of Social Welfare, *op. cit.*, 1987, p. 35.
17) Department of Social Welfare, *op. cit.*, 1984, p. 41.
18) Morris and Young, *op. cit.*, p. 135.
19) Department of Social Welfare, *op. cit.*, 1987.
20) *Ibid.*
21) Doolan, M., *From Welfare to Justice (Towards New Social Work Practice with Young Offenders: An Overseas Study Tour Report)*. Welligton: Department of Social

Welfare, 1988, p. 6.
22) *Ibid.*, p. 6.
23) *Ibid.*, p. 13.
24) *Ibid.*, p. 11.
25) McElrea, F. W. M., "A New Model of Justice," in Brown, M. J. A. and F. W. M. McElrea (eds.), *The Youth Court in New Zealand : A New Model of Justice.* Auckland : Legal Research Foundation, 1993, p. 13.
26) 拙稿・前掲論文。拙著『刑事政策の諸問題』日本比較法研究所（1999年）73-107頁。

第6章
アメリカにおける刑務所人口の増加とその要因

1 はじめに

　アメリカ合衆国では、犯罪を減少させるために、未曾有のペースで拘禁刑の使用を増加させてきた。事実、1980年から1999年の間に、刑務所人口は32万9,821人から125万4,547人へと280％増加した。同じ期間に、拘禁率（州および連邦刑務所における人口10万人当たりの1日平均収容人員）は、138から476へと増加したが、1850年には、その比率はわずか29にしかすぎなかったのである（図6参照）。そして、この数値に60万人近いジェイル被収容者数を合わせると、全体としての拘禁率は、人口10万人当たり690となる。アメリカでは年間350億ドルを矯正に支出する一方で、教育、保健・福祉サービス、および公共交通機関のための政府サービスに対する要請は容易に満たせない状況にあるというのが現実である。

　いくつかの資料が示すところによると、拘禁刑の使用は過去30年間に徐々に増加してきたが、ここにきてようやく上昇傾向が減速しつつある。カリフォルニア州、ペンシルバニア州、オハイオ州などでは、刑務所人口がやや減少または横ばい状態にあると報告されている。しかし、被拘禁者数の増加と拘禁期間の長期化を招く「真実量刑」(truth in sentencing)政策やその他の必要的実刑政策を採る州では、被拘禁者人口がなお増加し続けている。さらに、司法管轄区によっては、パロールやプロベーションを取り消される人数が増加しており、これもまた刑務所人口の増加につながっている。このような理由で、1990年から1998年の間に、刑務所人口は年間平均6％上昇してきたが、1999年には、

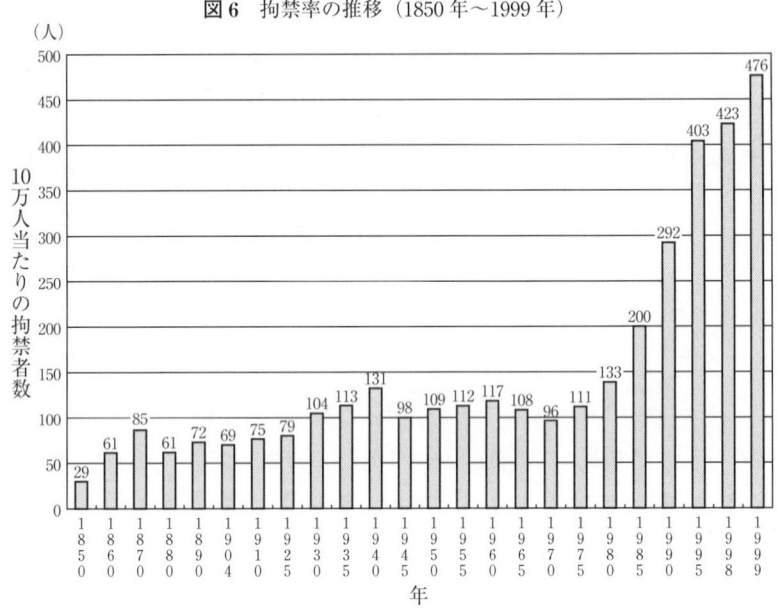

図6 拘禁率の推移（1850年～1999年）

（縦軸：10万人当たりの拘禁者数（人））

年	拘禁者数
1850	29
1860	61
1870	85
1880	61
1890	72
1904	69
1910	75
1925	79
1930	104
1935	113
1940	131
1945	98
1950	109
1955	112
1960	117
1965	108
1970	96
1975	111
1980	133
1985	200
1990	292
1995	403
1998	423
1999	476

刑務所人口の年間増加率が2.1％に減少しているのである。

　しかしながら、アメリカ合衆国で問題となっているのは刑務所だけではない。成人の刑務所人口は、矯正産業複合体（correctional industrial complex）全体の5分の1に過ぎないのである。この他に、60万人がジェイルに収容され、380万人近くがプロベーションに付され、71万3,000人がパロールに付されているのである。合計すると、約630万人の成人（成人の約31人に1人）が何らかの形で矯正的監視下にあることになるが、この比率は、1980年には成人の約91人に1人の割合であったのである。ジェイル、プロベーションおよびパロールの人口増加のパターンも、刑務所人口の増加と非常によく似ている（表8参照）。

　しかし、この驚くような数字でさえ、何らかの形で矯正的監視下にある全人口を表すものではない。この約630万人という数字には、10万6,000人の公立、私立の少年施設に収容されている少年たち、軍施設に拘禁されている2,300人近い成人、合衆国準州に拘禁されている1万8,000人、ネイティブ・アメリカ

表8　成人矯正人口（1980年～1999年）

人　口	1980年（人）	1999年（人）	増減率（％）
プロベーション	1,118,097	3,773,624	238
ジェイル	163,994	596,485	264
刑　務　所	329,821	1,254,577	280
パロール	220,438	712,713	223
矯正制度下にある成人合計	1,832,350	6,337,399	246
矯正制度下にある成人の比率	1.2％	3.1％	158
重大犯罪認知件数	1,340万人	1,160万人	－ 13
成人検挙人員	610万人	760万人	25

資料源：U. S. Department of Justice, Bureau of Justice Statistics, July 2000. Federal Bureau of Investigation, Uniform Crime Reports, *Crime in the U. S. -1999.*

ンのジェイルおよび拘留施設に収容されている1,600人が入っていないのである。アメリカ合衆国司法省の計算では、アメリカのあらゆる法域で、合計202万6,596人が拘禁されていることになる。政府による明確な数字は存在しないが、数十万人の少年がプロベーションまたはパロールに付されており、加えて、同数の成人と少年が何らかの形で公判前の監視下にある。それゆえ、これらの推計をもとにすると、ゆうに1日平均700万人のアメリカ人が、複数ある矯正制度のいずれかで、監視下にあると考えて間違いないのである[1]。

このように刑務所への収容や、矯正機関による他の形態での統制が、歴史的な記録で増加傾向を示していることを、アメリカ犯罪学会は非常に憂慮しているようである。実際問題として、多くのアメリカ犯罪学会の会員が、これまでに、こうした動向の原因調査とその帰結との双方について、積極的に研究に携わってきた。刑務所収容が効果的に犯罪率を減少させるのに役立ち、犯罪率が1980年代と1990年代のレベルを上回る限りにおいては、国家はこれまで通り1日平均約200万人の国民を刑務所に収容し続ける必要があると論じる者もいる。また、これとは逆に、現在の刑務所収容者数はあまりにも過剰であり、被収容者の多くは拘禁刑よりも低コストでより効果が高い代替的処遇に移すべきであると論じる者もいる。

本章で紹介するアメリカ犯罪学会の全米政策白書の目的は、拘禁刑の劇的かつ歴史的な増加の原因と、それがアメリカ社会にもたらす影響について分析することにある。そして、その分析にあたって全米政策委員会は、過剰な拘禁刑によって生じ得る負の効果という、犯罪学者がその学術調査研究や出版物において、これまでに無視してきた問題について注意を喚起したいと考えているのである。

　本章では、まず、アメリカにおける拘禁刑の使用についての主要な動向と刑務所人口の増加に関係があると思われる要因について概観した後、拘禁刑の問題を取り巻く4つの主要な問題、すなわち、(1)「薬物との戦い」政策の影響、(2)アフリカ系アメリカ人の大量拘禁の問題、(3)女子に対する拘禁刑の増加、(4)刑務所および受刑者の状態を、論じることにしたいと思う。

　アメリカでは、1992年以降、犯罪は減少しているにもかかわらず、なぜ刑務所人口は増加しつづけているのか、という大きな疑問が、一般大衆のみならず、専門家の間にさえも存在する。本章がその手がかりを与えるものとなることを期待したいと思う[2]。

2　アメリカにおける拘禁刑の動向

　刑務所およびジェイルの人口は、新被収容者数と拘禁期間 (LOS: length of stay) の2つの係数の積で表される。しかしながら、刑務所に収容されるまでの多くの経路と、受刑者が釈放されてコミュニティに帰るまでの拘禁期間を決定する多くの要因を考えると、「新被収容者数×LOS＝平均刑務所人口」というこの初歩的な方程式がたちまち複雑なものになる。さらには、多様な形態の地域社会内矯正監督（プロベーションおよびパロール）や、犯罪者がどの程度そのような矯正監督下に置かれているかということも、刑務所人口の規模と属性に対して、直接的な影響を与えるのである。

　刑務所システムの「入り口」では、新たに実刑判決が下された被収容者か、パロールまたはプロベーションの期間を満了できずに保護観察が取り消された

者が、刑務所に収容される。過去20年間にわたって、主に薬物犯罪で刑務所に送られる者の数が増加し、それとともに刑務所の入所者数が大幅に増加しているのである[3]。しかしながら、刑務所の入所者数の増加は、どちらかといえば、犯罪者がプロベーションまたはパロール期間を満了できなかった結果であると言ってよい。全米における最近のデータによると、1997年の刑務所入所者数54万1,000人のうち、21万5,000人（約40％）近くが、パロールの遵守条件違反者なのである（表9参照）。これらパロール遵守条件違反者のうち、約半数が1つまたは複数の形式的遵守条件違反のために保護観察を取り消されて刑務所に収容された者であり、後の半数が別の重罪によって有罪判決を受けた者である。形式的遵守条件違反者は、多くの場合、それ自体では実刑判決を下し得ない行動であるがために、刑務所に再収容されているのである。

同様に重要なことは、現在多くの刑務所システムで起こっている拘禁期間の急激な長期化現象である。いくつかの州が量刑の長期化、しかも、いわゆる「真実量刑」政策を採った場合には、いくら州政府が刑務所の入所者数をうまく抑制したとしても、刑務所人口は増加し続けるであろう。最近の全米データが示すところによると、1996年に刑務所から釈放された被収容者の平均収容期間は、初回の受刑者でおよそ25か月であった。ただし、この統計には、受刑者が刑務所システムに移送されるまで地方のジェイルで待機する4〜6か月が入っておらず、またこれとは別に、受刑者が形式的遵守条件違反のために刑

表9 州刑務所収容者数（1990年および1998年）

年	州刑務所人口	刑務所入所者数合計（人）	新受刑者（人）	パロール遵守条件違反者（人）	パロール遵守条件違反者の比率（％）
1990	689,577	460,739	323,069	137,670	30
1998	1,113,676	565,291	347,270	206,751	37
増減率（％）	61.5	22.7	7.5	50.2	22.4

資料源：Bureau of Justice Statistics, Special Report. *Truth in Sentencing in State Prisons.* January 1999.

務所に戻された場合の4～6か月が含まれていないのである。パロール監督に費やす時間を考慮に入れると、平均的な受刑者は、何らかの形態の刑務所収容またはパロール監督の下で約5年以上を過ごす計算になるということである（表10参照）。

　しかしながら、今後10年間に、量刑の長期化および被収容者が服する必要的拘禁期間が判決の中で占める割合が増大するにつれて、刑務所の収容期間が長期化するように私には思われる。こうした傾向を示す最もよい証拠は司法省の資料であるが、それによると、近い将来、刑務所の平均収容期間は、40か月以上に長期化するであろうと予想している（表11参照）[4]。アメリカの大部分の州が不定期刑（indeterminate sentencing）とほとんどの犯罪者に対する裁量的仮釈放権（discretionary release power）を存置しているため、パロールとパロ

表10　刑務所釈放者とジェイルまたは刑務所収容およびパロールの月数

理　由	平均月数（月）
地方のジェイルで判決を待つ公判前拘留	5
最初の釈放までの刑期	28
パロール	20
パロール遵守条件違反による再拘禁	5
監督下に置かれた合計時間	53～58

資料源：Bureau of Justice Statistics, *National Corrections Reporting Program*, 1996. California Department of Corrections, 1997 as reported in Austin and Lawson, 1998.

表11　全米における量刑と被収容期間の推計

年	量刑平均（月）	最小拘禁期間（月）
1990	70	38
1995	72	42
1998	65	43
増減率（％）	－7	13

資料源：Bureau of Justice Statistics, *Prisoners in 1999*. U. S. Department of Justice.

ール審査委員会の役割は、ほとんどの州でなお強力である[5]。パロール審査委員会によるパロールの許可がますます限定的になっていることも、収容期間を長期化させている原因の1つである。

このように、将来の刑務所人口の増加原因を指摘しようとするならば、刑事司法システムのいわゆる「出口」に注目すべきであろうと思う。ほとんどの州において、裁判所による新たな刑務所収容判決の数は、横ばいか、減少さえしている。しかし、先にも述べたように、刑期を長期化するための立法や、パロールまたは釈放の資格を得る前に、通常、被収容者に与えられる特典の1つである善時制（good time system）の数を減少させるための立法に加え、パロールによる仮釈放率の減少およびパロール取消率の増加等が、刑務所人口の増加に寄与しているのである。このように刑務所システムが将来拡大化するのは、刑務所入所者数の増加が原因ではなく、拘禁期間の長期化、または犯罪者がプロベーションまたはパロールを無事満了しないことが、その主たる原因であるということになるのである。

これは言うまでもないことであるが、刑務所システムの規模が増大するにつれて、そのコストも肥大化する。アメリカ合衆国司法省の報告によると、1984年から1996年の間に、巨大なジェイル・システムを除く連邦刑務所の運用に必要な金額だけでも68億ドルから245億ドルに跳ね上がったということである[6]。同年、民事および刑事司法機関に、合計1,200億ドル以上が支出されたが、それらのほとんどは、警察（500億ドル以上）と矯正（400億ドル以上）に関連する支出であったということである。

他の主なコストとしては、刑務所の建築費用がある。1998年現在、およそ8万3,500床の施設が建築中であり、その他に8万6,500床の施設が計画されている。つまり、合計17万床の施設が新たに建設される予定である。1床分の平均的な建設費用を5万ドルとすると、アメリカ政府は、刑務所人口の増大に対応するために、約85億ドルを新しい刑務所の建設に当てることになる。これほどまでにコストをかけているにも関わらず、30を超える州の刑務所システムは、定員超過の状態で運営されているのである[7]。

もちろん、州の中には、財政的圧迫を感じ始めているところもある。近年、高等教育を犠牲にした刑務所設備の拡充についての分析が、ニューヨーク州の司法政策研究所（Justice Policy Institute）と矯正協会（Correctional Association）によって行われた。その結果によると、1988年以来、ニューヨーク州の公立大学に対する支出が29％低下し、一方、刑務所に対する支出は76％増加したとのことである。実際の金額で表示すれば、刑務所に関する州の歳費が7億6,100万ドル増加し、ニューヨーク市立大学および州立大学に対する予算は、6億1,500万ドル減少したことになる。現在、ニューヨーク州が刑務所に支出する金額は、州立、市立大学に支出する金額よりも2億7,500万ドルも多い。そして、これらのコストには、現在、3,100床の施設を建設するために承認されている、3億ドル（1床当たり9万6,775ドル）は含まれていないのである[8]。

それはそれとして、ここまでは、過去数十年間にわたる拘禁刑についての主要な動向とその費用について検討してきたが、以下においては、「薬物との戦い」政策の影響、人種と「薬物との戦い」政策に起因する問題、ジェンダーと拘禁刑、および刑務所と受刑者の状態の、4つのテーマに関連する個々の問題について検討してみたいと思う。

3 拘禁率と薬物、人種、民族性およびジェンダー

まず最初に考えなければならないのは「薬物との戦い」政策の影響についてである。

アメリカ合衆国の刑務所人口が劇的に増加し、それに関連して、黒人、ヒスパニック系アメリカ人および女子の刑務所人口が増加した主な理由は、薬物犯罪による実刑判決数の大幅な増加である。1980年には、薬物犯罪で有罪判決を受けた受刑者数は1万9,000人で、30万未満の州刑務所総人口の約6％に過ぎなかったが、1998年には、この数が23万7,000人、州刑務所人口の21％にのぼった。さらに、薬物犯罪に対する平均的量刑は、1985年には13か月であったものが、1994年には30か月に増加している。連邦刑務所システムでは、

薬物犯罪で有罪判決を言い渡された犯罪者の数は、4,900人から1994年には5万2,000人近くにまで増加しているのである[9]。

20世紀を通じて、合法的・非合法的な薬物、とりわけ非合法的な薬物およびそれらを使用・取引する人々の問題が、アメリカ合衆国の犯罪統制と法執行の責任を負う人々の関心を集めてきた[10]。それには少なくとも2つの理由があるように思われる。第1は、非合法的な薬物の使用者や売人であると判明している人々の数は、粗暴犯や財産犯のような、重大と考えられている他の種類の違法な活動を行う人々の数よりもはるかに多いという事実である[11]。第2は、薬物と他の犯罪の関係は広範に研究されており、学者、政策立案者、および実務家によって広く認められているという点である[12]。したがって、アメリカ社会が犯罪に対して強硬派路線（get-tough approach）を採用し、刑事司法制度の強硬さを示す手段として刑務所収容を利用した20世紀の最後の2、30年間において、非合法的薬物の使用者と売人は、いわば拘禁刑というエンジンに与えられるガソリンの役目を担うこととなったのである[13]。

アメリカ合衆国においては、1980年代と1990年代を通じて、薬物に重点を置いた政策が、非合法的薬物の使用者と売人に対して実行された[14]。薬物犯罪者に対する「強硬派路線」の展開が、アメリカにおける被拘禁者数の増加に寄与したことは疑いのない事実である。1998年において、財産犯で180万人、粗暴犯で68万人が逮捕されたのに対して、薬物乱用の罪で逮捕された者の数は約160万人にのぼったということである[15]。さらに重要なことには、薬物関連の法律違反者数が、1985年にはわずか7％であったのに比べ、1998年には全検挙人員の11％を占めたという事実が報告されている[16]。

他の犯罪の検挙人員が減少するか横ばいであった時期に、薬物犯罪で訴追された被検挙者の数と比率が明らかに増加し、それに伴い、被拘禁者数も増加した。これは、必ずしも薬物犯罪者の逮捕パターンの変化が刑務所人口の増加に寄与したということを意味するわけではないが、われわれはまず、薬物犯罪の被検挙者が、刑事司法システムにおいてどのように取り扱われているかを検討する必要があろう。

表12 連邦地方裁判所:実刑判決数 (1975年～1998年)

年	有罪判決数（件） 合計	有罪判決数（件） 薬物事犯	実刑判決数（件） 合計	実刑判決数（件） 薬物事犯	連邦刑務所人口（人） 合計	連邦刑務所人口（人） 薬物事犯
1975	37,433	8,151	17,301	4,887	20,602	5,540
1980	28,598	4,749	13,191	3,479	19,023	4,749
1985	38,530	9,231	18,679	6,786	27,623	9,491
1990	46,725	16,188	27,796	13,838	47,847	25,037
1995	46,773	15,861	32,439	14,157	79,347	48,118
1996	52,270	18,333	37,579	18,333	83,515	50,754
1997	55,648	19,833	41,105	18,231	89,748	54,099
1998	59,885	21,529	45,166	19,809	95,522	56,291
増加率(%)	60	164	161	305	361	916

資料源：Maguire, Kathleen and Anne L. Pastore. 1999. *Sourcebook of Criminal Justice Statistics 1998*. U. S. Department of Justice, Bureau of Justice Statistics.

表12は、1975年から1998年までに、連邦地方裁判所で下された有罪判決に関する統計である。この表では、本来、犯罪・司法統計が、州と地方のレベルによって収集されているが、これらは必ずしも比較可能なものではない。全米レベルでは、連邦政府によって訴追された事件に関する統計情報が存在するので、それによって分析すると、1980年から1998年までに、連邦地方裁判所における実刑判決の数は、1万9,023から9万5,522へと、402％増加している。しかしながら、同時期に、薬物犯罪を理由として連邦刑務所への収容を言い渡した実刑判決数は、1,085％と驚くような上昇率を示しているのである。同様に、有罪判決によって処理された連邦事件の数は、1980年から1998年までに109％増加したが、一方、薬物事犯の増加率は353％であった。その上さらに、実刑判決を受けた被告人の数は、1980年から1998年の間に242％増加しているが、薬物事犯の場合は469％も増加しているのである。

ここで、われわれは、1980年代と1990年代にかけてのニューヨーク市の実情に対して、特別な注意が向けられなければならない。というのも、ニューヨーク市ではクラック・コカインが初めて持ちこまれて、クラック・コカイン市場が急成長する間、犯罪率は劇的に上昇したが、その後急速に下降したからで

表13 ニューヨーク州の犯罪率、実刑判決数、薬物事犯検挙人員および有罪判決数（1980年～1999年）

年	指標犯罪率(%)	実刑判決数(件)	全重罪検挙人員に対する薬物事犯の比率(%)	全重罪訴追人員に対する薬物事犯の比率(%)
1980	10,095	6,294	10.3	13.1
1981	10,279	8,060	13.6	15.2
1982	9,744	8,375	14.9	17.6
1983	8,804	11,156	16.3	19.6
1984	8,397	10,720	18.9	20.7
1985	8,393	10,802	19.7	25.3
1986	8,867	13,100	23.9	36.0
1987	9,034	15,092	27.6	44.2
1988	9,799	16,076	30.2	48.1
1989	9,679	20,097	32.0	53.1
1990	9,717	20,319	32.3	49.4
1991	9,259	21,192	30.6	46.8
1992	8,505	19,700	31.0	47.3
1993	8,172	20,584	31.3	48.7
1994	7,236	18,981	32.2	50.1
1995	6,046	17,453	32.3	52.3
1996	5,227	17,429	34.2	54.9
1997	4,871	16,430	32.0	51.2
1998	4,396	15,244	35.3	55.3
1999	N/A	12,786	34.3	54.1

資料源：*Criminal Justice Indicators New York City: 1980-1999*. New York State Division of Criminal Justice Services. Http://criminaljustice.state.ny.us/cgi/internet/areastat.cgi. 1999年の数値は暫定である。

ある[17]。表13は、ニューヨーク市における1980年から1999年までの統計を示したものである。この期間、薬物に関連した問題と刑事司法制度による対応や結果が、複数の大都市で特に話題となったところである[18]。

たとえば、1980年から1990年まで（クラックに関する大衆の関心と、犯罪認知件数がともにピークに達した頃）のニューヨークでは、指標犯罪の認知件数がやや減少する一方で、実刑判決は、297％増加した。特記すべきことに、同時期、ニューヨーク市において、全重罪検挙件数における薬物事犯の比率はほぼ3倍

になり、また全重罪訴追件数における薬物事犯の比率も3倍以上になったのである。

　また、1990年から1999年までの期間、ニューヨーク市における指標犯罪の比率は50％以上も減少したが、実刑判決は37％しか減少しなかった。一方、同時期の全重罪検挙件数の約3分の1、全重罪訴追件数の半数に薬物犯罪者が関係していたが、1980年のレベルでは、これらの数値は、全重罪検挙件数の10分の1、全重罪訴追件数の約8分の1であったのである。

　このように、刑務所人口は、主として「薬物との戦い」政策のために増大したことが明らかであるが、この「薬物との戦い」政策は、拘禁刑の対象者に対して大きな影響を与えた。以下においては、この問題に焦点を当てて検討してみることにしたい。

4　人種と「薬物との戦い」政策に起因する問題

　矯正当局の統制下にある受刑者の人種別比率は、全米の人種別人口比率と同じではない。アフリカ系アメリカ人は、全人口の約13％を占めているに過ぎないが、1999年に、州と連邦の司法管轄区で判決を受けた受刑者の46％が黒人であった。1980年から1999年の間に、人口10万人あたりの白人の被収容者数は、85から217へ、155％上昇したが、同時期に、黒人の拘禁率は、10万人あたり551から1,739へと240％増加し、一方、ヒスパニック系アメリカ人の比率は、163から719へと341％増加した。それぞれの人口規模を同じにすると、1980年には白人1人に対して黒人6.5人、1999年には白人1人に対して黒人7.8人が拘禁されていた計算になるし、ヒスパニック系アメリカ人は、1980年には白人1人に対して1.9人が、1999年には3.3人の受刑者がいた計算になるのである。

　人種と民族性に基づくこのような不均衡は、年齢とジェンダーを考慮に入れた場合、さらなる広がりをみせることになる（表14参照）。1999年に1年以上の実刑判決を受けた者は、白人男子1人に対して、黒人男子8.2人、ヒスパニ

表 14 州および連邦司法管轄区における新入所者数：ジェンダー別、人種別（ヒスパニック系アメリカ人を含む）、および年齢別（1999 年）

年　齢	住民 10 万人あたりの新入所者数					
	男　子			女　子		
	白　人	黒　人	ヒスパニック	白　人	黒　人	ヒスパニック
合　計	417	3,408	1,335	27	212	87
18-19	280	2,627	1,197	18	85	29
20-24	832	7,362	2,824	44	227	127
25-29	990	9,392	3,126	66	492	215
30-34	1,106	8,406	2,927	96	731	248
35-39	896	7,316	2,315	74	587	214
40-44	652	4,947	2,266	39	347	131
45-54	411	2,761	1,265	22	153	97
55-	106	534	403	4	21	11

資料源：Allen J. Beck, *Prisoners in 1999*. Washington, U. S. Department of Justice, Bureau of Justice Statistics, August 2000, Table 13.

ック系男子 3.2 人であった。白人の拘禁率に対する黒人の拘禁率は、10 代後半と 20 代に最も高くなり、25～29 歳で最高の 9.5 に達する。人口比で表すと、1999 年には、25～29 歳の非ヒスパニック系黒人男子の 9.4％が刑務所に収容されていたのに対して、同じ年齢群の被収容者比率は、ヒスパニック系男子で 3.1％、白人男子で 1.0％であったのである[19]。

　男子の比率よりははるかに低いものの、女子の拘禁刑の比率も同様の不均衡を示している。1999 年には、受刑者数の比率において、非ヒスパニック系黒人女子は白人女子のおよそ 8 倍、ヒスパニック系女子は 3 倍以上、刑務所に収容されやすくなっている。これを人口比に直すと、1999 年に、19 歳以上の黒人女子人口のうち、1 年以上の拘禁刑を言い渡された者が約 2％なのに対して、同じ年齢のヒスパニック系女子と白人女子は 1％にやや満たないという計算になる。これは驚くに値しないことであるが、ジェイルや刑務所人口における差異ほどではないにせよ、人種と民族性に基づく不均衡は、プロベーションのような拘束性の低い矯正的統制手段においても見られるのである。司法省統計局

が最近公表した数字で明らかになったところによると、プロベーションに処せられた者の約3分の1、パロールに処せられた者の約半分が黒人である。白人または黒人と分類されるヒスパニック系アメリカ人の祖先を持つ者は、プロベーションに処せられた者の16％、パロールに処せられた者の21％を占めている。

　矯正的監督下（刑務所、ジェイル、プロベーション、およびパロール）にある約630万人の成人のうち、40％近くがアフリカ系アメリカ人であり、約17％がヒスパニック系アメリカ人の祖先を持つ者である[20]。推計によると、1999年には、14人に1人のアフリカ系アメリカ人の成人、30人に1人のヒスパニック系アメリカ人の成人が、何らかの矯正的監督に付されている。これに対して、白人で矯正的監督に付された者はわずかに58人に1人である。

　このような不均衡は、われわれに、人生において拘禁刑に処せられる可能性が人種グループによって異なる、という現実的なインパクトを与えるものである。1997年に司法統計局は、初回拘禁率と死亡率が1991年のレベルから不変だと仮定した上で、生涯で刑務所に収容される可能性を算出した。この分析が明らかにしたところによると、1991年の比率が同世代の者の生涯にわたって不変であるとすると、黒人の16％、ヒスパニック系の9％、白人の3％が生涯のどこかの時点で実刑判決を受けることになるということである。これらの可能性は、女子（1％）よりも男子（9％）の方がはるかに高く、アフリカ系アメリカ人が最も高い。1991年の比率が続くとすれば、ほとんど3人に1人の黒人男子（29％）が、その生涯においてどこかの時点で拘禁刑に処せられることになるのである（図7）。この比率は、ヒスパニック系男子と白人男子では、それぞれ16％と4％であった[21]。このように拘禁率は、1991年以来増加しつづけているが、とりわけその増加率はアフリカ系アメリカ人とヒスパニック系アメリカ人について顕著である。

　上記の対照的な結果は、刑事司法制度全体にわたって、アフリカ系アメリカ人とヒスパニック系アメリカ人に対する普遍的かつ制度的な差別が存在することの明白な例だと見ることができよう。しかしながら、この問題を調査してき

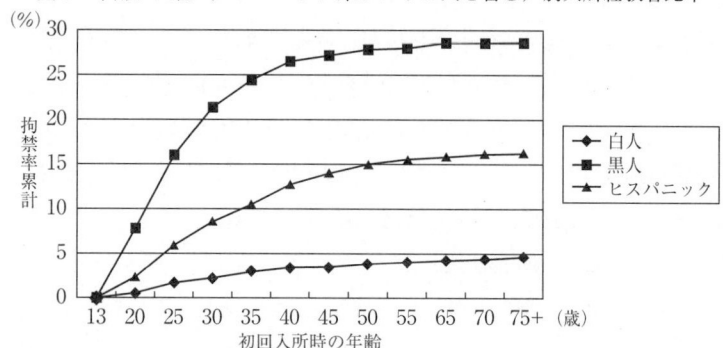

図7 年齢、人種（ヒスパニック系アメリカ人を含む）別入所経験者比率

た研究者のほとんどは、何らかの差別が存在することは否定しないが、人種や民族性から来る直接的な差別は、刑務所にこれらの人種や民族性に由来する者が不均衡に多いことへの主要な原因ではないと結論付けている。

　ブラムシュタイン（A. Blumstein）は、1978年に11の犯罪カテゴリーで検挙された者の人種分布を、1979年に同じカテゴリーで刑務所に収容された者の人種分布と比較した[22]。ブラムシュタインは、検挙人員の人種による差異が犯罪への関与の度合いの違いを示すという前提の下で、刑務所における人種的不均衡の80％は、重大犯罪への関与の度合いが人種によって異なることで説明できると結論付けたのである。ヒンデラング（M. J. Hindelnag）は、全米犯罪被害者調査の被害者の回答から、検挙人員が人種によって異なるのは、犯罪者の人種を反映しているという知見を得ることで、この仮定を支持している[23]。しかしながら、検挙人員によって説明される不均衡の割合は、犯罪の種類によって大きく異なり、殺人の場合の約97％から、薬物犯罪のわずか51％までの開きがあるのである。ブラムシュタインは、人種的不均衡に変化が見られず、刑務所収容が大幅に増加したことを考慮し、1991年のデータを用いて自分の調査研究の追跡調査を行っている。その結果によれば、検挙人員によって説明される人種的不均衡は、76％とやや低下しているのである[24]。

　それはともかく、このブラムシュタインおよび彼の研究を追跡調査した者た

ちの方法論は、州によって差異があってもそれが表に現れないような方法でデータを収集したことや、検挙実務における人種的バイアスを無視している点を批判されてきた。クラッチフィールド（R. Crutchfield）＝ブリッジズ（G. Bridges）＝ピッチフォード（S. Pitchford）は、1981年の検挙人員と1982年の刑務所被収容者数の州別データを用いて調査研究を行った結果、人種的不均衡が犯罪への関与の差異で説明できる比率は66％であったが、これは1％に満たないアラスカ州から99％を超えるミシシッピー州までの開きがあり、しかも、40％の州では全国平均を下回っていたという結果を見出している[25]。

検挙実務の影響については、検挙における人種的偏見に関する調査研究は、比較的少数のようである。他人の調査研究を再検討した者ですら差別の証拠を見つけるほどで、たとえば、コラミー・リッチー・マン（Coramae Richie Mann）は、「この問題を扱う研究のうち、疑問に対して明快な説明ができるものはほとんどない」と結論付けざるを得なかったほどである[26]。すでに見たごとく、ヒンデランクの調査研究は、被害者が申告した犯罪者の人種と検挙人員の分布には強い対応関係がある、と結論付けている。その後の研究で、トンリー（M. Tonry）は、強盗および傷害の罪で検挙された黒人犯罪者の割合は、当該犯罪の被害者が報告した比率よりは高いながらも、1980年から1991年までは検挙人員との間に対応関係が見られると報告している[27]。

黒人の検挙人員の比率が、被害者が報告する比率よりも高い理由の1つは、黒人犯罪者が、他の人種と比べて厳格さを欠く基準によって検挙されているからであるということによるのかもしれない。ピーターシリア（J. Petersilia）の知見によると、カリフォルニア州では、黒人とヒスパニック系アメリカ人の容疑者は、白人にくらべて令状なしに検挙されやすく、それらのケースが検察官によって拒否されたり、裁判所によって却下されたりすることが多いことの1つの理由となっているのである[28]。

人種および社会階級に関連する状況的要因が、容疑者を逮捕したいという警察官の意思に影響を与えていることも考えられる。スミス（D. A. Smith）＝ヴィシャー（C. Visher）＝デビッドソン（L. Davidson）は、3つの大都市エリアにお

ける警察と市民の関係についての調査で、さまざまな人種が居住する地域やマイノリティの居住地域において、また、被害者が白人で容疑者が黒人の場合に、警察官が威力を用いて犯罪者を逮捕することが多く、また、白人の被害者が容疑者を逮捕すべきだと要求する場合に、それに応じることが多いことを明らかにしている[29]。

アルボネッティ（C. A. Albonetti）ほかは、10の連邦裁判所における男子被告人についての研究で、公判前拘置決定を左右する基準の重要性が、人種によって異なること、また、白人の被告人は、よく似た状況にある黒人の被告人よりも、教育や所得といった要因によって有利に扱われる場合が多いことを報告している[30]。白人の被告人は、「白人であるというそのこと自体から、より有利な結果を得ている」のである[31]。

苦情や訴追を提起する決定については、その大部分が、証拠の信憑性のような法的に重要な基準に基づいて行われており、人種はほとんど、または全く役割を果たしていないことがいくつかの研究によって結論付けられている[32]。しかしながら、少なくとも一定の犯罪では、そのような決定にあたって、人種が重要な役割を果たしていることを示唆する2つの研究がある。ラドレット（M. L. Radelet）は、殺人事件で、警察が最初に作成する報告書を検察官の最終的な訴追判断の記録と比較した結果、白人を殺害して逮捕された黒人の被告人が、最も多く第1級殺人に問われやすいことを見出している[33]。同様に、ラフリー（G. D. LaFree）は、白人女子を強姦した黒人男子が、最も多く重罪の容疑者になりやすいという知見を得ている[34]。

刑事司法制度内の人種および民族性による差別についての調査研究のほとんどは、量刑に関係しているものである。1920年代から1970年代にかけて行われた調査研究を総合的に再検討した研究では、刑事司法制度においては、マイノリティに対する制度的偏見の証拠は何もなかったと結論付けている[35]。これらの研究は、人種が量刑に与える直接的な影響の多くが、前科の影響をなくす操作を行うことによって排除されるという。つまり、同様の犯罪で、有色人種が白人より長期の量刑を言い渡されるのは、生涯で犯罪行為に関与すること

が多いからだという結論に達したのである。

しかしながら、これらの再検討は量刑の長さだけを考慮しており、拘禁刑に処するかどうかの意思決定については考慮されていない。キリコ（T. Chiricos）＝クロフォード（C. Crawford）が、1975年以降に発表された38の研究を再検討し、意思決定が行われる文脈に重大な違いがあることを示唆している[36]。以前の調査研究と同じく、彼らのメタ分析は、人種が量刑の長さには直接影響を与えないとしながらも、有罪とされた黒人犯罪者は、犯罪の重大性と前科の影響が出ないように操作しても、拘禁されやすいことを明らかにした。この分析ではさらに、黒人の人口比が高く、黒人の失業率も高い南部では、黒人が白人より明らかに不利であることも示している。彼らは、1つの司法管轄区に多数の黒人失業者がいることが、大きな社会的・政治的脅威と受け取られているために、拘禁刑の蓋然性が増加しているのであろうと理論付けたのである。

ローリッツソン（J. L. Lauritson）＝サンプソン（R. J. Sampson）は、量刑における偏見の問題に関する最近の調査研究の結果を要約して、以下のように結論付けている。

> 人種差別が普遍的でも制度的でもないことは、基本的な論証にとって致命的なことではない。……この時代における調査研究の主眼は、NDT（no discrimination thesis：差別の存在を否定する論文）から、「何らかの」差別が、「何らかの」時点で、「何らかの」場所において存在することへと推移しているように思われる（強調は原文どおり）[37]。

「薬物との戦い」政策は、逮捕と実刑判決における人種的不均衡を増大させるイデオロギー的風潮を生み出した。トンリーは、都市部の黒人アメリカ人は、薬物に対する戦いの攻撃対象になりやすいと結論付けている。1980年以来、黒人が逮捕され、訴追され、有罪判決を受け、刑務所に収容される比率が増加しており、一般住民の人口比率と比べても、薬物使用者の人口比率と比べても、あまりにもその比率が高過ぎるということを指摘しているのである[38]。

最も明らかな例は、主に黒人が使用するコカイン片と、主に白人が使用するコカイン粉末の罰則の違いである。両者は薬物学的には区別できないが、連邦

法では、コカイン片1グラム所持の罰則は、コカイン粉末100グラム所持の罰則に等しい。1993年、マクドナルド（D. C. McDonald）＝カールソン（K. E. Carlson）は、さまざまな連邦犯罪の量刑に対して人種が与える影響を研究したが、その知見によると、黒人に対する実刑判決は白人のそれに比べて平均41％長かったが、それは主に、コカイン片とコカイン粉末の100対1の差に起因するものであった[39]。そうであれば、1998年に、連邦刑務所において薬物犯罪で服役した者が、白人被収容者の55％であったのに対し、黒人被収容者は3分2にも及んだことは驚くに値しないことである[40]。

州刑務所においても状況はほとんど同じである。1998年には、実刑判決を受けた受刑者のうち薬物犯罪を行ったのは、白人受刑者が12％であったのに対し、黒人受刑者は約25％であった。推計によると、1990年から1998年の間に、州施設において黒人受刑者が約25％増加したのは、薬物犯罪を行った者の数が増加したことに起因する。これは、ヒスパニック系受刑者では18％、白人受刑者では12％であった[41]。

薬物犯罪は、第1に、刑務所人口において少数民族が過剰な比率を占める原因の1つであるが、第2番目の副産物は、比喩的に「黒人酔い運転」（driving while black）と呼ばれるものである。これは、警察が、個人の行動や、彼らを明確に犯罪に結び付ける情報よりも、人種、民族性、または出生国を重視して行動を起こすことを指す言葉である。この種の出来事は、憤怒と議論を呼び起こすことがしばしばであるが、これまで行われた調査研究のほとんどは、民事訴訟との関係で行われてきたこともあって、注意して観察する必要があるが、これらの調査研究によれば、停止や捜索を行うにあたって、警察の側が相当な偏見を持つことを示唆している。ある興味深い研究では、テンプル大学のジョン・ランブレス（John Lambreth）が、メリーランド州の州間高速道路I-95の一部分を選択して、そこでのドライバーの静止調査と移動調査（stationary and rolling survey）を行い、速度違反者のサンプルを収集している。この調査では、黒人は、速度制限違反者のサンプルの18％を占めていた。警察のデータが明らかにしたところによると、停止、捜索の対象となったドライバーのうち、

79％を黒人が占めていた。また、捜索の対象となった者のうち、白人の29％、黒人の28％から禁制品の所持が発見されているのである[42]。

ニュー・ジャージー州における同様の研究で、ランブレスは、ニュー・ジャージー州の有料道路において、速度制限違反者の15％を占めるに過ぎない黒人が、停止された者のうちの35％、捜索を受けた者のうちの73％を占めていることを見出している[43]。ニュー・ジャージー州の検事総長による最近の報告書は、ランブレスの結論を追認しており、停止の41％、捜索の77％が有色人種を対象としていたことを明らかにしている。今までのところ、逮捕・押収には人種による差異はない。白人ドライバーの捜索のうち、11％の者が逮捕または押収される結果となったが、これに対して、捜索を受けた者の14％に黒人が関与している[44]。

このように、一般に見られるステレオタイプが原因で、停止させられる黒人ドライバーが不均衡に多く、かなりの程度の人種的嫌がらせとともに、禁制品、特に薬物を理由として逮捕される者の中に、黒人が不均衡に多いという結果が生じているのである。

この他に、矯正職員が行う意思決定には、被収容者がどのくらいの期間、身柄を拘束され、どのように釈放されるのかという決定がある。とりわけ、懲戒審理（disciplinary hearing）、パロール釈放審理、およびパロール取消審理は、結果として善時制によるクレジットの取消が生じ、パロールの資格を得る期日にも影響する。このような機会においては、目に見えにくいかもしれないが、拘禁期間の延長または短縮に関わる意思決定が行われているのである。

1970年代に刑務所内で行われた複数の研究報告によると、黒人の被収容者は、矯正職員にとってより大きな脅威と見られているために、白人の被収容者よりも強力な監視の対象となっており、懲戒を伴う報告（disciplinary report）が行われやすいとのことである[45]。これらの研究には、釈放前の時点で、人種によって懲戒の程度の差が大きいことについての影響を検証したものはないけれども、人種による懲戒の差は、善時制による利益の喪失という直接的な効果と、それがパロールによる早期釈放の決定に影響を与えるという間接的な効果

の両方において、差が生じることを明記しなければならないであろう。

　キャロル (L. Carroll) = モンドリック (M. Mondrick) の研究によると、ロード・アイランド州で、パロール審査委員会が白人の被収容者にはない基準を黒人の被収容者に課した結果、パロールが許可された黒人の被収容者のほとんどが、白人の被収容者にくらべて、約5％長い刑期を服役していた事実を見出している[46]。また、ブラウン (S. V. Brown) は、3か所の施設におけるパロールの実態を研究して、中警備施設 (medium security institution) と重警備施設 (maximum security institution) では、黒人の被収容者は、たとえ「模範囚」(well-adjusted) と評価されていても、白人受刑者に比べて、パロールに推薦され、または早期釈放を与えられることが少ないことを明らかにしている[47]。また、ピーターシリアは、関係する要因をすべて調整したとしても、2つの州において、黒人とヒスパニック系アメリカ人は、白人よりもパロール監督に付されるまでの期間が長いことを明らかにしている[48]。

　要約するに、アフリカ系アメリカ人とヒスパニック系アメリカ人は、刑務所人口中の比率が不均衡に大きく、またこの不均衡が過去20年間で増大していることがわかる。もちろん、刑務所における不均衡の度合いは、州によって大きく異なることはいうまでもない。不均衡がこれ程までのレベルに達している理由の1つは、実刑判決を下し得る犯罪の検挙率の上昇である。しかしながら、一定の司法管轄区における検挙実務が、一部、人種に基づいて行われていることを示す調査研究が、近年続々と明らかになっている。また、公判前拘置、訴追、量刑、および釈放に関する意思決定において、人種差別があることを示す証拠も確かに存在するのである。

5　ジェンダーと拘禁刑

　女子の被拘禁者数は、男子よりも劇的な増加を示している。1980年から1999年の間に、男子の被拘禁者が303％増加したのに対し、女子の被拘禁者数は576％も増加している（表15参照）。州および連邦矯正施設における拘禁

率は、男子が女子の15倍であるが、これらの施設における女子の増加率は、1995年以来、毎年、男子のそれを上回っている。

矯正監督下にある女子の人数は、1990年から48％増加しており、男子の27％を上回っている（表16参照）。1985年の時点と比較すると、女子のこの増加率は108％にのぼる。4つの矯正手段（プロベーション、ジェイル、刑務所、およびパロール）に付されている全人口を見ると、成人のための刑事司法当局の保護、身柄拘束、または統制下にある女子の数が、驚くほど増加していることがわかる。1985年から1998年の間に、人口10万人あたり、プロベーションに付されている女子の比率は85％、ジェイルの比率は193％、刑務所収容の

表15 州および連邦刑務所人口と過去20年間における増加

年	刑務所人口（人） 男子	刑務所人口（人） 女子	粗暴犯検挙人員（人） 男子	粗暴犯検挙人員（人） 女子	薬物事犯検挙人員（人） 男子	薬物事犯検挙人員（人） 女子
1980	316,401	13,420	228,424	25,031	266,480	39,156
1990	729,840	44,065	418,221	52,943	665,872	138,543
1999	1,276,053	90,668	492,616	59,624	719,709	159,007
増減率(％)	303	576	116	138	170	306

資料源：U. S. Department of Justice, Bureau of Justice Statistics, *Prisoners in 1999.*
Uniform Crime Reports, 1980, 1990 and 1999.
U. S. Department of Justice, Bureau of Justice Statistics, *National Prisoners Statistics Data Series* (NPS01).

表16 全米における成人女子10万人あたりの矯正区分別比率（1996年）

年	プロベーション	ジェイル	刑務所	パロール
1985	375	21	24	21
1990	495	38	43	44
1995	629	51	63	67
1996	637	54	68	76
1997	662	57	71	75
1998	694	61	81	79

資料源：U. S. Department of Justice, Bureau of Justice Statistics, *Women Offenders*, December 1999, page 6.

比率は 239 ％、およびパロールの比率は 277 ％増加しているのである。

　拘禁率のこのような上昇は、女子の粗暴犯の検挙率が上昇していることでは説明できない。表 15 に示すように、粗暴犯で逮捕される女子の数は、男子とほぼ同じ割合で増加しているが、それに対して、女子の薬物犯罪による検挙人員は、男子の 2 倍近い。さらには、1996 年の州刑務所への実刑判決数を見ると、粗暴犯で入所する女子の比率は、男子が 31 ％であったのに比べ、わずか 17 ％にしか過ぎないのである（表 17 参照）。女子全般の拘禁率の増加よりもさらに驚かされるのは、人種と民族性による比率の相違である。非ヒスパニック系黒人女子が刑務所に収容される比率は、1999 年の時点で、ヒスパニック系アメリカ人女子の 2 倍以上、非ヒスパニック系白人女子の 8 倍にも達するのである[49]。

　これまでの分析と同様、「薬物との戦い」政策は、女子に対する拘禁刑の増加に大きく寄与している。1990 年と 1998 年を比較すると、薬物犯罪者は、女子の被収容者を増加させる最大の供給源（36 ％）であり、男子の被収容者（18 ％）における数字を上回っている。

　1979 年から 1997 年の間の、州刑務所における女子の罪名別構成を見ると、粗暴犯と財産犯が減少する一方で、薬物事犯と社会秩序違反（public order offender）が増加している[50]。1979 年には、州刑務所に収容されている女子の約半数が粗暴犯で拘禁されていたが[51]、1996 年には、粗暴犯で拘禁されている州刑務所の受刑者は 27 ％に過ぎない（表 18 参照）[52]。

表17　罪種別新入所者数（1996 年）　　（％）

罪　　種	女　子	男　子
粗 暴 犯	17	31
財 産 犯	36	28
薬 物 事 犯	39	29
そ の 他	8	12

　資料源：U. S. Department of Justice, Bureau of Justice Statistics, *Women Offenders*, December 1999, page 10.

表18 州司法管轄区における新入所者数の増加：罪種およびジェンダー別

罪　種	女　子 増加人員(人)	女　子 増加人員に占める比率(%)	男　子 増加人員(人)	男　子 増加人員に占める比率(%)
合　計	33,600	100	418,600	100
粗暴犯	9,000	27	220,300	53
財産犯	6,800	20	61,200	15
薬物事犯	12,100	36	75,000	18
社会秩序違反	5,600	17	62,600	15

資料源：U. S. Department of Justice, Bureau of Justice Statistics, *Prisoners in 1999*, August 2000, page 10.

　これらの女性の多くは、第三世界の出身か、アメリカ合衆国の貧困なコミュニティの出身で、自然と、または強制されて、薬物の密売人または運び屋になった者たちである[53]。これらの女性は、少量の薬物を使用・販売する以外にも、単に薬物の売人と一緒に住んでいたという理由だけで拘禁されている者もあるが、それだけで女性を巻き込むには充分なのである。このような状況下で生活している女性は、多くの場合、男性に経済的に依存しているのが常であるが、彼女が直接、薬物取引に関係していなくても、特別な関係にあるということで拘禁される危険性があるのである[54]。チェスニーリンド（M. Chesney-Lind）は、これらのデータは、「『薬物との戦い』政策が『女性との戦い』政策となっており、女子刑務所人口の大幅な増加に寄与してきた」ことを示す何よりの証拠であると論じている[55]。

　量刑改革もまた、女子の拘禁傾向に影響を与えてきた。粗暴犯の犯罪率が増加するにつれて、政治家たちは強硬派路線に自らの政治的基盤を置いたからである。暴力犯罪者たちは、刑務所でほんの短い刑期を過ごした後、再びコミュニティに戻って、暴力犯罪を繰り返しているという感情が、政治家たちの間に湧き上がっていた。このような懸念が、犯罪抑止と無害化の名の下に、体系的量刑ガイドライン（structured sentencing guidelines）、必要的有罪判決、真実量刑、および「三振法」をはじめとする量刑改革へと姿を変えたのである。

これらの政策が導入されたときは、これらの政策が対象とする犯罪者のイメージは、無害化しない限り、凶悪な行為を繰り返す暴力的な男子犯罪者であった。しかし、これらの政策は、いつのまにか、初犯者である女子犯罪者や財産犯や薬物乱用を行った女子に対し、拘禁刑を科するものとなったのである。こうした改革の波の結果として、裁判官は、量刑における裁量の幅が狭まり、全体として、暴力的でない女子の逮捕、訴追、刑務所収容の可能性が増大したのである。1990年から1996年の間、女子に対する有罪判決は42%であり、これは男子の17%を上回っている（表19参照）。重大な財産犯で有罪判決を受けた女子の増加分の半分以上は、偽造、詐欺または横領によるものである[56]。

このような、より強硬な量刑政策の影響を示すもう1つの驚くべき事実は、刑務所に収容されている女子（および男子）の中で、前科のない者の比率の高さである。1998年には、州刑務所に収容されている女子の35%、男子の23%には前科がなく、それ以外にも、男子と女子の両方で、たった一度の前科を持つ者が17%であった（表20参照）。チェスニーリンドは、これらのデータをもとにして、女子の刑務所被収容者数の増加は、重大な犯罪が同じように増加しているからでも、女子の重大犯罪の前科が増加しているからでもないと論じている[57]。

女子の刑務所収容が増加したことから来る副産物の1つは、これらの女子の子どもに対する影響である。1997年には、州刑務所の女子受刑者の65%が未

表19 重罪有罪判決の比率差：ジェンダー別（1990年・1996年）
(%)

罪　種	女　子	男　子
全 罪 種	42	17
粗 暴 犯	30	12
財 産 犯	44	－ 2
薬物事犯	37	25
そ の 他	65	44

資料源：U. S. Department of Justice, Bureau of Justice Statistics, *Women Offenders*, December 1999, page 6.

成年の子ども（18歳未満）を持っており、連邦刑務所の女子受刑者の59％が子どもを持っていた（表21参照）。「薬物との戦い」政策や「犯罪に対する強硬策」が導入されるまでは、裁判官には、犯罪の性質や前科と同様に、被告人の家族に対する責任を考慮に入れて量刑判断をする裁量権が認められていた。現

表20 州刑務所被収容者の前科：ジェンダー別（1996年）（％）

前 科	女 子	男 子
重罪の前科なし	35	23
少年時のみ	3	7
成人時のみ	46	39
少年時および成人時	16	31
前科の数		
0	35	23
1	17	17
2	16	16
3以上	32	43

資料源：U. S. Department of Justice, Bureau of Justice Statistics, *Women Offenders*, December 1999, page 9.

表21 未成年の子どもを持つ州および連邦刑務所受刑者：男女別（1997年）

子どもの有無	州刑務所受刑者の比率（％） 男 子	州刑務所受刑者の比率（％） 女 子	連邦刑務所受刑者の比率（％） 男 子	連邦刑務所受刑者の比率（％） 女 子
18歳未満の子どもの有無				
有 り	54.7	65.3	63.4	58.8
無 し	45.3	34.7	36.6	41.2
子どもの数				
1人	24.0	20.5	24.0	24.5
2人	15.6	18.7	18.3	17.1
3人以上	15.2	26.2	20.8	17.2

資料源：U. S. Department of Justice, Bureau of Justice Statistics, *Incarcerated Parents and Their Children*, December 1999, page 9.

在、アメリカの刑事施設では、受刑者の20％強が1人の子どもを持ち、20％弱が2人の子どもを持ち、そして、20％以上の者が3人以上の子どもを持っているのである。アメリカ合衆国において、両親のいずれかが刑務所に入っている子どもの比率を見ると、アフリカ系アメリカ人の子ども（7％）は、白人の子ども（8％）の9倍も多く親が刑務所に入っている計算になり、ヒスパニック系アメリカ人の子ども（2.6％）は、白人の子どもよりも、被収容者の親を持つ比率が高い。しかも、女子受刑者の数が増加しているために、母親が刑務所に入っている子どもの数は、1991年と比べて2倍になっているのである（98％の増加）[58]。

刑務所に収容されている母親の約半数が、一度も子どもの面会を受けていないというのが実情である。ほとんどの州には、女子刑務所が1つしかなく、受刑者の自宅から遠く離れた辺鄙な土地にあることが多いので、子どもたちの多くは、母親に面会に行くことができないのである[59]。女子受刑者の大部分は、最終居住地から100マイル以上離れた場所に収容され、1997年の推計では、平均5年の刑期を務めなければならないために、子育ての機会はほとんどない。これは強硬派政策の影響を示すもう1つの事実かもしれないが、女子受刑者のうち前科のない犯罪者が占める比率が驚くほど高いのである（男子が22％であるのに対し、女子は35％にのぼる）[60]。

加えて、これらの母親たちの社会的、経済的および精神衛生的特性を見ると、経済的・心理学的な援助を切実に必要としているという全体像が浮かび上がってくる。これらの母親たちの25％がアルコール依存症の基準を満たし、州刑務所受刑者の14％と連邦刑務所受刑者の6％に精神病の徴候があることが報告されており、18％に入所前の1年間にホームレスの期間があり、およそ70％が逮捕の前月の所得が1,000ドル未満だと報告されている。しかも、28％の者は逮捕の前月でさえも違法な稼ぎ口に頼らざるを得なかったということである[61]。

これらの数字から出てくる疑問は、われわれが対象としているのは、犯罪者なのか、それとも効果的な薬物乱用の治療や職業訓練が受けられずにいる女性

たちなのかという疑問である。母親を拘禁することから生じる問題点の1つとして、多くの調査研究が、少年犯罪と、少年の両親いずれかの刑務所収容との関係を指摘している。特に母親を拘禁することによって、その家族における「拘禁のサイクル」の永続化、すなわち、子どももまた犯罪をして拘禁されるおそれがあることを指摘しているのである[62]。

ところで、これは今更言うまでもないことであるが、女子の拘禁パターンと傾向を検討するときには、女子が男子よりも、犯罪、特に暴力犯罪に関わることが少ない点に注意しなければならない。従来、伝統的な刑罰政策では、最も過酷な刑罰が最も重大な犯罪にのみ科せられてきたが、新しい政策では、拘禁刑の対象となる犯罪者の種類と範囲が拡大されているのである。女子の被拘禁者の多くは、以前に有罪判決を受けたことが全くないか、あるいはたった一度しかなく、未成年の子どもの母親で、財産犯または薬物事犯を行ったものであるというのが典型的な類型となっている。犯罪に関与する女性は、生活の基盤を確立するような意味のある雇用機会に恵まれないことが多いので、女性が犯罪に関与することを説明するために、「貧困の女性化」(feminization of poverty)という言葉がしばしば用いられている。この言葉が示しているように、概して、彼女たちの犯罪は、女性特有なものであって、たとえば不渡り小切手の発行や、万引、クレジットカード詐欺などがほとんどである[63]。

ここで示したようなデータから、アメリカ犯罪学会の「女性と犯罪部会」は、以下のような解決策を提言しているのである。

> ほとんどの女子犯罪者は、犯罪の重大性が比較的低く、処遇に従順なので、刑務所よりもコミュニティの中での処遇の方が望ましい。法律に抵触した女子が持つ特有の問題に直接対応するという方策を重視すれば、ジェイルや刑務所の過剰使用や過剰拘禁は避けられるべきである。したがって、女子犯罪への対策が、刑罰的制裁のみに重点を置いたものではなく、人間としてのニーズを強調したものとなるように、公共政策を変更する必要がある。女子の刑務所収容を減少させることによって節約できる費用は、彼女たちのニーズを満たすためのプログラムに投資することができるであ

ろう。それにより、女子受刑者の社会復帰だけでなく、彼女たちの子どもやその子孫の世代の人生までをも豊かにすることができるのである[64]。

6 刑務所と受刑者の状態

刑務所と受刑者の状態は、われわれ犯罪学者が懸念するもう1つの領域である。ほとんどの刑務所は、各種の社会復帰プログラムやレクリエーションの用途で設計された区域に居住する受刑者であふれかえっている。過剰拘禁により、刑務所における暴力が悪化しているだけでなく、職業訓練、教育、医療、精神衛生、その他の処遇サービスが提供できないこともあるのである。

このような過剰拘禁状態に対応するために、刑務所の職員は、雑居房を2倍にしたり、定員2人の居房に4人を収容し、居房の区画を区切る廊下や、居房に隣接する通路にベッドを設置したり、単にマットレスを置くだけで対応している。また、体育館や教室にベッドを並べて、レクリエーションやプログラム用のスペースを臨時の宿泊施設に転用する場合もある。刑務所によっては、通路にベッドが並べられているために、受刑者が屋内運動をするためのスペースや、教育、職業訓練、カウンセリング、および釈放前のプログラムを受けるスペースがないということもしばしばである。

1996年の刑務所訴訟改革法（Prison Litigation Reform Act）によって刑務所訴訟を制限しようとする、近年の議会の努力にも関わらず、刑務所訴訟は相変わらず盛んである。前世紀を通じて、アメリカの刑務所やジェイルに存在してきたといわれる劣悪な刑務所の状況は、現在では連邦裁判所の介入するところとなっている。キャロル（L. Carroll）は、アーカンソー、アラバマ、テキサス、ジョージアおよびロード・アイランドにおける、主要な連邦裁判所に対する介入についての歴史的概観を著している。それによると、これらのデータが明らかにされた最後の年である1995年現在において、全米39の州に加えて、コロンビア特別区、プエルト・リコ、およびヴァージン諸島、そしてまた、アメリカのいくつかの都市にあるジェイル（ロサンジェルス、ニュー・ヨーク、フィラデル

フィア、サンフランシスコ、シアトル、およびシカゴ）に対して、過剰拘禁あるいは基本的な生活状態について、改善を求める裁判所命令が下されたことが報告されている[65]。しかしながら、こうした連邦裁判所の介入にもかかわらず、アメリカ市民的自由連合（ACLU：American Civil Liberties Union）が以下のように報告するとおり、受刑者が虐待されているという話が跡を絶たないのである。

1 強姦および性的虐待

① ワシントンD. C.の看守が、常態的に女子受刑者に性的暴行を加えていた。1人の職員は、受刑者が病気で診療所に入院しているときに、彼女を強姦した。

② ジョージア州では、何十人という女子受刑者が、看守、営繕管理作業員、および教誨師（prison chaplain）との性行為を強要された。これらの女子受刑者の多くが妊娠し、堕胎するよう圧力をかけられた。

③ ルイジアナ州では、女子受刑者が、刑務所の職員や看守によって連れてこられた男子受刑者との性行為を強要された。

2 身体的虐待

① カリフォルニア州の刑務所では、拘束された受刑者たちが複数の看守にひどく痛めつけられた。彼らは蹴られ、棍棒で殴られ、沸騰した湯でやけどを負わされた。頭を殴りつけられ、歯が折れ、あごは砕かれ、四肢が折られた。

② アイダホ州では、交通違反の罰金が払えずにジェイルに入れられた17歳の少年が、他の受刑者から14時間にわたって拷問を受けた挙句に、房内で死亡した。

③ サウスカロライナ州では、自殺のおそれがある複数の受刑者が州の精神病院に移送されたが、そこでは、裸にされ、または紙のガウンを着せられて、手足をベッドに縛り付けられた上で、無理やり向精神薬を注射された。

3 劣悪な環境と医療措置の欠如

① アメリカ領ヴァージン諸島では、ネズミのはびこる独房に、4～5人の受刑者が収容されていた。床に置かれたマットレスが、トイレからあふれた汚水に浸り、飲み水は下水で汚染されていた。

② ペンシルバニア州では、保健衛生局長の警告にも関わらず、刑務所職員が基本的な結核予防措置を取らずにいた。連邦裁判所の命令による調査の結果、1つの刑務所で、450人の受刑者が結核に感染していることが確認された。

③ カリフォルニア州では、女子受刑者たちに、妊娠中の医療措置がほとんど与えられなかった。1人の受刑者は、刑務所の職員に陣痛が始まったことを告げたが、医療的な介護が全く与えられず、3時間後、床の上で出産を余儀なくされた。

受刑者または被収容者は、また、特別な医療上、精神衛生上、および処遇上の措置を必要としている。ハメット (T. M. Hammett) は、何百何千という被収容者が、多種類の伝染病に苦しんでおり、被収容者の感染率は、一般人のそれよりはるかに高いということを報告している（表22および23参照）[66]。そして、これらの刑事施設から釈放される被収容者のうち、引き続き治療を受けることのできる者は、ほんの一握りの者である。

精神衛生の問題に関しては、アメリカ合衆国司法省の推計によると、被収容者の16％、つまり28万4,000人が、精神病だと確認されている。およそ5人に1人が、身体的または性的虐待を受けたことがある。また、これらの被収容者の約60％が、現在、拘禁されている原因となった犯罪を行った時点で、薬物またはアルコールの影響下にあった。同じ比率の被収容者が、刑務所またはジェイルに収容されてから、何らかの治療を受けたことがあると答えている。このような被収容者は、より重大な前科を持ち、雇用記録がなく、以前に身体的または性的虐待を受けた比率が高いことが多い。また、規律上問題がある者が多く、服役期間も長くなる傾向がある[67]。

表22 全米の刑務所およびジェイル被収容者に占める伝染病感染者の比率

病　名	刑務所 (%)	ジェイル (%)	感染者数合計(人)
AIDS	0.5	0.5	9,200
HIV感染（非AIDS）	1.45～2.03	1.45～2.03	26,000～36,000
HIV／AIDS 合計	—	—	35,000～46,000
RPR＋（梅毒）	2.6～4.3	2.6～4.3	46,000～76,000
クラミジア感染症	2.4	2.4	43,000
淋　疾	1.0	1.0	18,000
急性／慢性B型肝炎	2.0	2.0	36,000
C型肝炎	17～18.6	17～18.6	303,000～33,2000
結　核	0.04	0.17	1,400
結核感染	7.4	7.3	131,000

表23 伝染病に感染したまま矯正施設を出所した者の数（推定） （人）

病　名	出所時感染者数	全米感染者数
AIDS	39,000	247,000
HIV感染（非AIDS）	112,000～158,000	503,000
HIV／AIDS 合計	151,000～197,000	750,000
急性／慢性B型肝炎	155,000	1,000,000～1,250,000
C型肝炎	1,300,000～1,400,000	4,500,000
結　核	12,000	32,000

　一般化することが許されるとしたならば、刑務所に収容されている被収容者には、主に2つのルートが存在することが明らかである。主たるものは、非暴力犯罪で実刑判決を受けた被収容者のルートで、刑務所収容は比較的短期間（15か月未満で、多くは州刑務所での服役が1年未満）である。特に管理上問題を起こさない限り、釈放までの刑期のほとんどを中警備施設または軽警備施設で過ごすことになる。

　もう1つのルートは、長期にわたって拘禁される被収容者である。ほとんどの者（しかしすべてではない）が暴力犯罪で有罪判決を受けたか、常習犯罪者と認定される者である。刑期のほとんどを、警備が比較的厳重な州の施設で過ご

し、釈放期日が近づくまで、社会内処遇や軽警備施設に移される特典や資格が得られることはまずない。このような被収容者のほとんど、その中でも、特に性犯罪者や長年拘禁されていて中年に近づきつつある被収容者は、管理上何らの問題にもならない者たちである。

被収容者は、拘禁されている間、釈放後の生活能力を高められるように用意された、種々のプログラムに参加することができる。一般に、これらのプログラムは、教育、職業訓練、刑務作業、薬物乱用治療および広範なカウンセリング・プログラムの4つのカテゴリーに大別できる。

複数の資料源から得られた全米のデータによると、このようなプログラムに参加する比率は比較的低いようである。最近の調査によると、刑務所人口の4分の1がただ無為に時間を過ごしており、意味のある労働や教育プログラムに参加していないのである（表24参照）。もちろん、計画的な職業訓練や教育プログラムに参加している者はほとんどいない。刑事司法研究所の報告によると、正式な教育プログラムに参加している被収容者は10％に満たないのである。また、司法統計局の調査によると、何らかの教育プログラムに参加している比率は23％である。ほとんどの被収容者が高校卒業資格を持っておらず、その他の者も、多くが事実上文盲であるということを考えれば、このような教育プログラムへの低参加率については検討する余地が多いように思われる。

薬物乱用関係の犯罪で有罪判決を受けたか、または薬物乱用の経歴がある者、あるいはその両方に該当する者の数はかなり多いにも関わらず、薬物乱用プログラムに参加する者は、わずか14％に過ぎないと報告されている[68]。ほとんどの州が、治療共同体（TC: Therapeutic Community）または連邦の資金による全寮制の薬物乱用治療（Residential Substance Abuse Treatment）センターを持つと報告しているが、これらのプログラムは、対象となる被収容者の数が比較的少なく（75～150人）、薬物乱用の経歴を持つ被収容者の大部分を受け入れることは事実上不可能である。1998年において、オースチン（D. M. Austind）が述べているように、刑務所運営の性質を考えれば、多数の被収容者を、意味のある薬物治療プログラムに参加させることは不可能である。

表24 全米受刑者のニーズとプログラムに関する推計

受刑者に関する主な指標	
受刑者人口合計	1,300,000
精神衛生、薬物乱用およびカウンセリング	
精神衛生上の問題を持つ被収容者	16 %
精神衛生プログラム参加者	5 %
薬物・アルコール問題の経歴を持つ者	80 %
薬物問題に関して何らかの治療を受けている者	14 %
性的・身体的虐待を受けたことがある者	19 %
労働プログラム	
作業プログラムに参加しない者	24 %
刑務作業に従事する者	7 %
刑務所農場・農業に従事する者	5 %
フルタイムの職業訓練または教育プログラムを受けている者	9 %
公的機関における労働に対する日給	0 ～ $ 7.06
その他	
20 年の拘禁刑～終身刑	23 %
管理上あるいは紀律上の理由による隔離	6 %
保護拘束	2 %

資料源：Criminal Justice Institute, 1999.

　意味のある社会復帰プログラムに、被収容者全員を参加させられないことの最大の原因は、プログラム・スタッフの不足と、過剰拘禁があまりにもひどく、プログラムの提供には適さない刑務所施設もあるということである。教育または治療スタッフとして位置付けられている刑務所職員は 20 %に満たない。低賃金、人里はなれた僻地に建てられた刑務所は離職率が高く、困難な労働条件という状況では、警備の強化やその他の警備に関するさまざまな配慮から、プログラム運営がしばしば縮小、廃止され、どんなによく考えられた治療プログラムでも円滑な運営はできないものである。

　刑務所に関する調査研究は、現在、その多くが数量的分析の試みである。質的調査研究は、今日の刑務所文化とそれがスタッフや被収容者に与える影響の観察に相当な時間がかかるために、積極的に取り組む犯罪学者はほとんど皆無

であるといってよい。しかしながら、刑務所の理解に貢献する最も重要な研究のいくつかは、民族誌学的手法を採用しているものであることもまた事実である。

　拘禁刑の広範な使用がもたらした予期せぬ帰結の1つは、刑務所拘禁を経験した犯罪学者の増加である。アメリカ犯罪学会では、現在、会員の中に、前科を持つ大学教授が増加しているが、彼らは刑務所の状況に関する論文を数多く著しており、受刑者の視座からの分析をその特徴としている。彼らは、拘禁刑の問題に関して、いわゆる伝統的な、または主流派犯罪学には全く欠けていた重要な視座を提供するのである。

　歴史的に見て、前科を持つ犯罪学者の多くは、きわめて重要な民族誌学的研究を数多く行ってきた。アーウィン（J. Irwin）は、カリフォルニア州で服役した経験を持つが、その一連の論説や研究論文において、自己の受刑者としての経験を利用して受刑者に聞き取り調査を行い、ジェイルへの入所や刑務所における種々のプロセスを分析した[69]。マックリアリー（R. McCleary）は、州刑務所と連邦刑務所での服役経験があるが、保護観察官の観察所での勤務態度と外勤の様子を参与観察して、今では古典となっている名著『パロールの社会学』（*Sociology of Parole*）を著した[70]。テリー（C. M. Terry）は、カリフォルニア州とオレゴン州の元受刑者であるが、受刑者たちが刑務所当局の管理主義的支配の息苦しさを軽減するために、どのようにユーモアを用いるのかについて叙述している[71]。ニューボールド（G. Newbold）は、ニュージーランドで服役した経験があるが、定量的手法と定性的手法の両方を用いて、同国における犯罪と矯正の実態を分析した[72]。最後にリチャーズ（S. C. Richards）＝ジョーンズ（R. S. Jones）は、ともに元受刑者であるが、「刑務所の内側にいた経験」を活かして、自らの体験や観察、アイオワ州受刑者のコミュニティ・ワーク・リリース・センター（Community Work Release Center）への移送についての聞き取り調査等を実施している[73]。これらの研究は、いずれも、研究者自らの受刑体験をもとにしたものである。

　拘禁されるアメリカ国民の数が劇的に増加したために、刑務所建設が急増し、

軽警備施設からスーパーマックスと呼ばれる超重警備施設に至るまで、何百という刑務所が新たに建設された。ほとんどの被収容者は、拘禁されている全期間を一般の受刑者とともに過ごすが、15～20％の者は特別管理棟（special management unit）に収容される。一般に、軽警備施設とは、柵のないキャンプまたは一重の柵しかない警備の厳重でない施設を指す。中警備施設には頑丈なレーザーワイヤーの二重の柵があり、重警備施設には、塀と銃で装備された警備塔がある。ほとんどの被収容者は、中警備か重警備施設に居住している。

中警備刑務所は、伝統的に若年成人受刑者のための「リフォマトリー」であり、受刑者からは「剣闘士学校」（gladiator school）と呼ばれているが、警備がより厳しい施設に近いもので、二重の柵、銃で装備された警備塔、および屋内の保安構造物などの警備設備が追加されている。1900年代前半に建設された古いリフォマトリーは、「少年懲治場」（junior penitentiary）として建てられており、独房棟や作業場を持ち、職業訓練や教育プログラムを実施していた。

新しい設備を持つ中警備施設には2つの種類がある。1つ目は、鉄とコンクリートでできたものであり、庭があって、管理棟、工場、レクリエーションとプログラム用の棟、および被収容者居住棟がそれぞれ別棟になっている。被収容者の居住ユニットは複数の建物からなり、それぞれの「棟」（pod）は1～2階建てで、200ないし300人の受刑者が居住している。受刑者は、これらの「ユニット」に処遇段階（disciplinary step）に応じて配置されており、それぞれの建物によって特典が異なる。たとえば、入所と出所（R & D：reception and departure）のための建物、新入所者用のユニットがあり、その他のユニットは善行を積むことによってレベルが上がっていくという仕組みになっている。また、管理上隔離する必要のある者のための特別な独房棟や、規律違反者用の特別居住棟（SHU：special housing unit）（「穴」（the hole）と呼ばれている）、保護拘束（PC：protective custody）、医療を必要とする受刑者、精神障害者、または特別治療プログラム（たとえば、全寮制薬物治療、性犯罪者治療など）のための特別居住棟が用意されている場合もある。

2つ目のものは、受刑者にとって、日常の最低限のニーズだけしか考慮され

ていない安価な造りの刑務所である。多くの州が、石やブロックを余り使わず、プレハブの鉄とコンクリートを使って新しい中警備刑務所を建設することにより、建設費を節約しようとしている。建物は、窓のほとんどない農家の大きな小屋のようなもので、実際、コンクリートの基礎の上に建てられた納屋のように見える。このような刑事施設は、人間用倉庫以外の何物でもなく、警備柵と居住用ユニット以外はほとんど何もない。レクリエーション用の庭も体育館も、工場もプログラムもない。受刑者は、数フィート間隔で並べられた2段ベッドに数百人単位で眠るのであり、いわば大きな寮のような居住ユニットに住むことになる。この巨大で開放的な寮での混沌とした、そして混乱に満ちた生活のために、受刑者たちは、このような急ごしらえの施設を「バス停」、「ブタ小屋」、または「犬小屋」と呼んでいる。

　重警備施設は、古い「ビッグ・ハウス」型の重罪刑務所からスーパー・マックス（超重警備）施設まである。ビッグ・ハウス型の重罪刑務所は、その多くが19世紀後半または20世紀前半に建設されたもので、30〜50フィートの高さの塀に囲まれ、建物は石、ブロック、コンクリート、および鉄でできており、5階建て程度の独房棟がある、城壁のような構造になっている。このような古いタイプの刑務所は、現代的な重罪刑務所による補充がなされているとはいえ、今でも使われているのである。

　新世代の重警備の重罪刑務所は、どちらかといえば、厳重な警備柵と銃で装備された監視塔に囲まれた巨大な工場のようである。柵はらせん状になったレーザー・ワイヤーが取り付けられ、電流が流れていることもある。脱走を看守に知らせるために、リモート・センサーとビデオ・カメラが設置されている。このような矯正施設では、被収容者の雇用、レクリエーション、または教育のためのプログラムに割り当てられた屋内のスペースは限られている。鉄のドアと洗面設備と便器がある居住ユニットの独房には、しばしば2人の被収容者が詰め込まれており、各階の端には共用のシャワーが用意されている。

　ほとんどすべての刑務所には、「ジェイル」と呼ばれる隔離ユニットがあり、そこには、扱いにくく攻撃的で、脱走の危険がある厄介な受刑者が収容される。

このような厄介な受刑者は、通常、全被収容者の1%未満であるが、刑務所のシステム全般に大きな影響がある。さらにこの中に、少数ではあるが、隔離された警備の厳重なユニットに収容していても、なお、最も気難しく、凶暴で、扱いが困難な受刑者がいる。この比較的少数の受刑者は、スタッフや他の受刑者、およびコミュニティに対する重大な脅威となるおそれがあるため、莫大な資源と労力が費やされている。それぞれの司法管轄区では、それぞれが独自に、この問題に対する対策を編み出しているが、近年、各州は「スーパー・マックス」ユニット、すなわち最も厄介で問題を起こすおそれが大きい被収容者のための専用の施設、を用いるようになっている。

全米矯正研究所（National Institute of Corrections）が1997年に実施した調査によると、全米で少なくとも57のスーパー・マックス施設があり、収容定員13,500床以上が装備されている。調査が行われた時点で、10の司法管轄区が、さらに3,000床以上のスーパー・マックス設備を新たに用意しようとしていた。これらスーパー・マックス・ユニットでは、被収容者はほとんど移動することなく、60～80平方フィートの居房に22～23時間閉じ込められるのである[74]。

このようなユニットの一例が、アメリカ合衆国で最も警備が厳重なフローレンス連邦刑務所局（Federal Bureau of Prison Florence）のスーパー・マックス刑務所である。この刑務所は、脱走をなくすためのみならず、外部からの攻撃を防御することをも考えて建てられている。中警備あるいは重警備施設の「アウトライダー」（柵や塀の外側を巡回する看守）は、ピックアップ・トラックに乗り、ショットガンで武装した矯正職員で、外壁の外側を車で回る。フローレンスのアウトライダーは、白く塗られた装甲職員運搬車（大砲を装備していない戦車）である。この刑務所は厳格な規律を堅持し、自由はほとんどなく、居房から食堂、作業あるいはレクリエーションのための、通常の「監視付き移動」もない。

ここには、常に鍵のかかった独房が550あるが、受刑者を収容するのはその半分の居房だけである。空いた居房は、他の施設で反抗や暴動があった場合に、

その施設から移送されてくる受刑者のために残してあるものである。受刑者は
1日23時間、居房に閉じ込められ、1人用の部屋で1時間の運動のみが許される。食事はすべて、彼らがコンクリートの「ボックスカー」と呼ぶ居房で取る。フローレンスに収容されていたことのあるルバサー（Levasseur）は、4つの柱に四肢を縛り付ける拘束具（four point spread eagle restraint）、強制栄養、セル・エクストラクション（cell extraction：特別に考案された方法による受刑者の強制移動）、マインド・コントロール用の薬物、および受刑者を無害化するための化学兵器等について、その実情を報告している。

　これらのスーパー・マックス施設、およびこのような形での厳格な刑務所の収容状況が、被収容者に与える長期的帰結について、われわれはほとんど何の知見ももたない。ほとんどの刑務所において、被収容者が管理上の理由から隔離される場合のあることはよく知られており、スーパー・マックス施設では、釈放まで、このようなユニットで何年間も過ごすことがあることもまたよく知られている。また、一方で、これらの施設の被収容者の一部は、刑務所から一般社会に直接釈放され、場合によっては、パロールにも付せられず、何らの支援のない場合もあるということもよく知られているところである。

7　おわりに

　拘禁刑とその目的についての理念は、20世紀の初頭から中葉までは「社会復帰」であったものが、やがて「犯罪抑止」となり、さらには「応報」へと推移していった。かつて刑務所は、公共の安全に対して脅威を与える粗暴犯のためのものであり、重罪にあたる行為で何度も有罪判決を受けた者を収容する場所であった。しかし最近では、有権者の間に高まる「犯罪への不安」（fear of crime）が、時の経済的繁栄ともあいまって、暴力犯罪で以前に有罪判決を受けたことのない者や、前科のない者までも拘禁するという刑事司法制度の形成を見ているというのが現状である（図8参照）。アメリカ合衆国はロシアに次いで、拘禁率では世界第2位の地位を占めている。こうした拘禁率の動向につい

図8　拘禁率および犯罪率の推移（1960 年〜1998 年）

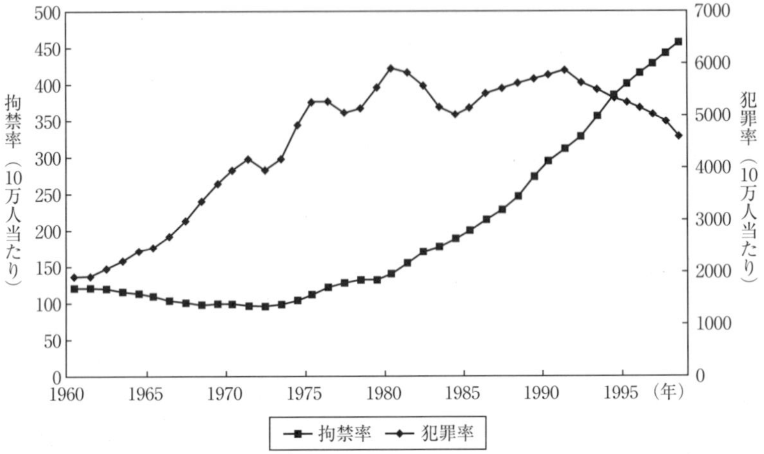

　ての認識から生じる疑問は、拘禁刑は価値があるのか、ということである。

　これほど多くのアメリカ国民を拘禁する唯一の理由付けは、それが犯罪を減少させるというものである。しかし、これはおそらく、今日最も議論の分かれるところであろう。犯罪学者の中には刑務所人口の増加は、単に犯罪を減少させるだけではなく、実際に納税者にとって税金の節約になると主張する者もいる [75)]。これは結局のところ、拘禁刑が増加すれば犯罪率が減るという、2 つの変数からなる方程式を前提としたものである。

　これまで犯罪学者によって行われた重要な研究のいくつかは、効果的な犯罪統制政策としての拘禁刑の実効性に対し、少なくとも幾ばくかの疑問を呈している。全米科学アカデミー（The National Academy of Sciences）は、その 2 つのパネル調査、すなわち「抑止と隔離効果」（Deterrent and Incapacitation Effects）および「犯罪経歴と『職業的犯罪者』」（Criminal Careers and "Career Criminals"）において、一般的無害化（general incapacitation）および選別的無害化（selective incapacitation）が犯罪率に大きく影響する可能性を示す系統だった証拠は存在しないと結論付けた。同様に、1998 年に行われた「何が有効か」（what works）についての検討は、繰り返し犯罪を行うと考えられる犯罪者を拘禁することは

犯罪を減少させるであろうとしながらも、「犯罪者を1人拘禁することによって防止される犯罪の数は、拘禁者数の増加につれて下降する傾向にあるが、これは犯罪性の低い、重大でない犯罪をした犯罪者を拘禁することによって、拘禁の効用が減少するからである」と述べている[76]。

ジムリング（F. E. Zimring）＝ホーキンス（G. Hawkins）は、選別的無害化に対する批判の中で、このような政策がよって立つ基本的前提が真実であれば、現在、被拘禁者数が劇的に増加しているのであるから、アメリカ合衆国からは何年も前に犯罪がなくなっているはずであると述べている[77]。リンスキー（A. S. Linsky）＝シュトラウス（M. A. Strauss）の研究によると[78]、拘禁率の高い州は、概して犯罪率も高いが、このパターンは現在も続いているとのことであり、サンプソン（R. Sampson）＝ラウベ（J. H. Laub）も、刑務所収容を経験した者は、他のものよりも犯罪行為を行う比率が高いと論じている。

　　1つの明らかな可能性は、現在の量刑政策が、予期せぬ犯罪学的効果を生み出しているということである。われわれの見るところ、将来の雇用の見込みと就職斡旋に対して、絶大な負の効果をもたらしている。低賃金、失業、および不完全就業状態は、それ自体、家庭崩壊の危険性の増大につながるものである。刑務所収容は男子の雇用に負の効果を与え、家庭崩壊を通じて、将来の犯罪率と暴力を間接的に増大させることになる。若年黒人男子の極端に高い犯罪比率により、このシナリオがまさに現実となっているのである[79]。

犯罪学理論および実態調査研究は、犯罪の原因が複雑かつ多様であることを明確に示している。刑事司法制度による対応は、犯罪に何らかの影響を与えるかもしれないが、長期的に見ると、社会にとっても、それを採用する政策立案者にとっても、最も効果的で望ましい政策ではあり得ない。アメリカ合衆国において、拘禁刑の使用は、その潜在的効用の範囲を超えているといって差し支えなく、再検討と縮小化が必要である。こうした理由から、アメリカ犯罪学会は、会員に対し、以下の勧告を行っている。

　1　拘禁刑それ自体が犯罪率を低下させるという事実、およびその過剰な使

用がアメリカ社会に負の影響を与えるという事実を示す科学的証拠は存在しない。このことから、アメリカ犯罪学会は、犯罪学者と政策立案者に対して、現在使用している以上に拘禁刑の使用を増加させ、また、そのレベルを維持するのではなく、減少させる方法を模索するよう勧告する。そしてそのため、これからの研究は、まず、必要的実刑判決の規定を持つ法律や、拘禁期間の長期化の問題、および近年増加している形式的パロール遵守条件違反の相対的な効果について、重点をおくべきであろう。なぜならば、これらは、近年、刑務所人口を増加させている3つの最も大きな誘因であるからである。

2　犯罪学者と政策立案者は、とりわけアフリカ系アメリカ人とヒスパニック系アメリカ人の男子の過剰に高い拘禁率、および女子と少年の被拘禁者数の劇的な増加について懸念すべきであろう。われわれは、このような高い拘禁率が、アメリカ社会および地域社会の一定のグループを荒廃させる方向に影響を与えていると考えている。われわれはアメリカ犯罪学会の会員に対し、終身刑の割合の高さが一定のマイノリティ・グループにもたらす長期的帰結を調査するよう勧告する。

3　先の2つの勧告と関連して、「薬物との戦い」政策の効果を評価するための研究が必要であるが、特に、この政策が、アフリカ系アメリカ人、ヒスパニック系アメリカ人、女子および少年の拘禁率の増加について、どのような役割を果たしているかに注意を払うべきである。

4　犯罪学者は、刑事司法立法がマイノリティ・グループに与える影響を評価するための新しい調査方法を考案する必要がある。また、理由に説得力がなく、目的外の影響を持つと思われる法律を通過させないようにする必要がある。

5　刑務所とジェイルの状況、およびそれが被拘禁者とその家族やコミュニティに与える影響を吟味するための研究が必要である。特に、刑務所における暴力、長期にわたる独居拘禁の使用の問題、過剰拘禁、社会復帰プログラムの利用可能性、その他、刑務所体験のさまざまな面の研究が必要で

ある。

6　実験的証明プログラムを施行することにより、公共の安全を脅かすことなく、アメリカ合衆国における拘禁刑を減少させる最も効果的な方法をテストする必要がある。特に、連邦政府は、州および地方政府が刑務所入所者数を減少させ、拘禁期間を短縮し、公共の安全を脅かしそうにない前科者のプロベーションとパロールの遵守条件違反率を低減させるための方法を模索するよう奨励すべきである。

　以上、私は、本章において、現在アメリカにおいて最も深刻な課題である、刑務所の過剰収容の実態とその要因について分析した。アメリカでは 1992 年以降犯罪は連続して減少しているにもかかわらず、刑務所人口が増加の一途を辿っているのはなぜか、という最初の疑問に幾分かの回答が得られたはずである。

　我が国もここに来て、刑務所人口が著しい増加傾向にある。ほとんどの刑務所がすでに深刻な過剰拘禁の状態を迎えている。我が国の刑務所がアメリカのような深刻な事態に立ち至るとは思わないが、犯罪者の人権と被害者の救済のバランスを考えた刑事政策を実現することが、今まで以上に求められているということだけは確かなようである。

1)　U. S. Department of Justice, Bureau of Justice Statistics, *Prisoners in 1999.* Washington, D. C. : U. S. Government Printing Office, July 2000.
2)　本章は、Chair, J. A., Bruce, M. A., Carroll, L., McCall, P. L. and S. C. Richards, *The Use of Incarceration in the United States.* American Society of Criminology, National Policy White Paper, November 2000. に基づくものである。
3)　Blumstein, A. and A. J. Beck, *Prison Growth in U. S. Prisons, 1980-1996.* In Tonroy, M. and J. Petersilia (ed.), *Prisons.* Chicago : University of Chicago Press, 1999.
4)　U. S. Department of Justice, Bureau of Justice Statistics, *Special Report, Truth in Sentencing in State Prisons.* Washington, D. C. : U. S. Government Printing Office, January 1999.
5)　U. S. Department of Justice, Bureau of Justice Assistance, *1996 National Survey of State Sentencing Structures.* Washington, D. C. : U. S. Government Printing Office, 1998.

6) U. S. Department of Justice, Bureau of Justice Statistics, *State Prison Expenditures, 1996*. Washington, D. C. : U. S. Government Printing Office, August 1999.

7) 前注1、U. S. Department of Justice, *Prisoners in 1999*.

8) Ziedenberg, J., Gangi, R. and V. Schiraldi, *New York State of Mind? Higher Education versus Priosn Funding in the Empire State*. Washington, D. C. : Center on Juvenile and Criminal Justice, December 1998.

9) Beck, A., "Growth, Change, and Stability in the U. S. Prison Population, 1980‒1995," *Corrections Management Quarterly*, 1997, Vol. 1, Issue 2, pp. 1‒14.

10) Currie, E., *Reckoning ― Drugs, the Cities, and the American Future*. New York : Hill and Wang, 1993 ; Incidardi, J. A., *The War on Drug* II. Mountain View, CA : Mayfield, 1992 ; Jenkins, P., *Synthetic Panics ― The Symbolic Politics of Designer Drugs*. New York : New York University, 1999 ; McWilliams, J. C., *The Protectors : Harry J. Anslinger and the Federal Bureau of Narcotics*. Newark, DE : University of Delaware, 1990.

11) Office of National Drug Control Policy, *Report of the Drug Control Research, Data, and Evaluation Committee*. Washington, D. C. : Executive Office of the President, 1999, Chapter II.

12) Bureau of Justice Statistics, *A National Report ―Drugs, Crime, and the Justice System*. NCJ-133652. Washington, D. C. : U. S. Government Printing Office, 1992 ; Gaines, L. K., and P. B. Kraska, *Drugs, Crime, and Justice ― Contemporary Perspectives*. Prospect Heights, IL : Waveland, 1997 ; MacKenzie, D. L. and C. D. Uchida, *Drugs and Crime ― Evaluating Public Initiatives*. Thousand Oaks, CA : Sage, 1994 ; Office of National Drug Control Policy 1999 ; Weisheit, R., *Drugs, Crime and the Criminal Justice System*. Cincinnati, OH : Anderson, 1990. など参照。

13) Donziger, S. R., *The Real War on Crime ― The Report of the National Criminal Justice Commission*. New York : Harper Perennial, 1996 ; Gordon, D., *The Justice Juggernaut*. New Brunswick, NJ : Rutgers, 1990.

14) Chaiken, M. R., "Street-Level Drug Enforcement : Examining the Issues," *Issues and Practices*. Washington, D. C. : National Institute of Justice, 1988 ; MacCoun, R. and P. Reuter, "Drug Control," in Tonroy, M. (ed.), *The Handbook of Crime and Punishment*. New York : Oxford, 1998, pp. 207‒238 ; Office of National Drug Control Policy, *National Drug Control Strategy*. Washington, D. C. : The White House, 1990 ; Office of National Drug Control Policy, 1999.

15) Federal Bureau of Investigation, *Crime in the United States, 1998*. Washington, D. C. : U. S. Government Printing Office, 1999, p. 210.

16) 前注書211頁。Federal Bureau of Investigation, *Crime in the United States, 1995*.

第6章　アメリカにおける刑務所人口の増加とその要因　*193*

Washington, D. C. : U. S. Government Printing Office, 1996.

17) Brownstein, K. H., *The Rise and Fall of a Violent Crime Wave — Crack Cocaine and the Social Construction of a Crime Problem.* Guilderland, NY : Harrow and Heston, 1996.

18) Belenko, S., "The Impact of Drug Offenders on the Criminal Justice System," in Weisheit, R. A., *Drugs, Crime and the Criminal Justice System.* Cincinnati : Anderson, 1990, pp. 27-48. ; Henry, H., *The Social Reality of Violence and Violent Crime.* Boston : Allyn and Bacon, 2000.

19) Beck, A. J., *Prisoners in 1999.* U. S. Department of Justice, Bureau of Justice Statistics, August 2000, p. 9.

20) U. S. department of Justice, Bureau of Justice Statistics, "U. S. Correctional Population Recheas 6.3 Million Men and Women : Represents 3.1 percent of The Adult Population," Press Release, July 23, 2000. http://www.ojp.usdoj.gov/bjs.

21) Bonczar, T. P. and A. J. Beck, *Lifetime Likelihood of Going to State or Federal Prison.* U. S. Department of Justice, Bureau of Justice Ststistics, March 1997.

22) Blumstein, A., "On the Racial Disproportionality of the United States' Prison Population," *Journal of Criminal Law and Criminology.* Vol. 73, 1982, pp. 1259-1281.

23) Hindelang, M., "Race and Involvement in Common-Law Personal Crimes," *American Sociological Review*, Vol. 43, 1978, pp. 93-109.

24) Blumstein, A., "Racial Disproportionality of U. S. Prison Populations Revisited," *Colorado Law Review.* Vol. 64, 1993, pp. 743-760. ; Langan, P. A., "Racism on Trial : New Evidence to Explain the Racial Composition of Prisons in the United States," *Journal of Criminal Law and Criminology.* Vol. 76, 1985, pp. 666-683.

25) Crutchfield, R., Brides, G. and S. Pitchford, "Analytical Aggregation Biases in Analyses of Imprisonment : Reconciling Discrepancies in Studies of Racial Disparity," *Journal of Research in Crime and Delinquency.* Vol. 31, 1994, pp. 166-182.

26) Mann, C. R., *Unequal Justice : A Question of Color.* Bloomington, IN : Indiana University Press, 1993, p. 139.

27) Tonroy, M., *Malign Neglect : Race, Crime and Punishment in America.* New York : Oxford University Press, 1995, pp. 72-74.

28) Petersilia, J., *Racial Disparrities in the Criminal Justice System.* Santa Monica, CA : Rand, 1983, pp. 21-26.

29) Smith, D. A., Visher, C. and L. Davidson, "Equity and Discretionary Justice : The Influence of Race on Police Arrest Decisions," *Journal of Criminal Law and Criminology.* Vol. 75, 1984, pp. 234-249.

30) Albonetti, C. A., Hauser, R. M., Hagan, J. and I. Nagel, "Criminal Justice Decision

Making as a Stratification Process : The Role of Race and Stratification Resources in Pretrial Release, "*Journal of Quantitative Criminology*. Vol. 5, 1989, pp. 57-82.

31) 前注書 81 頁。

32) Bernstein, I. N., Kelly, W. R. and P. A. Doyle, "Societal Reactions to Deviants : The Case of Criminal Defendants," *American Sociological Review*. Vol. 42, 1977, pp. 743-755 ; Albonetti, C. A., "Criminality, Prosecutorial Screening and Uncertainty : Toward a Theory of Discretionary Decision Making in Felony Case Processing," *Criminology*. Vol. 24, 1986, pp. 623-644.

33) Radelet, M. L., "Racial Characteristics and the Imposition of the Death Penalty," *American Sociological Review*. Vol. 46, 1981, pp. 918-927.

34) LaFree, G. D., "The Effect of Sexual Stratification by Race on Official Reactions to Rape," *American Sociological Review*. Vol. 45, 1980, pp. 842-854.

35) Hagan, J., "Extra-Legal Attributes and Criminal Sentencing : An Assessment of a Sociological Viewpoint," *Law and Society Review*. Vol. 8, 1974, pp. 357-384 ; Hagan, J. and K. Bumiller, "Making Sense of Sentencing : A Review and Critique of Sentencing Research, "in Blumstein, A., Cohen, J., Martin, S. and M. Tonroy (eds.), *Research on Sentencing : The Search for Reform*. Vol. 2. Washington, D. C. : National Academy of Sciences ; Kleck, G., "Racial Discrimination in Sentencing : A Critical Evaluation of the Evidence with Additional Evidence on the Death Penalty," *American Sociological Review*. Vol. 46, 1981, pp. 783-895.

36) Chiricos, T. and C. Crawford, "Race and Imprisonment : A Contextual Assessment of the Evidence," in Hawkins, D. F. (ed.), *Ethnicity, Race and Crime : Perspectives Across Time and Place*. Albany, NY : SUNY Press, 1995, pp. 281-309.

37) Lauritson, J. L. and R. J. Robert, "Minorities, Crime and Criminal Justice," in Tonroy, M. (ed.), *The Handbook of Crime and Punishment*. New York : Oxford University Press, 1998, pp. 58-84 ; Zatz, M. S., "The Changing Form of Racial/Ethnic Biases in Sentencing," *Journal of Research in Crime and Delinquency*. Vol. 24, 1987, pp. 69-92.

38) 前掲書、Tonroy, 1995, p. 105.

39) McDonald, D. C. and K. E. Carlson, *Sentencing in the Federal Courts : Does Race Matter?* Washington, D. C. : U. S. Department of Justice, Bureau of Justice Statistics, 1993.

40) 前掲書、Beck, 1999, Tables 15-17, p. 10.

41) 前注書、Table 17.

42) *Wilkins v. Maryland State Police*, C. A. No. CCB-93-483 (1993). 詳しくは、 Lambreth, J., "Driving While Black : A Statistics Proves That Prejudice Still Rules the

第 6 章　アメリカにおける刑務所人口の増加とその要因　*195*

Road," *The Washington Post*. August 16, 1998, p. C1.

43)　*State of New Jersey v. Pedro Soto et al.*, 743 A. 2d 350, 1996.

44)　Verniero, P. and P. Zoubek, *New Jersey Attorney General's Interim Report of the State Police Team Regarding Allegations of Racial Profiling*. April 1999.

45)　Carroll, L., *Hacks, Blacks and Cons : Race Relations in a Maximum Security Prison*. Lexington, MA : Lexington Books, 1974 ; Levinc, I. D. and V. A. Swartz, "International Aspects of Dangerousness," *Criminal Justice and Behavior*. Vol. 6, 1979, pp. 49-58 ; Poole, E. D. and R. M. Regoli, "Race, Institutional Rule Breaking and Disciplinary Response : A Study of Disciplinary Decision Making in Prison," *Law and Society Review*, Vol. 14, 1980, pp. 931-946.

46)　Carroll, L. and M. Mondrick, "Racial Bias in the Decisions to Grant Parole," *Law and Society Review*.

47)　Brown, S. V., "Race and Parole Hearing Outcome," in Alvarez, R. and K. G. Lutterman, (ed.), *Discrimination in Organization*. San Francisco : Jossey-Bass, 1979.

48)　前掲書、Petersilia, 1983, pp. 49-50.

49)　U. S. Department of Justice, Bureau of Justice Statistics, *Incarcerated Parents and Their Children*. Washington D. C. : U. S. Government Printing Office, 2000.

50)　U. S. Department of Justice, Bureau of Justice Statistics, *Women Offenders*. Washington, D. C. : U. S. Government Printing Office, 1999.

51)　U. S. Department of Justice, Bureau of Justice Statistics, *Profile of State Prison Inmates, 1986*. Washington, D. C. : U. S. Government Printing Office, 1988.

52)　前注 50) 参照。

53)　Chesney-Lind, M., *The Female Offender : Girls, Women and Crime*. Thousand Oaks, CA : Sage Publications, Inc., 1997.

54)　Casey, K. A. and M. D. Wiatrowski, "Women Offenders and 'Three Strikes and You're Out'," in Schichor, D. and D. K. Sechrest (eds.), *Three Strikes and You're Out : Vengeance as Public Policy*. Thousand Oaks, CA : Sage Publications, Inc., 1996, pp. 222-243.

55)　前注 53) 参照。

56)　前注 50)、6 頁。

57)　前注 53) 参照。

58)　前注 1) 参照。

59)　前注 54) 参照。

60)　前注 1) 参照。

61)　前注 1) 参照。

62)　Raeder, M. S., "Gender and Sentencing : Single Moms, Battered Women, and

196

Other Sex-based Anomalies in the Gender-free World of the Federal Sentencing Guidelines," *Pepperdine Law Review*, Vol. 20, 1993, pp. 905-990.

63) Merlo, A., "Female Criminality in the 1990s," in Merlo, A. V. and J. M. Pollock (eds.), *Women, Law and Social Control*. Needham Heights, MA : Allyn & Bacon, 1995, pp. 119-134.

64) 前注書参照。

65) Carroll, L., *Lawful Order : A Case Study of Correctional Crisis and Reform*. New York : Garland Publishing, 1998.

66) Mammett, T. M., *Health-Related Issues in Prisoner Reentry to the Community*. Washington, D. C. : The Urban Institute, 2000.

67) U. S. Department of Justice, Bureau of Justice Statistics, *Mental Health and Treatment of Inmates and Probationers*. Washington, D. C. : U. S. Government Printing Office, July 1999.

68) U. S. Department of Justice, Bureau of Justice Statistics, *Substance Abuse and Treatment : State and Federal Prisoners, 1997*. Washington, D. C. : U. S. Government of Printing Office, July 1999.

69) Irwin, J., *The Felon*. Englewood Cliffs, NJ : Prentice Hall, 1970 ; *Prisoners in Turmoil*. Boston : Little Brown, 1980 ; *The Jail*. Berkeley, CA : University of California Press, 1985 ; Irwin, J. and D. Cressey, "Thieves, Convicts, and Inmate Culture," *Social Problems*, Vol. 2, 1962, pp. 142-155.

70) McCleary, R., *Dangerous Men : The Sociology of Parole*. New York : Harrow and Heston, 1978.

71) Terry, C. M., "The Function of Humor for Prison Inmates," *Journal of Contemporary Criminal Justice*, Vol. 13, No. 1, 1997, pp. 23-40.

72) Newbold, G., *The Big Huey*. Auckland, New Zealand : Collins, 1982 ; *Punishment and Politics : The Maximum Security Prison in New Zealand*. Auckland, New Zealand : Oxford University Press, 1987 ; *Crime in New Zealand*. Palmerston North, New Zealand : Dunmore Press, 2000.

73) Richards, S. C. and R. S. Jones, "Perpetual Incarceration Machine : Structural Impediment to Post-Prison Success," *Journal of Contemporary Criminal Justice*, Vo. 13, No. 1, 1997, pp. 4-22.

74) National Institute of Corrections and LIS, Inc., "Supermax Housing : A Survey of Current Practice," *Special Issues in Corrections*, March, 1997.

75) Zedlweski, E. W., *Making Confinement Decisions*. Washington, D. C. : National Institute of Justice, 1987 ; Cohen, M. A., "Pain, Suffering, and Jury Awards : A Study of the Cost of Crime to Victims," *Law and Society Review*, Vol. 22, No. 3, 1988, pp.

537-555 ; Miller, T. R., Cohen, M. A. and B. Wiersema, *Victim Costs and Consequences : Research Report*, 1996 ; Washington, D. C. : U. S. Department of Justice, National Institute of Justice, *Criminal Victimization in the United States, 1992*. Washington, D. C. : U. S. Department of Justice, Bureau of Justice Statistics, 1994, Table 91.

76) Sherman, L. W., Gottfredson, D. C., MacKenzie, D. L., Eck, J., Reuter, P. and S. D. Bushway, *Preventing Crime : What Works, What Doesn't, What's Promising. Series*. NIJ Research in Brief. Washington, D. C. : Office of Justice Programs, National Institute of Justice, July 1998.

77) Zimring, F. E. and G. Hawkins, "The New Mathematics of Imprisonment," *Crime and Delinquency*, Vol. 34, 1988, pp. 425-436.

78) Linsky, A. S. and M. A. Strauss (ed.), *Stress, Crime and Violence*. Westport, CT : Auburn House, 1986.

79) Sampson, R. and J. H. Laub, *Crime in the Making : Pathways and Turning Points Through Life*. Cambridge, MA : Harvard University Press, 1993.

第 7 章

アメリカの民営刑務所の現状と課題

1　はじめに

　最近の我が国における刑事政策上の重要課題は、刑務所の過剰収容問題にどう対応するかということである。バブル経済崩壊後の平成不況の中で、新受刑者の増加と平均収容期間の長期化により、過去 3 年間で 1 万 2,000 人の被収容者数の増加が見られ（2002 年 7 月末現在約 6 万 7,000 人：104％）、このままの状態では、2005 年には受刑者総数が 8 万人に達するであろうとの予測がなされている[1]。

　現在のところ、既存の施設の増改築や新しい刑務所の新設等によって対応していくようであるが、そうした施策のみでは根本的な問題解決にならないことは、欧米の現状から見て明らかなことである。微罪処分、起訴猶予、執行猶予等の施策を用いて矯正施設の入口で対応するのにも限度があり、仮釈放期間を短縮して収容人口を調節するのにも限界がある。そのため、イギリス、アメリカ、オーストラリア等では、早くからこうした過剰収容問題に対処するために、ジェイル（拘置所）、刑務所、少年施設等の矯正施設の民営化が試みられているのである[2]。

　このような事情を勘案して、本章においては、過剰収容対策としての刑務所の民営化について、特にアメリカの現状に焦点を当てて分析・検討してみることにしたいと思う。幸いにも、私は、アメリカでの 15 年間にわたる民営刑務所の実態と問題点を総括している文献に接する機会を得た。本章が我が国の過剰収容対策にとって何らかの参考になれば幸いである[3]。

2 刑務所の民営化の背景

　矯正の分野に民間企業が参入するということ自体は、それほど新しいことではない。民間企業は、長年、釈放前プログラムを運営したり、官営刑務所内の受刑者に食事や医療やその他のサービスを供与する契約を締結していたからである。また、刑務所の民営化そのものは、アメリカにおいては、すでに19世紀において試みられていたところである。たとえば、テネシー州においては、受刑者はもちろん職員をも含めて、刑務所全体が私企業の中でも最も高い値を付けた企業に対して貸し出されていたことが報告されている[4]。

　こうした囚人賃貸制度（Convict Lease System）は、1923年頃に終わりを遂げるが、今日の民営刑務所の台頭は、19世紀の頃の事情とは違って、現在危機に瀕している官営刑務所の過剰収容問題を緩和するための1つの手段として考えられているようである。1970年代の初めの頃から、アメリカ国内の刑務所収容人口は記録的な割合で増加した。1980年から1999年の間だけを見ても、刑務所人口は32万9,821人から125万4,547人へと280％増加しているのである。2001年1月現在においては、アメリカの刑務所人口は、202万6,596人であり、司法省の推計では、1日平均約700万人のアメリカ人が複数ある矯正制度のいずれかにおいて監視下にあるという実態が報告されている[5]。

　このように、多くの官営刑務所は過剰拘禁状態にあり、所内のサービスは悪化する一方である。それと比例するかのように、受刑者収容に必要な政府の支出も急激に増加しており、現在では、年間350億ドルが費やされている。こうした折柄、民間企業の経営者は、自分たちが刑務所を運営するならば、連邦あるいは州政府のお役所仕事を放逐し、公務員ではない民間人を雇用することによって、受刑者の収容にかかる経費を削減することができると主張するのである。実際に、そのように経費をうまく節減できるかどうかは疑問であるが、刑務所の運営について民間企業と契約を結び委託することで、政府の経費を多少なりとも節減していることだけは確かである。また、民間の経営する施設に受

刑者を収容することによって、連邦や州レベルで、刑務所やジェイルの過剰拘禁の緩和が促進されていることも事実である。

これは今更説明するまでもないことであるが、民営刑務所は、一般に、政府機関との契約の下に運営されている。そしてその場合、契約書は、民営刑務所の経営者の責任を明確にするとともに、1人の受刑者に付き1日どれくらいの割合で経営者が利益を得るのか、ということをも明確にしているのである。また、ミシシッピ州、ミネソタ州、サウスカロライナ州、ペンシルバニア州等では、矯正施設を民間企業が運営することに関して特別法を制定している[6]。

3 民営刑務所の発展過程

刑務所のような拘禁施設の運営に関して民間企業の権限を拡大しようとする現在のような動きは、沿革史的に見れば、アメリカとイギリスの双方がお互いに影響を及ぼし合ったことは間違いのない事実であろうと思われるが、それにしても、大西洋の両岸において、それぞれが独自の発展過程をたどっているという事実に留意しなければならない。たとえば、イギリスでは、アダム・スミス研究所やマッコンビル（S. MaConville）＝ウィリアムズ（J. E. H. Williams）のような研究者が、最初に民営化路線を提唱しているが、アメリカでの民営化の促進は、その大部分が、自らが投機的事業を推進していた企業家たちからの申し出によるものであり、その後に、研究者たちが民間企業に門戸を開放するように政府に対して働きかけ、より緻密な理論的根拠を作り出すことによって発展させたものだからである[7]。

実際のところ、アメリカにおいて現在展開されているような民営拘禁産業のもともとの出発点は、移民帰化サービス局（U. S. Immigration and Nationalization Service : INS）の管轄下にある拘置センター・ネットワークであった。INS は、1979 年から聴聞会や国外追放を待っている不法入国者の拘置について、民間企業との契約を開始している。そして、1988 年の終わりまでには、民営の拘置施設の数は7か所に増え、そこには、INS の管轄下において拘置されている

およそ 2,700 人の外国人のうち約 800 人が収容されているのである。これは民営拘禁産業にとって重要な市場の 1 つであり、現在アメリカで民営刑務所の運営において活躍しているいくつかの著名な企業にとっては、その企業活動の最初の場となったものである。そして、実は、こうした企業の 1 つにあの有名なアメリカ矯正会社（Corrections Corporation of America: CCA）が含まれているのである[8]。

この CCA は、1983 年に株式会社となり、その翌年、会社として初めての拘置センターをテキサス州ヒューストンに開設し、以来、この分野で支配的な勢力の 1 つとして成長している。本社は、テネシー州ナッシュビルにあり、拘禁施設の設計、施行、賃貸ならびに運営を行っているが、最近においては、CCA はその経営基盤を拡大し、イギリスやオーストラリアへも進出している。

また、アメリカでもう 1 つの大企業として著名なのが、ワッケンハット矯正会社（Wackenhut Corrections Corporation: WCC）である。この会社は昔からある民間警備会社であるが、コロラド州デンバーに INS 用の拘置施設を建設・運営する契約を結ぶことにより、民営拘禁産業に参入したものである。

この他にも、初期の INS との契約を獲得することによって注目を浴びたテッド・ニッセン行動システム・サウスウエスト社（Ted Nissen's Behavioral Systems Southwest）のような小規模の企業がいくつかあったが、これらは大資本の出現とともにその地歩を失っていったのである[9]。

INS の政府当局者等は、次第に民営化へと傾いていった。なぜならば、民間企業の方が連邦政府よりもはるかに迅速に拘置施設を作ることができたからである。政府による土地買い上げ手続は長期間を要するというのがその主な理由であったが、ワッケンハット矯正会社は、契約書に署名してから 90 日という驚くべき速さで、150 床の施設を建設・開所することができたのである。さらに、好都合なことに、このような形で新たな収容施設を建設するコストは、施設建設のために予算の割当てを要求するという、官僚的に厄介な手続を経ることなく、政府の施設運営予算以外から、つまり、1 日当たりの賃金支払いという形において支払うことができたのである。

INS の拘置センターの他にも、民営拘禁産業は、また、様々な軽警備施設について、成人や少年の刑罰システムの中でもあまり目立たない領域において、早くから契約に関与していた。たとえば、連邦矯正局（Federal Bureau of Prisons: BOP）は、1960 年代末より、連邦受刑者がパロール前に移送される社会内処遇センターやハーフウェイ・ハウスの運営を民間企業と契約していたのである。

　このような民営化の発展は、ほとんど何らの論争も起こさず、注目もされなかった。そのために、1985 年末から 1986 年にかけて、民間企業は、それまでは政府のほぼ独占的な分野とされていた、成人のための刑罰システムの中核をなす施設を政府から引き継いだり、建設したりし始めたのである。また、1985 年末の数か月間に、CCA は、フロリダ州ベイ・カウンティと、カウンティ・ジェイルを運営する契約を締結しているのである。これと同様の契約が、1986 年 8 月に、ニューメキシコ州サンタフェ・カウンティと締結されている。また、1986 年 1 月には、合衆国矯正会社（US Corrections Corp.）が、ケンタッキー州セントメリーに、350 床の刑務所（マリアン適応センター：Marian Adjustment Center）を開設し、当州の矯正局と契約を交わしているのである[10]。

　しかしながら、ちょうどこの頃、民営刑務所の問題に人々の関心を引き付けずにはおかないような出来事が 2 件発生している。

　その出来事の 1 つは、CCA がテネシー州が深刻な刑務所問題を抱えているのを知り、当州から 99 年間 25 億ドルの賃貸契約で刑務所運営のすべてを引き受けようという申し出を行ったことである。CCA はある一定の取り決めに基づいて、1 日当たりいくら、といった割合で当州の受刑者を収容し、かつて当州の刑務所システム全体が不適切な拘禁環境のために合衆国憲法に違反していると判示した、連邦裁判所の設けた基準に、当州の刑務所システムを適合させることを保証すると述べたのである。テネシー州は、数か月間の熟慮の末、結局のところこの申し出を断ったのであるが、この出来事は、当時、全米を賑わすニュースとなった[11]。

　もう 1 つの出来事はより深刻なものである。そもそもの問題の発端は、ペン

シルバニア州コワンスビル郊外に、フィリップ・E・タック（Phillip E. Tack）という人物が268センター（268 Center）と呼ばれる小規模な民営施設を開設したことである。タックは、コロンビア特別区の当局者と協定して、コロンビア特別区の過剰拘禁緩和のために、当特別区内のジェイルから55人の受刑者の移送を受けた。だが、このことに対して、コワンスビルの住民たちは露骨に不快の念をあらわにした。なぜならば、コロンビア特別区から送られてきた受刑者は全員が黒人で、コワンスビルの住民は、全員が白人であったからである。当地の住民たちは、受刑者の逃亡を恐れて自衛の組織を作り、ショットガンを手に街路を見回ったのである。このことが刑務所改革グループの注目を引き、このグループが反対運動を展開したことによって、結局のところ、ペンシルバニア州の立法者は、この民営刑務所の計画を中止すると宣言せざるを得なかった[12]。

このような出来事の結果として、拘禁業務の民営化ということが、矯正の分野において最も重要な課題の1つとして登場することになった。全米司法研究所（National Institute of Justice）は会議を招集して拘禁業務の民営化手続に関するレポートを回覧し、連邦議会は公聴会を開催した。そして、刑事司法の分野における団体組織のほとんどが、この民営化問題について、自己の見解を明らかにしたのである。

その後、数年間にわたって、この民営化の問題は人々の耳目を集め、多数の論文や著書あるいは報告書が発表されているが、以下に紹介する報告書は、最も新しい文献であり、過去15年間にわたる民営刑務所の実態について分析・調査したものである。特に、本報告書は、最近のアメリカにおける成人のための警備付刑務所が、民間企業によって運営されることが増加したことにより生ずる諸問題について分析している。本報告書は、また、被収容者の警備や拘禁に関わる職員のための訓練や方法、さらには手続等についての民営刑務所の基準ならびに民営刑務所の運営の特性等について、いくつかの重要な指針に関しても分析を試みている。本報告書は、また同時に、連邦議会からの命令を履行するものともなっているのである[13]。

4 民営刑務所の現状

　これは今更指摘するまでもないことであるが、民間企業による行刑施設の建設・管理運営等の事業は、近年におけるジェイルや刑務所人口の急激な増加によってもたらされたものである。この行刑施設被収容者数の増加が、民間企業に、刑務所を建設し、所有し、運営する絶好の機会を生み出したのである。

　アメリカにおける二大矯正施設民営企業は、前述のごとく、アメリカ矯正会社（CCA）とワッケンハット矯正会社（WCC）であるが、この2社だけでアメリカにおける全民営刑務所の80％の被収容者を管理するまでに急成長を遂げているのである。

　表25において明らかなごとく、2000年末現在において、成人矯正施設を経営する民間企業の契約下にある総収容能力は14社合計で11万9,449人であり、1997年と比べて約15％増加しており、適正規模の刑務所（収容規模500人）に換算して31施設の増加が見られたことになる。これだけの収容能力があれば、我が国の場合には、民営刑務所だけですべての受刑者を処遇することが可能である。なぜならば、我が国の現代行刑史上最大の1日収容人員10万3,170人を記録した1950（昭和25）年の規模に受刑者総数が達したとしても、民営刑務所のみで充分にまかなえる計算になるからである。

　それはともかくとして、表26には、法域による成人矯正のための民営施設数と収容能力が掲げられている。2000年末現在で、153施設、収容能力は11万9,449人である。民間企業は、1999年7月31日の時点で、94の刑務所に、6万9,188人の被収容者を収監していた。つまり、民営刑務所は、この時点で、州と連邦の法域下にある130万人の被収容者のうちの、5.3％を収容していたことになるのである。このことは、1997年末の時点で、84の民営刑務所に、3万7,651人の被収容者を収容する、91の契約が存在していたことから考えると、著しい増加を示しているといえよう。

　表26からは明らかではないが、CCAは、1999年には、45の刑務所に、3

表25　成人矯正施設を経営する民間企業——契約下にある施設の収容能力
　　　　［1997 年～ 2000 年：各年末現在の状況］　　　　　　（人）

経　営　す　る　企　業	1997 年	1998 年	1999 年	2000 年
合　　　　計	103,730	127,262	138,726	119,449
オルタナティブ・プログラム株式会社	340	340	340	340
エヴァロン矯正サービス株式会社	150	350	350	350
ボビィ・ロス・グループ	2,825	464	464	464
シビ・ジェニックス株式会社	3,563	3,563	2,791	2,791
カミル矯正株式会社	3,882	5,916	7,138	8,464
矯正サービス会社	2,629	6,891	6,517	4,241
アメリカ矯正会社	52,095	69,530	71,250	62,431
矯正システム株式会社	170	272	272	272
ドミニオン矯正サービス株式会社	＊	＊	＊	2,064
GRW 会社	362	362	362	614
マネージメント・アンド・トレーニング会社	4,259	6,447	9,177	10,214
マラナサ・プロダクション会社	500	500	500	500
アメリカ合衆国矯正会社	5,259	＊	＊	＊
ワッケンハット矯正会社	27,696	32,627	39,565	26,704

　　注：［＊印］は、「利用不能」を示す。
　資料源：Thomas, C. W., *Private Adult Correctional Facility Census.*
　　　　　Center for Studies in Criminology and Law [Online], available :
　　　　　http://www.crim.ufl.edu/ocp/census/2000/index.html [Apr. 17, 2001]

万 7,244 人の被収容者を収容しており、民営刑務所における被収容者総数の
53.8 ％を占めていた。一方、WCC は、26 の刑務所に、1 万 9,001 人の被収容
者を拘禁しており、民営刑務所に収容された被収容者総数の、27.4 ％を占めて
いたのである。つまり、CCA は、7 つの州と連邦矯正局（Federal Bureau of
Prisons : BOP）以外のすべての州において収容されている、それぞれの州の被
収容者数よりも多くの被収容者に対して責任を負っていたことになるのであ
り、一方、WCC は、16 の州と連邦矯正局の次に位置する順位で、被収容者に
対する責任を有していたことになるのである。言い換えれば、CCA と WCC
の 2 つで、5 万 6,245 人の被収容者、すなわち、成人の警備付民営刑務所に収
容している全被収容者のうちの、81.3 ％を収容していたことになる[14]。

第7章 アメリカの民営刑務所の現状と課題 *207*

表26 成人矯正のための民営施設数と収容能力評価
[1997年〜2000年：各年末現在の状況]

| 法　　域 | 施　設　数 | | | | 収　容　能　力 | | | （人） |
	97年	98年	99年	00年	97年	98年	99年	00年
合　　計	142	159	158	153	97,062	116,932	122,871	119,449
アリゾナ	5	6	6	6	4,748	6,860	6,860	6,860
アーカンソー	2	2	2	2	1,200	1,200	1,885	1,885
カリフォルニア	19	24	24	22	10,292	11,294	11,462	10,470
コロラド	8	9	6	6	3,444	4,644	3,824	3,824
コロンビア特別区	1	1	1	1	866	866	866	866
フロリダ	10	10	9	8	6,223	6,255	5,465	5,561
ジョージア	3	5	7	4	1,566	6,409	9,457	6,197
アイダホ	1	1	1	1	1,250	1,250	1,250	1,250
イリノイ	1	1	*	1	220	220	*	200
インディアナ	1	1	1	1	670	670	670	670
カンザス	2	2	2	2	529	529	685	687
ケンタッキー	4	4	4	3	1,973	2,631	2,631	2,268
ルイジアナ	2	2	2	2	2,948	2,948	3,012	3,012
ミシガン	1	1	1	1	480	480	480	480
ミネソタ	1	1	1	1	1,338	1,338	1,338	1,338
ミシシッピ	5	6	6	6	3,176	4,650	4,700	4,700
ミズーリ	2	2	1	1	660	660	60	60
モンタナ	*	1	1	1	*	512	512	512
ネバダ	1	1	1	1	500	500	500	500
ニュージャージー	1	1	1	1	300	300	300	300
ニューメキシコ	6	7	7	8	3,836	4,864	5,322	5,508
ニューヨーク	1	1	1	1	200	200	200	200
ノースカロライナ	2	2	3	1	2,000	2,112	2,256	1,200
オハイオ	2	2	4	4	2,256	2,256	4,140	4,140
オクラホマ	6	8	8	8	7,068	9,716	10,436	10,436
ペンシルバニア	1	1	1	2	1,200	1,200	1,562	2,762
プエルトリコ	4	4	4	4	3,000	3,000	3,000	3,000
ロードアイランド	1	1	1	1	302	302	302	302
テネシー	5	6	6	6	5,628	7,326	7,326	7,326
テキサス	41	43	42	43	27,139	29,690	29,820	30,385
ユタ	1	1	2	2	400	400	900	900
バージニア	1	1	1	1	1,500	1,500	1,500	1,500
ワシントン	1	1	1	1	150	150	150	150

注：[＊印] は、「収容不能」を示す。

資料源：Thomas, C. W., *Private Adult Correctional Facility Census.*
Center for Studies in Criminology and Law [Online], available:
http://www.crim.ufl.edu/pcp/census/2000/index.html [Apr. 17, 2000]

民間刑務所への被収容者の急激な流入は、民間企業にとっては企業拡大の絶好の機会であったが、それは同時に、急速に拡大する矯正システムをどのように適切に運営していくかといったような管理運営上の問題にも直面したのである。特に、民間企業は、彼らの刑務所を運営するために充分な数の職員を確保し、補充し、訓練し、そして維持していかなければならないという課題に対処しなければならなかった。

　いくつかの民営刑務所の運営企業は、充分な訓練を受け経験を積んだ職員を確保する上で困難があり、適切な警備の実施といった側面においても決定的な問題があるということが、幾つかの証拠によって示されている。たとえば、矯正施設に関する民営企業の中でも最大手である CCA と WCC の双方において、1999 年に、これらの企業が経営する成人刑務所からの逃走事件があった。つまり、CCA の場合、1999 年に、4 人の被収容者が、外囲いを壊し警備の厳重な施設から逃走するという事件が、3 件起こっているのである。また、CCAとその子会社であるトランスコー社（TransCor America）も、同様に、被収容者を医療処置のために移送している時に、あるいはまた、刑務所に移送している時に、逃走事故を経験しているのである。

　1999 年には、さらに 5 人の被収容者が逃走するという、4 件の逃走事件があったが、WCC は、1 人の受刑者が、警備の厳重な刑務所から逃走した 2 つの事件に関係しているのである。このうち WCC の運営する民営刑務所における逃走事件の 1 つが、特に BOP に関連したものであり、これは、1 人の受刑者が、タフト矯正研究所（Taft Correctional Institution：TCI）から逃走したものであり、この研究所は、BOP に代わって WCC が運営していたものである。また、矯正サービス会社（Correctional Service Corporation：CSC）は、この会社が、ニュー・メキシコ州において運営するマッキンリー・カウンティ拘置所において問題を起こしている。合計 2 件の逃走事故で 9 人の被収容者が逃走しているのである。CSC は、それ以来、この施設を運営する契約を消滅させられている。マネージメント・アンド・トレーニング会社（Management & Training Company：MTC）も、同様に、1999 年に、警備の厳重な刑務所から、3 人の被

収容者が逃走するという事故を1件起こしている。

　矯正施設の民営企業は、同様に、1999年において、深刻な集団による騒動を経験しているが、それらの多くは、ほとんど暴動と呼ぶにふさわしいものであった。CCAは5件、WCCは3件、そしてCSCは1件のそうした暴動事件を経験しているが、それらの施設では、被収容者を制圧するために化学薬品を用いざるを得えなかったようであり、職員の負傷という結果をもたらした施設もある。重大な財産的損害が発生するといった事態は、複数の施設で経験しているのである。そして、これらの一連の事件で、最も悲惨なものは、グァダループ・カウンティ矯正施設において矯正職員の1人が殺害されたケースであるが、この施設は、ニュー・メキシコ州に代わってWCCが運営していたものであった[15]。

5　民営刑務所に関する実態調査

1　連邦議会の提案

　連邦議会は、一般法律105-277、第111条、1999会計年度総括歳出案において、連邦矯正局長が、過去15年間における民営刑務所の成長とその発展、民営刑務所職員の訓練の適格性、さらには、それらの施設の警備手続等を評価し、民営刑務所と連邦刑務所との間の一般基準や条件を比較するといった形での研究に着手することを求めた。

　この要求を履行するために、刑務所調査・評価部局（Office of Research and Evaluation : ORE）は、BOPや全米矯正研究所（National Institute of Corrections : NIC）内の、調査部局の専門家と協力して、以下のような3つの主要な調査計画を提案している。すなわち、①判決を受けた成人の被収容者を対象とした警備付民営刑務所の実態調査、②政府機関内において、民営刑務所の所有する居房を利用する場合において、当該民営刑務所との契約を管理する政府職員の調査、そして、③任意に抽出された民営施設の現場訪問の3つである。

　以下において紹介する報告書は、実態調査と評価を含むものであるが、現場

訪問の結果は含まれていない。

2 調 査 対 象

　実態調査では、50 の州のうちの 1 つの州、プエルトリコ、コロンビア特別区、そして連邦政府の矯正局において判決を言い渡された成人の被収容者を収容した 94 の異なる施設が対象となった。これらのうちの 9 つの刑務所が、2 つかそれ以上の法域と被収容者を収容する契約を結んでおり、実態調査の時点で、民営刑務所において成人の被収容者を収容する契約が 103 も存在していたのである。

　1999 年 7 月 31 日現在、アメリカにおいて、6 万 9,188 人の成人の被収容者が、民営刑務所に拘禁されていたが、これらの被収容者のうちの多くの者は、それぞれの法域において、中警備刑務所に収容されていたと認定されており、その数 3 万 3,088 人、すなわち 48 ％の者がこの分類に属するのである。次に多いのは、軽警備刑務所であり、被収容者全体の 35 ％、すなわち 2 万 4,014人がこのレベルに分類されている。残りの被収容者は、被収容者全体の 12 ％、すなわち 8,103 人が低警備刑務所に収容されていたと認定されており、被収容者全体の 4 ％、すなわち 2,772 人は高警備刑務所に収容され、2 ％、すなわち1,211 人はいろいろな警備レベルの刑務所、あるいは警備分類のない刑務所に収容されていたと認定されているのである。

　民営刑務所は、州刑務所あるいは連邦刑務所よりも、低い比率で重警備刑務所もしくは中警備刑務所に犯罪者を収容していることがわかる。民営刑務所に収容されている被収容者についてのその他の拘禁分類上の特徴は不明確な点が多いが、BOP が中警備の必要性があると分類した者を収容する場合の民営刑務所の実際については、特にそのことが指摘できるであろう。結果的に、多くの州の制度において、特に連邦の制度において警備上危険性が低いとみなされている被収容者が、民営刑務所では、その危険性は警備上中程度であると分類されている場合が多いのである。

3 調査結果

連邦矯正局（BOP）の刑務所調査・評価部局（ORE）によって実施された調査は、民営刑務所において契約を管理する立場にある契約管理責任者全員に配布された。調査対象となった103件の契約のうちの91件について情報を得ることができたので、有効回答率は88％である。

調査は3つの基本となる部分に基礎を置いて立案された。第1番目の最も項目の多い部分では、民間および州によって運営されている刑務所における、それぞれの訓練方法や基準について質問がなされている。第2番目の部分では、民営刑務所における拘禁に関する方策や基準等について、基本的な情報に関する項目が質問されている。最後の第3番目の部分は、以下の3つの主要な領域を含んだものである。すなわち、①刑務所と職員の一般的特質について、②刑務所に収監された被収容者の特性について、そして、③刑務所において今までに経験した被収容者の違反行為の類型について、の3つである。

この調査で得られたデータは、民営刑務所とBOP刑務所とにおける、主要な職員配置の特徴を比較することを可能にするものである。今回の調査では、給料と恩典についての情報を収集するための試みは何らなされなかったが、一般的には、連邦施設で働く個々の職員の給料と恩典が民営刑務所のそれを凌ぐものであることは間違いのないところである。このことは、連邦施設における全体的な職員配置の費用が、必然的に民間部門におけるそれよりも高いということを意味するものではない。タフト矯正研究所（TCI）における初年度の運営に関する費用分析において、ネルソンは、1999年に、BOPが、連邦刑務所と同じような基準と方法で、TCIに職員を配置したと仮定したとしても、BOPは、WCCよりも少ない金額で、TCIを運営したであろうという事実を見出しているのである。WCCは、同じ規模のBOPの刑務所よりも、より多くの職員を雇っているからである。

4 民営刑務所の一般的な特徴

調査の結果では、BOP刑務所と民営刑務所との間には明らかな相違があった。BOP刑務所は、大部分の民営刑務所よりも、被収容者の拘禁に携わる職員の比率が低いことを報告しているが、この数値は、あくまでも被収容者に対する全職員の比率を示したものである。この被収容者に対する全職員の比率は、BOPが、拘禁に携わる職員よりも、事例担当者とプログラム担当職員をより多く使用していることに起因するものであり、この調査においては、このこと自体は直接的には調べられていない。

これは言うまでもないことかも知れないが、BOPは、より安定した労働力を有していた。民営刑務所における拘禁担当職員の離職率は、BOP刑務所におけるよりも、はるかに高いものであった。BOP刑務所における6か月間の平均離職率は4.4％であり、9％を超えるBOP刑務所はなかったのに対して、95％の民営刑務所は、10％かそれ以上の離職率であった。実際問題として、ほぼ半分の民営刑務所は50％かあるいはそれを超える離職率を示しているのである。民営刑務所の契約管理責任者は、民営刑務所における離職率は、それぞれの機関によって運営されている、比較対象となった官営刑務所における割合よりも、高かったことについて言及している。民営刑務所の契約管理責任者は、さらに、離職が職員不足を生み出したことについても言及している。

被収容者の違反行為については、BOP刑務所における薬物使用の比率は、たとえ2、3の民営刑務所がこの点について非常にうまくやっていることは事実だとしても、多くの民営刑務所におけるよりも低かった。また、BOP刑務所では、警備付刑務所からの逃走が、全体として民営刑務所よりも少なかった。さらに、BOP刑務所と民営刑務所における自殺率は、ほとんど変わらないものであった。しかしながら、BOPの刑務所は、民営刑務所に比べて、重警備刑務所への在監者の比率が高く、中警備刑務所の在監者の比率も同様に高かったということは、明記されなければならないであろう。また、今回の調査における調査事項と、BOPのデータとが一致していないために、暴力事件の割合

第7章 アメリカの民営刑務所の現状と課題 *213*

について比較することが不可能であったことは今後の課題であろう。しかしながら、大部分において、民営刑務所の契約管理責任者は、民営刑務所における被収容者の違反行為を、官営刑務所におけるその割合に匹敵するものであると評価しているのである。

5　訓練の基準と方法

職務上の要件という点では、官営刑務所は、初歩的な小火器訓練や小火器についての補充訓練、さらには集団統制の訓練等を多少多めに要求する傾向にあり、拘禁に関する初歩的な訓練や定期的な訓練も、ほぼ同じ水準で要求されているようである。訓練の基準に関するわずかな相違は、民営刑務所に収監されている者は、平均的に見れば、拘禁水準や警備水準がきわめて低い受刑者であるという事実に起因するものである。

官営および民営の刑務所は、官営機関と民間側の契約者との間における契約において、しばしば同一の基準が用いられたといったような理由によるか、民間側の契約者が、官営施設の基準を採用したといったような理由によるかのいずれかを問わず、様々な種類の訓練に関して、しばしば同一の基準を用いている。

民間によって運営されている刑務所の訓練は、たとえ官営機関においても同様にかなりの訓練を行っているとしても、訓練そのものの結果は、第一次的には、民営機関の従業員の責任となるものである。訓練時間数は、それぞれの法域において様々であるが、同じ法域における官営刑務所と民営刑務所の間においては、ほぼ同一であったことが報告されている。

このデータから浮かび上がってくる構図は、民営刑務所側の契約者は、概して、官営刑務所側の訓練の基準や政策を採用することを暗黙のうちに強いられているということである。同一の法域における、公的に運営されている施設と民間によって運営されている施設との相違よりも、法域間のあいだでの相違の方が、はるかに大きいものがあるようである。

6　拘禁の基準と方法

この点に関する民営刑務所の基準と方法は、概して、契約を締結する各州の法域の基準を反映したものであった。官営刑務所は、拘禁実務について、日常的で、集中的な正規の検閲を行うという責任を維持してはいたが、しばしば、これらの検閲は民営刑務所と共同で行われていたようである。本調査における訓練と拘禁の部分に関しては、民営刑務所における訓練と拘禁の方法や基準が、民営刑務所との契約について責任を有する公的な機関が属する法域と同一の基準や方法を反映したものであることを例証するものであった。

7　被収容者の分類

民間によって運営されている施設は、被収容者を官営の施設から受け入れるときに、被収容者の警備のための分類基準を明確にするための、適切な手続を保持していたかどうかを裏付けるために、民営契約管理責任者に対して、電話による追跡調査を行っている。結果は、大部分の施設が適正な手続を有していたということである。典型的な事例としては、被収容者は一般に州の専門家によって分類されることから、民間企業側も、分類基準が適切であったということを証明するために、あえて州の分類基準を用いて行っていたというものがほとんどであった[16]。

6　民営刑務所の課題

民営刑務所は、1980年代の創設以来現在までの間に驚くべき増加を経験した。民営刑務所に収容された被収容者の類型については絶えず変化があるものの、民営刑務所における経験のほとんどは、危険性の低い被収容者に関するものであり、現在もまたそうである。民営刑務所における被収容者の増加、すなわち、以前に収容した人数との比較における在監者数の増大は、おそらく、将来的には、過去の何年間かにおけるものほど劇的なものではないであろうと見

積もられている。実際に、アメリカにおける刑務所人口の増加が、今後は減速していくであろうということを予測する者もいる。しかしながら、それにもかかわらず、私は、民営刑務所の職員の雇用や訓練の必要性は今後とも増すであろうと同時に、民営刑務所に収容される被収容者の絶対数は拡大し続けるであろうと思う。アメリカの刑務所人口を増加させた多くの要因、たとえば、逮捕数や訴追数の増大、必要的最低実刑判決主義、パロールを排除した上での量刑の決定、プロベーションの消極的利用等は、ある法域が、刑務所の収容能力や施設内のベッド数についての請負契約の追加等を必要とする要因とまったく同じであるからである。

　断定的に明言することには問題があるかもしれないが、ここで示された調査の結果から見れば、今後将来的に民営刑務所が取り組むべき課題のいくつかは、指し示されているように思われる。たとえば、職員の目まぐるしい移動は、民営刑務所が経験のない職員によって運営されているという状況を永続させる可能性がある。BOPと比較した場合において、民営刑務所からの逃走事故が多いということは、安全で逃走のおそれのない刑務所を運営するということに不可欠な、経験を積んだ職員が少ないことと関係があるのかもしれない。本調査において逸話的に紹介され、ジョン・クラーク（John Clark）＝ジェイムズ・オースティン（James Austin）ほかの研究においてより体系的に報告されているように、職員の経験のなさは、ヤングスタウンでの逃走事故、ニュー・メキシコ州での職員殺害事件、コロラド州での集団暴動、およびタフト矯正研究所での器物損壊事件等において、明白な結果となって現われているように思われる[17]。

　また、より精密な調査を必要とする別の領域としては、官営刑務所と民営刑務所における職員配置の様式についての問題がある。被収容者に対する拘禁に関わる職員の比率は、一般的には、BOPよりも民営刑務所において高いが、これに関しては、民営刑務所はあまりにも多くの資金をこの分野に集中させているのではないか、といった批判が提示されている。大部分の民営刑務所における被収容者に対する拘禁に関わる職員の全般的な比率は、連邦矯正局（BOP）

の低警備刑務所における職員配置の基準から、中警備刑務所における職員配置の基準までの間の、中間に位置している。このように、民営刑務所の全体的な職員配置の基準は、最も厳しい BOP の基準に匹敵するものである。しかしながら、民営刑務所における拘禁に関わる職員配置の基準がきわめて高いということは、民営刑務所では、おそらく、矯正プログラムに関わる職員や事例処理に関わる職員が少ないであろうということをも意味するのである。ここに、民営刑務所が、被収容者の拘禁に取り組む方法において、官営刑務所とは根本的に違がった側面があるかもしれないということを示唆する事実が隠されているかも知れないのである。

　これは今更指摘するまでもないことではあるが、アメリカにおいて、民営刑務所の利用へと向かう力の原動力となったものは、安価な経費に対する期待と、受刑者のためにさらなる収容能力を必要とするという現実であった。オーストラリアやイギリスにおける民営化への動機づけは、もちろん、同じようなこうした要因によって駆り立てられたものではあったが、同時に、両国の場合には、刑務所改革によって民営化がより一層推進されたという現実もあったのである。実際に何人かの学者は、民営刑務所は実験の場であり、プログラムの作成や処理、さらには職員の配置等についての、新たな取り組み方のための試験台であると述べている。この主張によれば、官営刑務所と民営刑務所との間における対照的な取り組み方から生じる競合は、理念と実践の場において、改革や融合を増進させるものであるということにもなるのである。しかしながら、このような主張は一見もっともらしく思われる一方で、また、それらの可能性を制限する要因も存在するということに留意しなければならないであろう[18]。

　矯正の分野に固有の危険性ゆえに、民間企業と監督義務を有する政府機関が、それぞれの法域において設立されている基準や要件から、大きくそれるということはありそうにもないことである。訓練や拘禁の基準と要件についての調査の結果は、民営刑務所が、たとえ何らの契約上の義務がない場合であっても、官営刑務所において行われている当該機関の基準や政策を採用しているという事実を示すものであった。民営刑務所の経営者に対する要請の１つは、その運

営において、費用の節約が例証されなければならないといった政府側からの要求をも含むものである。これらの要求は、特に人的資源——これは刑務所運営の中で最も費用のかかるものであるが——の管理について、民営企業が実験的な試みをするということに関しては、その改革の機会を減少させるものである。民営企業が費用を節約し利益を得るための数少ない代替策の1つは、支出と利益についての構造改革という形において、直接的な手段を通じて人件費を抑えることである。しかしながら、支出と利益を切りつめることは、職員の間における高い離職率を生み出すかもしれないということにも留意しなければならないであろう。

それゆえに、ここで依然として存在する疑問は、民間企業が、矯正の基準や州の費用抑制といった目標によって強制されている場合であっても、民間企業自らが施策を展開し、改革を実行するのに充分な余地が残されているのかという点である。この点の解明こそが急務であろうと思われるが、実際問題としては、そうした形の強制が存在するがゆえに、大部分の法域においては、民間によって運営されている刑務所は、公的矯正機関の延長となっているのである。

そうは言いながらも、民営刑務所が行う業務については、従来の民営刑務所の典型例である、契約している各州の官営刑務所の延長となっているような様式とは異なった民営刑務所も存在するのである。たとえば、フロリダ州では、民営刑務所と契約する場合において、その相手方は、フロリダ州矯正局とは分離した別の機関になっている。また、民営刑務所と契約することに関しての連邦矯正局の基本的な考えは、あくまでも政策を決定することと改革を促すこととのバランスを確保するということにあるのである。BOPは、可能な場合には、政策への追従ではなく、実行目標を基礎にして、その契約を締結すると述べている。言い換えれば、連邦矯正局（BOP）は、民間企業側がある水準の成果を出すような契約をするが、民間企業側は、契約を達成するための努力をする場合に、彼ら自身が成果目標を達し得るような方法を選んで、自由に契約を設定することができるということになるのである。

しかし、それにもかかわらず、アメリカにおける一般の実務は、民営刑務所

は、その業務について、契約している各州機関における訓練や警備の方法と基準を反映させるものとなっている。各州の法域間において存在する相違の方が、同一法域内における官営刑務所と民営刑務所との間における相違よりも大きいのである。この結果が含意するものは、民営刑務所の運営と基準は、契約している各州の法域においてなされている政策や基準が、良いものであろうと悪いものであろうと、進歩的なものであろうと退化的なものであろうと、いずれにしても、その法域の習慣を反映したものであるということである。

　このように、CCAやWCCが、矯正の分野において大きな存在であるとしても、それらの刑務所における施設運営は、会社の独自の政策や基準よりも、契約している法域や地域の特殊事情、たとえば、労働市場や生活費等によって、より強く影響を受ける傾向にあるといえよう。逃走や暴動、さらには職員が変わりやすいといったような問題を所与のものと仮定すれば、確かにすべてではないけれども、多くの民間によって運営されている刑務所は、基本的な安全や警備の基準を満たすために苦心惨憺しているというのが現状である。このことは、民営矯正部門が未成熟であることの反映であるのかもしれない。もし、民営刑務所の経営者が、その施設の労働者を固定することができ、矯正についての充分な在職期間を有する、充分な数の専門職員や監督職員を維持することができれば、この未成熟さは克服できるかもしれない。経験を積んだ職員は、より若い職員を訓練し、施設の模範となるような労働者として仕立て上げることができるからである[19]。

　いずれにしても、矯正制度の基準や政策と、それらが実施される手段とを区別することは重要である。健全な政策を有するということは、物事の第一段階にしかすぎない。関係職員が政策を正しく遂行することを保証することも、また同じく重要である。この報告書で用いられた調査方法では、民間によって運営されている刑務所が、日々どのくらいのレベルで運営されているかを測定することはできなかったようである。その類の成果は、本来、刑務所運営のあらゆる側面に関する体系的な監査を通じて査定されるものであろう。我々がこの調査から得た唯一の指標は、逃走事故、麻薬使用の比率、暴動のような大きな

事件の発生、あるいは殺人のような結果についてであった。これらの指標や、民営刑務所における職員の高い移動率を基礎とすれば、官営刑務所、民営刑務所双方の管理者は、民間によって運営されている刑務所の日々の運用状況について、絶えず注意深く監視する必要のあることはいうまでもないであろうし、疑いもなく、彼等が官営刑務所の成果について行うのと同じ程度に、民営刑務所を注意深く観察する必要のあることはいうまでもない。しかしながら、そうは言うものの、この報告書は、決して民間によって運営されているすべての刑務所に対する、個々的な非難を行っているものではないということに言及することは重要であろう。ここで紹介されているデータは、あくまでも現時点における民営刑務所の全体像を示すものであるということに留意しなければならない。

　いずれにせよ、本報告書は、職員の配置や就労体験、あるいは民営刑務所における成果の一部に関して、いくつかの重要な論点についてのみ紹介したものである。民営刑務所が、より暴力的な受刑者や、より処遇困難な受刑者を収容する責任を負うべきであるという要請が認められる前に、これらの論点が、できるだけ早く、検証されるべきであろうと思う。

7　おわりに

　以上、アメリカにおける刑務所の民営化の動向と15年間の運用実績の評価と問題点について論述した。過剰収容問題を解消するために、刑罰権の行使を民間に認めることの是非について充分な議論が尽くされないままに出発した感のあるアメリカの刑務所の民営化も、現在のアメリカでは、刑事司法の一翼を担う重要な施策の1つとして定着しているようである。

　現在、我が国においては、「道路公団の民営化」や「郵政三事業の民営化」等が喫緊の課題となっており、平成11年7月には、「民間資金等の活用による公共施設等の整備等の促進に関する法律」（平成11年法律第117号）が成立し、民間資金、経営能力及び技術的能力を活用した公共施設等の建設、維持管理及

び運営の促進等が図られることになった。

　時を同じくして、『犯罪と非行』誌を初めとして、最近の刑事政策関係の専門雑誌においても、イギリスの刑務所 PFI（Private Finance Initiative）事業やカナダの PPP（Public Private Partnerships）についての紹介論文が散見されるようになったし、また、東京都が、つい最近、収容定員不足を補うために大規模な留置場の建設等を PFI 事業として推進する方針を表明したこととも相俟って、我が国でも刑務所の民営化が現実味を帯びてくることも、そう遠い先のことではなくなったように思われる[20]。

　そうした折柄、ここで我々が注意しなければならないことは、刑務所の民営化の問題に内在する最大の難点は、利益を上げるためには、より多くの受刑者を、より少しでも長く拘禁しなければならないということである。それは資本主義の原理であると言ってしまえばそれまでのことであるが、このことは、民間企業が金を取って受刑者を処罰することと同様に、重大な理論的問題を内包しているということに注意しなければならない。過剰収容を避けるための民営化が、新たな過剰収容を招くとしたらこれほど皮肉なことはない。国家刑罰権の放棄以上の問題がそこにあるといえるのではあるまいか。

1)　法務総合研究所『法務総合研究所研究部報告 20 ―行刑施設の収容動向等に関する研究―』法務総合研究所（2002 年）参照。拙稿「過剰収容時代の刑事政策」『戸籍時報』536 号（2001 年）48-53 頁。同「ヨーロッパ諸国における刑務所人口の増加と高率収容の実態」『罪と罰』39 巻 2 号（2002 年）6-13 頁。同「ヨーロッパにおける高率収容の実態分析」『戸籍時報』543 号（2002 年）70-76 頁。アメリカの現状については、拙稿「アメリカの刑務所人口はなぜ増加したのか？」『刑政』112 巻 9 号（2001 年）16-27 頁。同「アメリカにおける刑務所人口の増加とその要因―アメリカ犯罪学会の全米政策白書を中心として―」『法学新報』108 巻 4 号（2001 年）1-59 頁（本書第 6 章 149-197 頁）。

2)　拙稿「アメリカ合衆国の刑事司法システムにおける民営化―刑務所と判決前調査制度の民営化を中心に―」『比較法雑誌』22 巻 4 号（1989 年）1-29 頁。同「アメリカにおける刑務所の民営化と受刑者の権利」『法学新報』96 巻 11・12 号（1990 年）647-676 頁。同「アメリカ合衆国、イギリス、及びオーストラリアにおける刑務所の民営化」『比較法雑誌』31 巻 2 号（1997 年）51-86 頁。

第7章　アメリカの民営刑務所の現状と課題　*221*

3)　Camp, S. D. and G. G. Gaes, *Private Prisons in the United States, 1999 : An Assessment of Growth, Performance, Custody Standards, and Training Requirements.* Washington, DC : Federal Bureau of Prisons, Office of Research and Evaluation, 2002, pp. 1-36.

4)　Cody, W. J. M. and A. D. Bennett, "The Privatization of Correctional Institutions : The Tennessee Experience," *Vanderbilt Law Review,* Vol. 40, No. 4, 1987, pp. 829-849.

5)　前掲注1・拙稿・法学新報・2001年・2頁。

6)　前掲注2・拙稿・法学新報・1990年・649頁。

7)　President's Commission on Privatization, *Privatization : Toward More Effective Government.* Washington, DC : The White House, 1988.

8)　McDonald, D. C., "The Costs of Operating Public and Private Correctional Facilities," in McDonald, D. C. (ed.), *Private Prisons and the Public Interest.* New Brunswick, NJ : Rutgers University Press, 1990, p. 94.

9)　前掲注2・拙稿・比較法雑誌・1997年・54-55頁。

10)　Press, A., "The Good, the Bad, and the Ugly : Private Prisons in the 1980s'," in McDonald, D. C. (ed.), *Private Prisons and the Public Interest.* New Brunswick, NJ : Rutgers University Press, 1990, p. 94.

11)　Tolchin, M., "Prisons for Profits : Nashville's CCA Claims Operations Aid Government," *The Tennessean,* 24 February 1985 : Tolchin, M., "Private Concern Makes Offer to Run Tennessee's Prisons," *New York Times,* 13 September, 1985.

12)　Bivens, T., "Can Prisons for Profit Work?," *Philadelphia Inquirer Magazine,* 3 August, 1986.

13)　以下の論述は注3の報告書を要約したものである。

14)　*Sourcebook of Criminal Justice Statistics 2000,* pp. 86-87.

15)　民営刑務所での重大な事件・事故については、注3に掲げた報告書の中で、1999年度分が作表してまとめられている。

16)　以上が注3の報告書の要約である。

17)　Clark, J. L., *Report to the Attorney General : Inspection and Review of the Northeast Ohio Correctional Center.* Office of the Corrections Trustee for the District of Columbia, Washington, D. C., 1998 ; Austin, J., Crane, R., Griego, B., and G. A. Vose, *The Consultants' Report on Prison Operations in the New Mexico Correctional Institutions.* Special Advisory Group, 2000.

18)　前掲注2・拙稿・比較法雑誌・1997年参照。

19)　民営化の問題点については、前注74頁以下参照。

20)　吉野智「英国における刑務所PFI事業について」『刑政』113巻7号、8号（2002年）62-70頁、54-61頁。大下義之「PFIによる矯正関係施設の整備について」『刑

政』113 巻 8 号（2002 年）46-52 頁。齋藤行博「米国における行刑施設民営化の動向」『刑政』113 巻 8 号（2002 年）36-43 頁。吉野智「英国における刑務所 PFI 事業について」『犯罪と非行』132 号（2002 年）168-189 頁。内田雅人「カナダ・オンタリオ州矯正省における官民協力 Public Private Partnerships」『犯罪と非行』132 号 142-180 頁。その後、過剰収容の緩和の一方策として、平成 17 年 4 月 PFI 事業を導入した官民協働運営による美祢社会復帰促進センターが、平成 18 年 10 月には島根あさひ社会復帰促進センターが創設されることとなった。

第 8 章

英米における受刑者暴力の解消策

1　は じ め に

　2003 年 12 月 31 日現在の統計によれば、世界の刑務所人口は約 875 万人以上と推計されている。アメリカが約 216 万人、中国が約 158 万人、ロシアが約 100 万人であるから、この 3 カ国だけで世界の刑務所人口の半数をはるかに超えることになる。特にアメリカの刑務所は、危機的な状況にあるといっても過言ではない。なぜならば、年間 3 万人から 4 万人の受刑者人口の増加がみられるからである。しかしながら、世界で最も犯罪が少ないといわれた我が国においても、刑務所が過剰収容状態にあることは周知の事実であり、このままで推移すれば、我が国の刑務所においても、過剰収容ゆえに、暴動が起きる危険性さえあるのである。

　本章においては、我が国がそうした事態に陥らないためにも、イギリス、アメリカ、カナダ等での研究ではあるが、刑務所内における暴力を解消する施策に関する研究のいくつかを紹介してみたいと思う。そうすることによって、暴力が生まれる構図とその非暴力適応策を検討しておくことは、将来の我が国の刑事政策のためにも、参考になると思うからである。なお、本章は、明治大学を定年退職される私の大学の先輩で長年親交のある菊田幸一教授に捧げるものである。

2 刑務所内暴力に関する研究

ところで、はじめにお断りしておきたいことは、本章は、エドガー（K. Edgar）＝オードヌル（I. O'Donnell）＝マーティン（C. Martin）の著書『刑務所暴力』（*Prison Violence*）[1] と、クーリ（D. Cooley）の「男子連邦刑務所における犯罪被害化」という研究論文を参照しながら [2]、ブラック（D. Black）の葛藤処理についての一般理論、バートン（J. Burton）[3]＝トク（H. Toch）の人間の基本的欲求と暴力の周期に関する理論を参考にして論述したものである [4]。特に、論文構成全体は、エドガーほかの論述に負うところが大である。

ところで、バートンによれば、「個人と集団との間の葛藤の原因あるいは根源は、関係の全体性、さらには関係を助長する周囲の状況と分離することはできない」[5] という。たしかに、刑務所内において生起する暴力もその例外ではないであろう。

我々日本の刑事政策学者は、刑務所、それも特にアメリカの刑務所において、暴力と被害化がありふれたものであるということを仄聞する。ある意味で、暴行及び喧嘩口論は、刑務所生活の構造にしっかりと組み入れられているとも考えられるのである。しかも、刑務所内での暴力は、他人による搾取の危険性が特有のものである、社会的文脈を背景として発生するといわれる。刑務所においては、言葉によるののしり、脅迫、さらには暴行の割合が高い上に、他方で、受刑者は、舎房内での窃盗、閉め出し、さらには強盗にも注意しなければならないのである。受刑者自身は、必ずしも刑務所が恐ろしい場所であるとは感じていないであろうけれども、彼らの置かれている環境を、危険な場所として、正しく認識はしているようである。いわば、刑務所が基本的に人間のニーズを満たしていないということが、刑務所を潜在的に激しく葛藤する環境にしているともいえるのである。

「暴力と秩序」との間において考えられる関係性という視点から分析すれば、刑務所における暴力の機能は、刑務所のタイプに応じて異なっていることが多

くの研究によって示されている。たとえば、若年犯罪者施設における暴力は、高い水準の日常的な暴力及び脅迫によって証拠立てられるように、いわば因習として、つまり問題解決の常套手段として、暴力が用いられる傾向が強い。他方、成人施設における、より年配で、長期間収容されている受刑者たちによる暴力は、暴力そのものを彼らの日常生活に対する破壊行為とみなすようである。そして、女子刑務所においては、暴力は、ある意味での「規制」であるとみなされている。女性が暴力を用いる場合、暴力は、囚人社会の道義に背いた者を処罰するのに役立つからである。このように、それぞれの施設における特定の受刑者たちにとって、暴力は、いわば、課せられた規律に反抗する手段の1つであるともいえるのである。

「葛藤」が個人間の暴力の基礎となることはいうまでもない。葛藤は、受刑者間において、テレフォンカード、タバコあるいは薬物といったような物質的な利益、ならびに名誉、忠誠、さらには公平等を含む価値観に関して生じる。受刑者たちが葛藤に対処する場合、非難すること、脅迫すること、敵意を持った身ぶり、さらには挑戦といった、彼ら独得の戦術が、平和的な解決という選択肢を縮小するのである。受刑者間におけるこうした問題状況は、同様に、支配力を独占するという彼らの関心事によって、大いに影響を受けることになる。刑務所においてさえ、権力争いはごくありふれたことなのである。そして、こうした葛藤状態においては、それぞれの側が勝つことのみを目的とし、交渉ごとは弱さの証拠であるとみなし、解決策としての暴力を擁護する価値観を支持するのである。

管理者側が、刑務所内の暴力を予防するための方策を引出すことができるのは、このような背景事情の的確な把握が可能なときのみである。私は、本章において、最初に、英米の刑務所において、受刑者たちが有形力の行使なしに葛藤状況を解決した、いくつかの方策について検討してみることにしたいと思う。そして次いで、刑務所における暴力を予防することに対して構造上妨げとなっているいくつかの要因について分析したい。最後の部分においては、こうした葛藤状態の取扱いについての諸理論について言及し、刑務所内の暴力を説明す

るのにはどの理論が有用であるかを考え、その上で、その理論の適用可能性について論じてみたいと思う[6]。

3　非暴力による紛争処理

　ところで、受刑者たちが暴力に訴えることなく、彼らの葛藤を解決することを可能にする条件とは一体何であろうか。英米の刑務所における葛藤状況に目を向けるとき、紛争を処理するための身体的暴力を先延ばしにし、それを抑止し、さらには暴力を最小化するのには、いくつかの要因があるようである。たとえば、そうした要因の1つとして、物質的な理由が挙げられる。すなわち、受刑者たちには、暴力を行使することによって、失う危険にさらしたくない具体的な利益があるようである。より広い展望をもつことや長期間に及ぶ結果についての認識、さらには、短絡的に反応する前に熟考することを選択するといった、何人かの受刑者たちが例証した能力を含め、受刑者の態度そのものが、非暴力による問題解決に対して大きな役割を果たしているのである。加えて、何人かの受刑者たちは、潜在的ともいえるもめごとに対する早期の認知力、意識的に相手を威圧しない身ぶりや手ぶり、さらには、彼らに敵対する者に対して理性的であるように求める、特定の技能を発揮しているようである。

　当面する状況が、①受刑者たちに対して、彼らの利益を守ることについて交渉することを許した場合、②受刑者たちが、問題を解決するための非暴力的な手段を見出すことに、彼ら自身積極的に傾倒した場合、さらには、③彼らが対立を緩和する技能を有していた場合において、受刑者たちは、どうにか暴力を防止することに成功しているのである。雑音や電話の使用をめぐっての争い、脅迫、さらには、権力の行使に関する問題のような、そこで受刑者たちが解決するに至った問題は、従来ならば、喧嘩口論、さらには身体的被害をもたらす結果に陥ったであろうという状況とそっくりの葛藤状態であったのである。

　エドガー゠オードヌル゠マーティンの研究（以下、エドガーほかとして引用する）では、危害を加えるような暴力の行使なしに紛争が解決された事例につい

ての分析が試みられている。以下においては、このエドガーほかの研究を中心として、非暴力による紛争解決を可能にした要因について、その領域を3つに分けて考察してみることにしたいと思う[7]。すなわち、(1)問題が発生した社会的文脈、(2)それぞれの関係各当事者を紛争へと導く規範及び態度、そして(3)紛争処理の技術である。

1 社会的文脈

第1の領域である社会的文脈は、当事者間の以前の関係といったような個人的なものから、囚人社会全体に対する影響にまで及ぶものである。お互いを良き友人であるとみなしている受刑者たちは、相手を全く知らない者であると感じている受刑者たちと比べて、交渉の方法を知っている可能性が高いように思われる。同じく良き友人たちも、時として、彼らの友情が、彼らにとってあまりにも価値が大きすぎるために、暴力に陥ってしまうことがあるとさえ述べている。これらのことからも分かるように、エドガーほかが研究した、ごく少数の暴力事件は、親しい友人との間でも起こったという事実は、いかなる単独の要因も、すべての葛藤を、暴力へとエスカレートさせないように抑止することは不可能である、ということを示唆しているのである[8]。

いくつかの事例においては、第三者の立場にある受刑者が、敵対者間に割り込んで調停し、非暴力的な結末になるよう努力することにより、介入を試みている。有形力の行使なしに問題が解決したすべての刑務所において、周囲の状況が明白に非暴力を好み、そして支持する、といった特定の環境が存在していたのである。たとえば、長期の受刑者のための舎房や、あるいは管理体制が強いという特徴をもつところでは、受刑者たちが、仲間の被収容者間の葛藤を予防するために、積極的に介入するような、安定しかつ平和的な生活様式を促進するかもしれないのである。受刑者たちが紛争を起こした場合には、刑務所当局は、当然に、受刑者たちに対して全面的な影響力を行使しているが、受刑者たち自身も、時おり、暴力という選択肢を検討したものの、しかし、また一方では、結果的には、暴力に反対することを決定しているのである。というのも、

たとえば、彼らがパロール審査に関心を寄せていたり、罰として、彼らの刑期に余分な日数が付け加えられることを懸念していたために、彼らは、有形力の行使は、あまりにも多くのものを失うと感じていたからである。それぞれの事例において、受刑者たちが、継続的な服従により期待した利益は、別の被収容者に暴行を加えることから得ることができる、つかの間の利益に対して、打ち勝つことができたのである。

そうしたことの他に、ある被収容者が、暴力を用いることで葛藤を処理するといったような機会を減少させるに至った他の社会的文脈には、また、次のようなものが含まれていた。すなわち、①ジェイルでの経験——長期間拘束された後に獲得された技術、②位置——被収容者が、葛藤をうまく処理するのに適切な時間と空間を選択すること、さらには、③過程——とりわけ葛藤を解決するのに適した技術を受刑者に提供する過程がそれである。

2　規範と態度

受刑者間の紛争に影響を与え、かつ非暴力的な結末をより可能性の高いものにする第2の領域は、いわば関係する被収容者によって保持されている「価値観」である。公的影響という社会的抑制と結び付けられて、何人かの受刑者たちは、彼らが物事を全体的に把握し、紛争の原因が張り合う価値がないものであるということを理解した瞬間について述懐している。

暴力的な結末となる可能性を減少させた、「態度」に関する他の影響要因としては、次のようなものがあった。すなわち、①自立的な思考——むりやり暴力を用いることを心理的に強制されないこと、②感情移入、③反応する前に考えるという習慣の確立、④非暴力的な解決策を見出すことへの明言された約束、⑤他の被収容者との円滑な関係を維持することに取り組むという願望等である。

3　紛 争 処 理

エドガーほかの研究では、受刑者たちに対して、暴力を予防するために彼ら

がすることができたと思うことは何かについて尋ねている。ある若い受刑者は次のように述べている。「私は違う反応をすることができたかもしれない。でもその方法を知らなかった」と。この言葉は、関係する当事者が事態をいかに収拾するかを知っている場合にのみ、予防が可能であるということを含意しているのである。エドガーほかは、紛争を悪化させた触媒的な要因について強調しているが、同時に、彼らが「調和させる技術」と呼ぶもの、すなわち、受刑者たちが首尾よく紛争を解決した戦術についても、分析する必要があるのである[9]。

　受刑者たちが葛藤に反応するために用いた手段は、葛藤処理についての一般理論の文脈において見ることができる。たとえば、ブラック（D. Black）は、5つの異なる類型の葛藤に対する反応を確認しているが、その反応とは、自助（self-help）、回避（avoidance）、交渉（negotiation）、和解（settlement）ならびに寛容（toleration）である。彼の理論は、それぞれの反応様式が、これらの反応が生長するであろう社会構造と調和することが必要であることを提案している[10]。エドガーほかの研究は、ブラックの理論に批判的な目を向けることを可能にし、さらにはその理論を特定の社会的背景、すなわち刑務所、さらには刑務所における葛藤や葛藤の取扱いについての具体的な表出に対するあてはめを可能にするとするのである[11]。

(1)　自　　助

　「自助」の概念を用いることにより、ブラックは、紛争に勝つための一方的な攻撃を用いることについて言及する。そのような反応は、明らかに事態を調和させるというよりは、むしろ、エスカレートさせる傾向にあるとするのである。彼は、当事者が同等の地位にあり、関係上及び文化上の隔たりがあり、低い空間的可動性、経済的な相互依存性がほとんどないこと、さらには組織化された集団の存在といったものがある場合に、このような結果が生じる可能性が最も高いことを示唆するのである。つまり、これらの社会構造的な要因は、限られた移動可能性、非常に近接した関係における異なる文化の存在、見知らぬ

人及び匿名の他者との高度な相互作用、さらには取引に対する禁止命令（それゆえ、いかなる公的に是認された経済的相互依存性も存在しない）等をも含み、どの刑務所にも共通するものである。イギリスにおいてはそうではないかもしれないが、アメリカにおいては、このことはどのギャングにも共通するものである[12]。

　刑務所の社会的特性は、葛藤に対する攻撃的な反作用が、広範囲に及ぶであろうといった予測へと導く。そのために、エドガーほかの触媒的な要因についての概念は、ののしり、脅迫、さらには身ぶりといったような用語を含めるために、攻撃的な反作用の概念を拡大するのである。これらは、刑務所内の葛藤において、否定的な制裁というブラロック（H. M. Blalock）の概念のように機能したのであるが、その否定的な制裁とは、他の当事者を侵害し、彼らに対して彼らの利益を否定する葛藤に対して反応することについての相互にあてはめられた技術である。葛藤に対応するために受刑者たちによって用いられた戦術は、典型的には、以下のようなものであったのである。すなわち、①彼らが他の者の選択肢を打ち切ることにおいて、威圧的であること、②個人的な安全に対する含意された脅迫において、敵意があること、さらには、③彼らが、説得することよりは、むしろ、野蛮的な力により決定された結末へと紛争を終息させることにおいて、権力に基礎を置くこと等である[13]。

　葛藤が生じたときに、受刑者たちが触媒的な要因へと変ることがあるということは、ブラックが指摘したような、ある特徴的な環境が、攻撃的な姿勢を助長するであろうという事実を裏付けているように思われるのである。実際、有形力の行使なしに解決された紛争においてでさえも、脅迫や非難といったような触媒的な要因は、一般的なものであったのである。

⑵　回　　避

　ブラックの第2の反応類型である「回避」は、ある者を他の当事者から遮断することを意味する。ブラックは、社会的分裂や運動の流動性が存在し、ヒエラルヒーが存在せず、相互依存性がほとんどなく、個人的自立が存在する場合

に、このような反応が現れる可能性が最も高いと考えたのである。空間的な可動性の欠如ゆえに、「回避」という反応類型は、もしかしたら、刑務所においては起こりそうにもないとみなされるかもしれない。しかしながら、葛藤についての研究から得られた成果は、時として「回避」の試みがみられることについて、明らかにしているのである。実際のところ、「回避」の反応類型に適した社会的背景についてのブラックのイメージは、分裂、ヒエラルヒーの弱さ、あるいは相互依存の低さという特徴からすれば、いくつかの点で受刑者たちの置かれた状況に適合するのである[14]。しかしながら、エドガーほかの研究では、受刑者たちが「回避」という手段で助けを求めたにもかかわらず、「回避」が葛藤を処理するための効果的な手段であるという証拠をほとんど見出すことができなかったようである[15]。

(3) 交　　渉

　ブラックの第3の反応類型である「交渉」は、共同の意思決定により葛藤を処理するものである。この類型を支持する社会的構造は、平等、当事者間における社会的な橋渡しの存在、文化的な近接性、相互にアクセスが可能であるといったような特徴を示し、個人的というよりはむしろ団体的な存在に適しているものである。

　「交渉」という技法を用いることは、必ずしも非暴力的な結果を保障するものではない。実際、大多数の状況において、用いられた調和の戦術は、喧嘩や暴行を防止することに失敗している。しかし、たとえ結果がそうであったとしても、受刑者たちが明らかにした技法は、条件が当を得たものであって、かつ葛藤に積極的に反応する受刑者たちの能力が支持された場合には、受刑者たちが「交渉」を通じて葛藤を解決する可能性があることを示唆している。

　受刑者たちによって示された技術のうち、最も有用であると思われるものは、以下のようなものであった。①引き離すこと——紛争の切迫性から時間的あるいは空間的余裕を得ること、②抑制——本能的に反応しない方法を選択すること、③話し合い——当事者の利害関係を注意深く伝えること、④謝罪、⑤敬意

を表する態度、⑥さらにはより多くの情報を得ること等である[16]。

(4) 和　　解

　ブラックは、苦情が客観的な第三者によって処理される、「和解」という葛藤の処理方法についても言及する。最もよく知られた事例は、調停（meditation）、仲裁（arbitration）、判決（adjudication）である。ブラックは、この方法は、当事者から同じ距離にある第三者の存在を特徴づける社会的環境を必要とすると主張する。第三者は、利害の対立に対して調和的効果を及ぼすために、中立である必要はない。「友好的な平和回復」が、時として可能である。たとえば、ここに、個人財産について生じた不安的な状況があったとする。こうした状況下では、ブラックが主張する多くの葛藤の処理方式が結合することになる。すなわち、①双方の当事者が一方的な攻撃（非難及び挑戦といった触媒的な要因）を用いた場合における「自助」、②双方がそれぞれの考えを公然と伝え、彼らの主張を証拠で補強した場合における「交渉」、③暴力の可能性を早期に認識し、空間的に距離を置くといった方法を用いる場合における「回避」、④舎房の仲間あるいは刑務所職員を通しての「和解」や他の被収容者たちが問題を解決し、第三者が謝罪を伝えるといった願望を示した場合の「和解」等である[17]。

　受刑者たちの葛藤は、しばしば第三者を巻き込むものである。第三者の影響力は、時として紛争を終わらせる機能を果たし得るが、多くの第三者たちは、問題をさらに悪化させるものである。被収容者たちの間での解決に向けての行動はまれであった。というのも、第三者とそれぞれの当事者との間で、必要とされる距離が存在しなかったからである。紛争があまりにも頻繁に、取引や薬物の使用のような認められていない活動にかかわるものであった場合、第三者としての職員に対する制限が明らかに存在していた。同様に、バートン（J. Burton）は、より力を持った第三者によって押し付けられた葛藤の解決に注意を呼びかけているが、それというのも、そのような環境における明白な暴力の停止が、長引く緊張を隠すことがあるからである。それでもなお、調停や葛藤解決の訓練を彼らが受けることができるかもしれないことや、虐待を防止する

ための検査が維持されるかもしれないことを条件として、第三者である受刑者が、ここでの役割を発展させる何らかの可能性があるかもしれないのである[18]。

(5) 寛　　容

　最後にブラックは、苦情や不満が、もしかしたら、他のところで処理されるかもしれない場合に、何もしないこと（不作用）に対してあてはまる、「寛容」という用語を用いるのである。彼は、人々が親密で、文化的に接近しており、さらには社会的に下の地位にあるときに、このような様式が用いられる可能性が最も高いと考えた。

　エドガーほかの研究では、身体的暴力なしに解決された紛争の 25 ％において、「寛容」すなわち、一歩譲歩する結果となったことが報告されている。紛争は解決されたのであるが、それは代償を払ってのことであったのである。すなわち、一方当事者が、彼らの権利についての主張をあきらめることで、もう一方の当事者に服従したのである。これらの状況の大部分において、事件について説明している者は譲歩した方ではなかった。時として、関わらないことは、力の象徴でもあり得るのである。しかし、引き下がるということは、場合によっては、おそらく、搾取に対する弱々しさや脆弱性についてのきざしであって、暴力の一因となる行動であるとみなされるかもしれないのである。被害化の研究や葛藤の研究においては、受刑者たちは、引き下がるということが、長期的に見た場合、実行可能な手段であるとは考えていなかったということを見出しているのである。「寛容」という選択肢の難しさがここにあるといえよう[19]。

4　予防を阻害する諸要因

　刑務所内での暴力を最小化するために、職員や管理当局に何ができるかについて叙述する前に、我々は、最初に、予防に対する努力を妨げる刑務所における状況的要因について検討することが必要であろうかと思う。

まず、検討しなければならないのは、信頼の欠如である。事実、受刑者たちは職員を信用していない、という強力な証拠が存在する。このことが、被害化について報告することを躊躇させている主な要因であり、この問題は、刑務所内の人々の間では普遍的なものとなっている問題である。デニス・クーリ（Dennis Cooley）は、カナダの受刑者たちは、被害化のケースのわずか９％しか、彼らの当面する困難な問題について、職員に報告していないという結果を見出している[20]。

被害化の研究において、未報告のままになっている問題について、90％以上の事件が書面による報告がなされていなかった。舎房内での窃盗についての口頭による報告は比較的多いようであるが、これはおそらく、自己の所有物の喪失について当局に注意を促すことが、場合によっては補償という結果をもたらしてくれるかもしれないと考えたからであり、かつ、他の受刑者の名前を挙げることを必要とせず、それゆえ、報告義務に対する規則を破ることにならないと考えたからであろう。

被収容者が被害を受けたとき、ほとんどの者は職員にそのことを打ち明けなかった。打ち明けた者も、そのほとんどがいかなる行動もとらなかった。少数の被収容者は、被害化について必ず報告し、犯人の名前を挙げ、時として書面による訴えを提起したが、そのほとんどが無益であったという。これらの人々は、制度そのものに失望させられたと感じている。被収容者のなかに、打ち明けないという文化が一般化しているとき、職員は被害化に効果的に対応することができないのは当然であろう。

また、受刑者がなぜ職員に訴えなかったかということについて、説明のために挙げられている理由を、被害化の研究から得られた結果として考察することは極めて有益である。

クーリの研究では、興味ある相違が、青少年犯罪者と成人犯罪者によって与えられた理由の間で生じている。両グループとも、密告者として認知されたくないことを最も重要な要因としてあげている一方で、成人犯罪者は、職員が関心を持ち、報告について何らかのことをしてくれるだろうということに関して

は、際立って悲観的であった。コミュニティの犯罪調査とは違って、犯罪が深刻ではないという事実は、報告しなかった理由として、ほとんど挙げられていなかった。この結果を逆説的に表現すれば、受刑者は、ひどく傷つけられた場合でさえも、職員に報告したがらないということが明らかである。

　潜在的な被害化の問題を考慮すれば、職員は、もしかしたら、特定の被収容者がいじめられているかすかな兆候を、活用することができるかもしれないのである。ここでは、２つのタイプの被害化が注目されるであろう。１つは「排除」であるが、これは、明らかに公然と行われるものであるがゆえに、目につくものである。もう１つは舎房内での窃盗であるが、これは最も報告される可能性の高い被害化の形態である。受刑者がゲームから締め出されたり、食事の時間に孤立させられたりしている場合、その受刑者が、直接的に職員に気づかれない方法で脅迫されたり、強奪されたり、言葉によりのしられたり、あるいは暴行を受けたりしている可能性は極めて高いようである。職員は、めったに暴行をするという脅迫や強盗については気づかないかもしれないが、「排除」については発見できるのであり、そのことを注意深く肝に銘じておくべきである。同様に、職員は、舎房内での窃盗について報告している者が、複合的に被害化されている蓋然性についても注意すべきである。

　被害化の本質についての思い違いが、効果的な反応を公式化する試みを阻害しているのである。刑務所内で行われていることの、あまりにもわずかのことしか職員には報告されないので、職員のメンバーは、彼らが伝え聞いたものこそが、典型的なものであると誤って考えさせられるかもしれず、そうしたわずかの情報に基づいて物事を一般化しているかもしれないのである。もし部分的な情報に基づいて行為しているのであれば、そこで行われるいかなる介入も、効果的ではなく、かえって逆効果であるという現実の危険性さえ存在するのである。

　不正確なあるいは部分的な情報に基づいた不適切な介入の危険性は、葛藤の研究によっても強調されている。クーリの研究では、58名の刑務所職員が、証人としてあるいは報告担当の職員として、あるいはその双方についてインタ

ビューを受けている。彼らの半分の者は、その背景事情をよく理解していたものの、残りの半分の者は、紛争が何に対するものなのかを知らなかった。わずか2名の者が、暴力を予防するために何かしていると答えたのみであった。インタビューを受けた刑務所職員は、彼らが受刑者間の紛争の成り行きに影響を及ぼしたり、暴力的な結果を予防するための力をほとんど有していないと感じているようである。職員が背景事情についてよく知らなかった場合において、誰に責任があるのかを決定するプロセスは、当てずっぽうなものとなる。被害者とラベルを貼られた被収容者を保護したり、疑われた犯人を処罰するための管理行為は、原因となった葛藤を悪化させる危険性があることを覚悟して行うものであり、場合によっては不当な行為でさえある。

　同様に、職員間でのコミュニケーションが、時として不足している場合がある。被害化の研究は、居住棟観察記録、警備報告書、さらには個人経歴記録のようなアプローチの連続性を確保するために作成された方法が、まばらに、かつ矛盾して用いられていることを見出している。いくつかの事例において、1日3交替制の1つの交替勤務チームによって注意深く記録された観察記録が注目されず、その結果、予防できる暴行や強盗が発生したという事実もままみられるのである。

　相互的な信頼の欠如を引き起こすことは、破滅的なことであり、破滅的な態度である。暴力は不可避的なものであるという、受刑者や職員によって共有された、あきらめにも似た容認の態度が存在する。被害化の研究において、大多数の職員が、いじめを刑務所及び青少年犯罪者施設における重大な問題であると考えていることを見出している。しかしながら、大多数の者が、それを避けることのできない成長過程の一部分であり、予防することができないものと感じているのである。葛藤の研究において、10名の職員のうち9名の者が「暴力は刑務所において不可避的である」という主張に賛意を示している。すなわち、「私は、賛成せざるを得ない。ここにいる人間のタイプがタイプですから。彼らは、考える前に行動するのです。暴力的で、予測できない人間なのです」と述べている。

第 8 章　英米における受刑者暴力の解消策　237

　暴力が不可避的であるという信念による重大な影響の1つは、多くの受刑者が、そうしたいからではなく、彼らが他にいかなる代替手段もないという立場に立たされたから、喧嘩したというものである。受刑者たちは、彼らの唯一の選択肢が、暴力で葛藤に対抗することであると感じていたのである。同様に、我々は、職員が、時おり、彼らが紛争をやめさせる可能性を有していたとしても、介入しないことを選択する場合があることを認識できるが、これは、おそらく、職員が、暴力は決して予防しえないと考えているからであり、いわば、堕落したペシミズムの事例であるといえるであろう。

　また、暴力は不可避的なものであるとみなすことに加えて、暴力は、しばしば、妥当なものであるとさえ考えられた。被害化の調査における半分以上の受刑者たちが、密告者はいじめられるに値すると感じていたのである。また、成人犯罪者の4人に1人は、そのような見解に同意しなかったものの、青少年犯罪者の間では、性犯罪者はいじめられるに値するというコンセンサスが存在していた。

　他方、職員は、いかなる受刑者も乱暴されるに値するものではないという見解に、ほぼ全員の意見が一致していた。葛藤の研究に関して話を聴かれた58人のうちの1人だけが、逆の立場を採っただけであった。すなわち、「私は殴ることを大目に見ることはできませんが、彼らを助けることもしないでしょう。私は見て見ぬふりをするでしょうね。自分で処理することも、あるいは別の職員がそうするように期待することもないでしょうね」と述べているのである。

　暴力を予防することにおける職員の役割は、刑務所内の暴力に対する背景の単なる1つの側面であるにすぎない。刑務所内における暴力に関する研究が明らかにすることは、刑務所環境と暴力とのより広範な結びつきである。すなわち、刑務所環境が、基本的な人間的欲求を否定することから、暴力の種を育む可能性があることについての抜本的な認識が必要なのである[21]。

5 人間の基本的欲求と暴力の周期

初期の著作において、バートンは、反応の一貫性、刺激、安全の確保、認識、配分的正義、外見上合理的なもの、有意義な反応、統制の感覚、さらには、ある者の役割を擁護することといった9つの基本的な人間のニーズについての一覧表を作成している[22]。後にバートンは、葛藤が満たされないニーズから生じるものであり、威圧的な手段を通しては抑制あるいは予防することはできず、無視されているニーズを確認し、それらを満たすように働きかけることによってのみ、抑制あるいは予防することができると主張しているのである。そこにおいて、彼は、これらのニーズが物質的な利益ではないこと、彼が提案した解決法が、問題に対して資金を投じる事ではないことを強調している。このような観点からは、より安全な刑務所の創設は、決して大規模な財政的投資を求めるものではないことが分かるのである[23]。

バートンの理論は、トク（H. Toch）の主要な関心領域と、奇しくも一致するものであるが、その関心領域とは、プライバシー、安全、構造、支援、感情的なフィードバック、活動、あるいは自由といったものであった。トクは、異なる受刑者グループが、これらの関心領域について異なる優先順位をつけることを認識している。調和した環境という彼の理論は、とりわけこの文脈において有益である。たとえば、彼は、青少年の犯罪者たちは、活動に関して高い価値を置くのであるが、一方で、より年配の被収容者たちは、安全の確保に重点を置き、既婚の受刑者たちは、感情的なフィードバックにより大きな関心を抱くということを指摘している[24]。

受刑者たちの心理的要求を満たす環境は、満足を促進する傾向がある。1つの型が、すべてのアプローチに適合するわけではないが、トクは、個人的ニーズと環境を再統合するための「組み合わされた多様性」という政策について言及しているのである。

バートンやトクによって引用されたニーズの幾つかは、ほぼ同一のものであ

る。すなわち、安全の確保と安全性、一致した反応と構造、刺激と活動が、そうである。バートンやトクが示唆するように、我々には、基本的な人間のニーズを満たすことの失敗が、受刑者たちの間で、個人間の葛藤を助長するという結果をもたらすことが明らかであるように思われる。プライバシーの侵害（たとえば、身体摩擦や職員による舎房の捜索）は、家族関係に対して損害を与える拘禁の影響と結び付く場合に、葛藤を招くということは驚くことではない。2人の受刑者が不快な面会を終えた後で喧嘩になる場合、暴力に対する背景事情は、刑務所によって強いられた親密性の喪失を反映したものといえるのである。

トクとバートンの研究は、刑務所社会が、葛藤が休みなく続き、暴力が日常化する、特定のサイクルへと陥るかもしれない道筋について、1つの見解を提供するものである。高い割合の暴行及び暴力への脅迫を伴うような刑務所は、安全性、合理性、さらには統制等についての人間のニーズを満たすことができないのである。潜在的な略奪者たちが、力の誇示を重んじる可能性が高いという前提を考慮に入れるならば、そのような環境の中にいる受刑者たちは、もしかしたら、暴力を、彼らの環境に対する統制を繰り返し主張するための手段であると理解しているかもしれないのである。この暴力のサイクルは、図9において示すごとくである。

高い窃盗と強盗の割合は、配分的正義、一致した反応、あるいは個人的な安全の確保に対する受刑者たちのニーズを擁護することについての失敗のきざしとなるものである。規範を守らせる動機付けは、泥棒と疑われた者たちに罰を与えることによって、何人かの受刑者たちを、それらの危険性に対処するように仕向けることになるであろう。そのサイクルは、図10において示すごとくである。

これらのサイクルは、有益な活動の欠如といったような、管理体制的要因によって悪化させられるものである。受刑者たちが適切な刺激を与えられない場合には、彼らは役割感を失うかもしれないし、彼らの将来をほとんど掌握していないと感じるかもしれないのである。仕事が提供するであろう誘因（改善された生活水準、監禁の一時中断、信頼性を証明する機会等）の欠如は、受刑者たちが、

図9　暴力は暴力を生むという構図

〔身体的安全に対する不安への受刑者の反応は、
　暴力が生じる可能性に伴って増大する〕

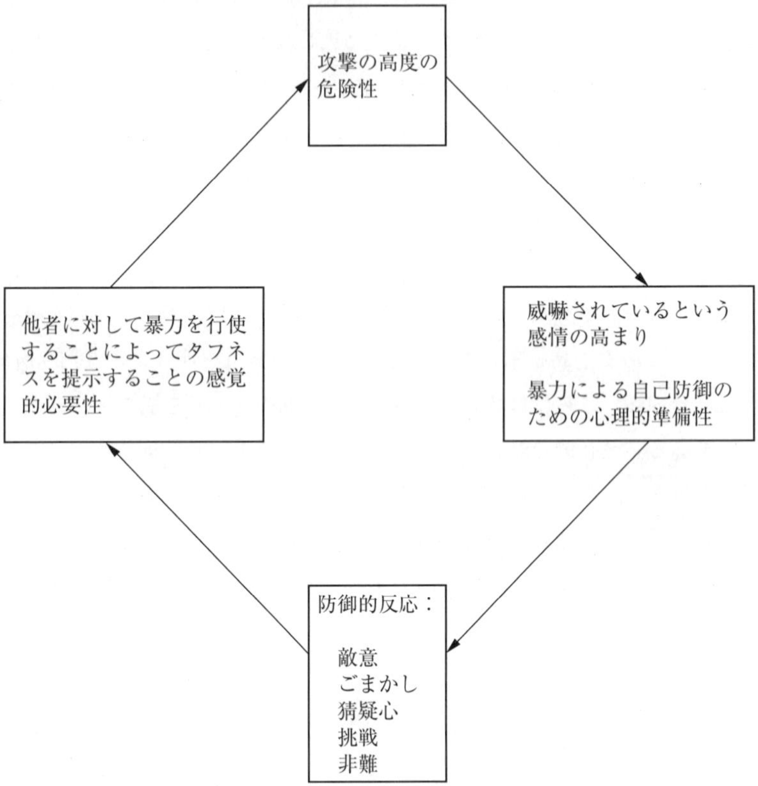

攻撃の高度の
危険性

他者に対して暴力を行使
することによってタフネ
スを提示することの感覚
的必要性

威嚇されているという
感情の高まり

暴力による自己防御の
ための心理的準備性

防御的反応：

敵意
ごまかし
猜疑心
挑戦
非難

資料源：Edgar, K., O'Donnell, I., and C. Martin, *Prison Violence : The Dynamics of Conflict, Fear and Power.* Devon, Willan Publishing, 2003, p. 201.

たとえ暴力に訴えても、失うものはほとんどないと感じるかもしれないことを意味するのである。

　ある意味において、受刑者たちの行動は、彼らが取り扱われている程度を反映したものである。彼らの安全性が無視された場合、彼らが必要とするものとは、彼ら自身を守ることであると判断するのであろう。管理当局と被収容者との間で利益葛藤が生じ、結論が協議することなしに決定された場合、受刑者自

第8章　英米における受刑者暴力の解消策　*241*

図10　報復の動態

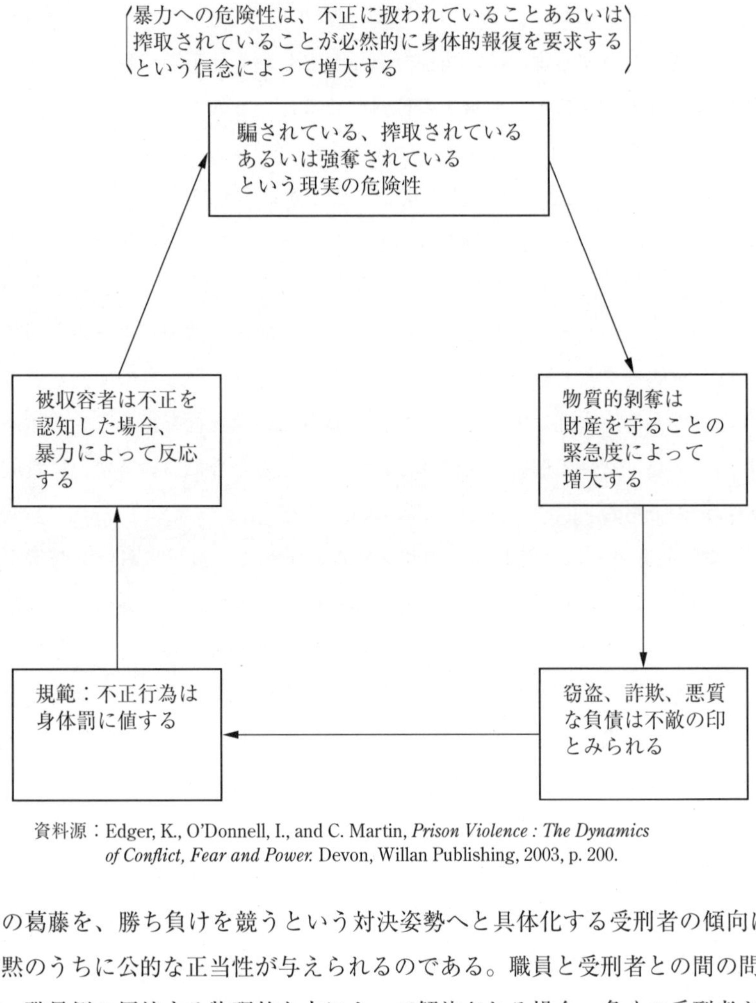

```
⎛暴力への危険性は、不正に扱われていることあるいは⎞
⎜搾取されていることが必然的に身体的報復を要求する⎟
⎝という信念によって増大する　　　　　　　　　　　　⎠
```

騙されている、搾取されている
あるいは強奪されている
という現実の危険性

被収容者は不正を
認知した場合、
暴力によって反応
する

物質的剥奪は
財産を守ることの
緊急度によって
増大する

規範：不正行為は
身体罰に値する

窃盗、詐欺、悪質
な負債は不敵の印
とみられる

資料源：Edger, K., O'Donnell, I., and C. Martin, *Prison Violence : The Dynamics of Conflict, Fear and Power.* Devon, Willan Publishing, 2003, p. 200.

身の葛藤を、勝ち負けを競うという対決姿勢へと具体化する受刑者の傾向は、暗黙のうちに公的な正当性が与えられるのである。職員と受刑者との間の問題が、職員側の優越する物理的な力によって解決される場合、多くの受刑者が刑務所へと持ち込む、力の意義が強化されることになる。刑務所が、個人的な好みに対していかなる余地も認めない場合、被収容者たちは、他の受刑者との相互作用において実現された、彼らが保持するわずかな自主性を失うまいとより一層用心するようになり、必要とするあらゆる手段を用いて、個人の無欠性を

保持するための準備をするのである。

特定の刑務所における、あらゆるこれらのサイクルの中で目につくものは、トクの研究が含意するように、多様であるかもしれず、実際に我々は、暴力的な被害化の程度や性質が、刑務所の様式やそこにいる人々の性質によって影響を受けることを見出している。

「女性」は、男性と比べて武器を用いることがはるかに少なく、彼女たちの武器の選択は、前もって作られたものというよりは、むしろ、手近にあるものであった。女性の受刑者たちは、紛争を解決する手段として、ほとんど暴力を用いなかった。むしろ、彼女たちを中傷した者、あるいは彼女たちの共同体を害した者を処罰するために用いられる場合に、暴力は正当なものであるとみなされたのである。女性は男性と比べて、喧嘩あるいは暴行を止めさせる傾向がより高かった。女性の刑務所共同体は、ほとんどの場合において暴力に賛成しなかったのである。

「青少年犯罪者」は、それ以外のサンプルと比べて、最近において喧嘩や暴行を経験している傾向がより高かった。彼らは、脅迫されたりあるいは攻撃された場合に抵抗を試みているのであり、紛争を解決するために容易に暴力に依拠し、暴力を用いることが、将来的な被害化から彼らを守る方法であると考えたのである。結果として、彼らは、彼らの暴力が、もしかしたら、他の受刑者や職員との将来的な関係に影響を与えるかもしれないと思われる損害については、予見することができなかったのである。

「地方の刑務所における成人男性」は、より雑多なグループであった。彼らは、他の者たちと比べると、報復あるいは復讐に力を行使する可能性がより高かった。彼らの口論のより大きな割合は、いじめや脅迫に関することであった。これらの受刑者たちは、しばしば、彼ら自身を擁護する手段として、あるいは自己防衛の手段として、力を行使することを正当化したのである。

「重警備刑務所」における受刑者たちは、他の刑務所における受刑者たちと比べて、より早期に口論を見極め、喧嘩や暴行の結果を予想する能力を示している。概して、彼らは、より年配であり、より長い刑期に服し、さらにはジェ

イルに精通していた。安定したコミュニティの文化は、彼らが、口論が暴力へとエスカレートすることを予防する誘因を有していたことを意味しているのである。彼らは、同様に、暴力を用いることなく葛藤を解決するために、彼らの仲間についてのより深い知識を用いることができるのである。

トクの「調和した解決法」という概念は、より安全な刑務所を設立することができるという基本的枠組を提供するものである。本章において、私は、刑務所生活を特徴づける、日常的な被害化や葛藤から暴行が発生するというメカニズムを強調した多くの研究を紹介した。しかしながら、暴力の結果よりもむしろプロセスに焦点を合わせることは、職員が潜在的な紛争をより早期に見極めることを可能にする最良の方法であるかもしれないのである[25]。

6 安全な刑務所の創出

施設管理という視座からは、個人間の暴力は、職員によって認知された結果として司法判断に至った、「喧嘩及び暴行」という用語で定義される。暴力事件に対する典型的な刑務所の反応は、法的判断を下す管理者の面前にもたらされた事実から、当該受刑者が訴えられたとおり、実際に害を及ぼす暴力を行使したかどうかを判断することである。もしそうであるならば、通常、次のような解決策がある。すなわち、当該受刑者は、特権を剥奪することによって処罰され、かつ必要がある場合には、被害者から引き離されることになる。喧嘩の場合には、喧嘩したもの同士が、お互いに引き離されるのである。要するに、喧嘩や暴行に対する対応の原理は、有罪性、処罰、さらには分離という、公正な結論を見出すことにあるのである。

予防は、主として受刑者が暴力的なタイプであるかどうかを見極め、暴力を行使する機会を制限することに基づく、情報及び管理手段を対象としたものである。このように、暴力の危険性は、暴力的傾向のある受刑者たちの同定、さらには侵害を引き起こし、逮捕され、訴追された者に対する有罪性や処罰の決定過程を通じて管理されるのである。

しかしながら、こうしたアプローチに対する2つの根本的な問題は、暴行の水準を引き下げるための、刑務所職員や管理当局の能力を侵食するということである。第1に、エドガーほかの研究では、受刑者間で起こった大部分の暴力が、未報告であったことが明らかにされている。したがって、暴力の原因について管理当局が入手できる情報は、部分的なものであり、潜在的にゆがみが生じているのである[26]。ボトムズ（A. E. Bottoms）は、このことについて、以下のような観察をしている。

　　「大部分の暴力行為が外見上未発見であるという文脈において、累犯者として公式に認められた者たちは、必要な機会があれば、彼ら自身の目的を達成するために、暴力に訴える準備のあるという母集団からは、おそらく例外的なものであろうということは明らかである。」[27]

　第2に、加害者の分離と処罰は、しばしば逆効果であるということである。制度全体への調整についてのゴフマンの見識を思い起こしながら、刑務所長であったポール・ケブ（Paul Keve）は、抑圧的な体制の逆効果について、次のように書き記している。

　　「そのような自由の抑制に伴って、特定の受刑者たちは、彼ら自身の納得のいく自画像を支えるために、必要とされる反抗の形態でもって反作用するのである。そのようなことに満足を与えることは、結局のところ、いかに不適当であるとしても、あるいはいかに自滅的であるとしても、それは完全に通常の人間のニーズなのである。必然的に、看守からの公的な反応は、さらに受刑者の敵意を助長する、さらなる抑圧を負わすことになるのである。それゆえに、我々は、結果として、矯正上の危険な状態、さらには受刑者の犯罪に適した性格を維持することになるのである。」[28]

　また、対いじめプログラムのような手段の信頼性は、永続的に被害を与えている人物の正確な同定に、大部分を依拠するものである。一般的に言って、「いじめ」とは理解しがたい概念であり、抽象的なレベルにおいてさえも、取り扱うことが困難なものである。被害化の研究において話を聴かれた職員は、「いじめる者」は、特定の一般的な特質によって識別することができると考え

ていた。たとえば、多くの職員は、行状について言及し、職員に対して横柄な態度を取る被収容者は、他の被収容者に被害を与える可能性が高いと述べている。これは危険な先入観である。というのも、このことは安易に「人目につく」被収容者を、潜在的な「いじめる者」として不当に同定することに至る可能性があるからである。職員に対して敵意のある被収容者が、必ずしも他の被収容者に対して敵意があるとは限らないのである。

　さらに、葛藤や被害化が広がり、被害化する者の多くが同様に被害者である場合、特定目的の集団は、全般的なレベルに対してはほとんど影響を与えることができないのである。「暴力的な人々」に焦点を合わせることは、喧嘩や暴行に至る相互作用へ注目をそらすことにもなる。これらの集団のための候補者の不正確な同定は、それらの集団の正当性を損なうおそれさえあるのである。活動的な加害者は発見されないままであり、他方、脆弱であると同定された者は、被害者保護ユニットに移送された場合、仲間の被収容者を食いものにし始めることがある。その上、集められた被収容者は、反いじめに関する集団においてでさえも、お互いに被害化し合い続けることがある。すでに特別な集団に属する被収容者が、他の被収容者を被害化することがあるという事実は、分離には限定的な価値しかないということの強力な例証であろう。そして、これはまた、重複の重要性についての暗示でもあるのである。

　エドガーほかの研究において示された重要な結論の1つは、特定の類型の被害化と、分離したグループとして、被害者と加害者という厳密な用語においての思考との、限定的な価値についての重複の程度である。生活様式という要因は、受刑者たちがふさわしい被害者を見つけるか、あるいは彼ら自身が脆弱であるとみなされる機会を増大させる特定の日常活動として、重複を部分的に説明するものである。同様に、被収容者の被害化の経験と彼らが行った犯罪との間にも、もしかしたら直接的なつながりがあるのかもしれない。ある受刑者がある週に用いた暴力についての脅迫そのものが、もしかしたら、次の週に、彼らが暴行を受けるという結果になるかもしれず、強盗未遂が、報復的な攻撃という結果になってあらわれるかもしれないし、喧嘩状態にある受刑者たちは、

彼らを暴行した者に対して暴行を仕返すことにもなるのである。暴力のブーメラン効果は、決して過小評価してはならないのである[29]。

スパークス（R. F. Sparks）゠ボトムズ（A. E. Bottoms）゠ヘイ（W. Hay）は、1996年に、刑務所内の秩序を維持するための努力の過程において、刑務所の管理者が利用できた選択肢に焦点を合わせた『刑務所と秩序の問題』（*Prisons and the Problem of Order*）という著書を明らかにしている。この本で彼らが提示したものは、受刑者が分別のある主体者として行った決定を含んだものであったが、どちらかと言えば、彼らの著書は、主として施設管理者の視座から秩序の問題を取り上げたものであった[30]。

アリソン・リーブリング（Alison Liebling）゠デビッド・プライス（David Price）は、2001年の彼らの著書『刑務所職員』（*The Prison Officer*）において、同様に、刑務所社会の円滑な運営について関心を示しているが、彼らは、彼らの基本的な視点として、刑務所職員の経験と見識を取り上げているのである[31]。

これら2つの研究は、どちらも、刑務所の職員の側から情報を集めたものであり、スパークス゠ボトムズ゠ヘイの研究は、刑務所管理の主要な目的としての刑務所内における秩序維持について描写している。彼らは、秩序を維持するための「状況的」手段と「社会的」手段との間の相違を明らかにしているのである。状況的統制により、彼らは、受刑者が管理体制を崩壊させる機会を減少するための、あるいは除去するための努力について言及している。それらは、たとえば、改善された監視、鍵をかけることができる門や、予定表を用いながらの移動の統制、さらには、規則の厳格な執行等を含んでいる。

リチャード・ワートリ（Richard Wortley）は、より詳細に状況的な視座について言及している。彼は、2002年の『状況的刑務所統制：矯正施設における犯罪予防』（*Situational Prison Control : Crime Prevention in Correctional Institutions*）という著書において、2段階モデルを提案しているが、それは「行動は、最初に状況的な条件によって開始され、その後でのみ、機会についての考慮が働く」というものである。彼は自傷行為の例を挙げており、そこでは、刑務所の諸条件が、結紮糸あるいはとがったガラスの破片のような、適当な自傷手段を捜し

求める行為につながる、絶望感の一因となるかもしれないと指摘するのである。同様に、開放的な刑務所から逃走する機会は、累積した債務あるいは家族の問題のような、他の状況的要因がなければ、利用されないかもしれないとするのである。刑務所の管理運営上の問題は、性急な統制と機会の減少との間のバランスをはかることの中に見出されると、ワートリは考えているようである。しかしながら、秩序の混乱についての分析研究の不足や特殊な刑務所環境のために、このバランスがいかにして見出されることになるのかといったことについての確実な情報は、今のところ存在しない。本章で紹介したエドガーほかの研究が、ワートリの2段階モデルの有効性を調査するための助けとなる可能性が存在するのみである[32]。

機会減少の政策は、容易に懲罰的なもの、すなわち制限的かつ抑圧的な体制へと導くかもしれない、過度に統制するアプローチとなるおそれがある。それゆえに、状況的犯罪予防は、被害化及び葛藤の基礎をなす原因と向かい合う、より広範な戦略の構成要素の1つとしてみなされなければならないのである。

社会統制は、文化を改め、関係を強化し、力の行使が大部分の受刑者によって、大部分の場合正当であるとみなされることを保証し、さらには相互の信頼を発展させることを基礎としたものである。極めて重要なことに、社会的手段及び状況的手段の双方とも、規則の執行のみを通じて秩序の維持を主張するものではないのである。

より一般的には、スパークスほかは、統制の連続体に基づく刑務所内の暴力に対する反応について、イリノイ州マリオンのような極端に厳格な体制の刑務所から、『刑務所と秩序の問題』が書かれた時点におけるウィモット刑務所の中で追い求められた、厳格でないアプローチまでを特徴づけているのである。彼らは、強制的な政策は喧嘩をする機会を最小化するが、他方、寛大な管理体制が自律についての受刑者のニーズに敬意を表している側面のあることを示唆しているのである。しかしながら、彼らは、また、寛大な管理体制が、同様に暴力の水準を高める危険性についても認めている。すなわち、「状況的な統制を優先させないことは、何人かの受刑者たち、そしておそらく職員をも、許容

し得ないレベルの危険性にさらすことになりはしないかという、厄介な疑念が残ることになる」というのである[33]。

　寛大な管理体制と抑圧的な管理体制との間の相違は、本当はいかに厳格に規則が執行されるかという問題である。エドガーほかの研究は、刑務所内の暴力に取り組む寛大な手段と抑圧的な手段との間の二分論に対する代案について指摘している。つまり、葛藤を中心のアプローチは、大いに異なる一連の政策的考慮を含意するとするのである。刑務所の管理者の視座からする、第1のステップは、暴力の原因が葛藤の中に見出されるということを認識することである。バートンやトクの研究、ならびにエドガーほかの被害化の研究に基礎を置けば、暴力予防の政策は、被害化や不安感のレベルを判断し、基本的な人間のニーズが満たされていないことを確認するために、それぞれの刑務所の組織的な検査を行うことが原則となる。トクが指摘しているごとく、これらのニーズの間での優先順位は、受刑者たちとの話し合いで定められなければならないのである。というのも、それぞれの受刑者社会は、その社会独自の一連の主要な関心事が存するからである。ニーズ、不安感、葛藤、さらには暴力とのつながりは、最も成功裏に収容する人々の基本的な人間のニーズを満たすような刑務所が、正当性ならびに安全性を有する場であるとみなされるということを示唆している。

　葛藤を中心とするアプローチは、同様に、受刑者たちに対して定められた政策運営に関する影響が顕著である。受刑者たちの間での紛争や抗争に関する理由は多様である。しかしながら、4つの要因が、刑務所内で起こる多くの個人間の暴力の基礎をなすものとして、突出しているといえるであろう。

　その4つとは、①（相対的な）物理的剥奪、②危険性（被害化されることについての常に存在する危険性）、③権力争い（個人的な自律の全般的な喪失によって、より激しく争われる）、④建設的に葛藤を処理する技術の欠如、である。

　すでに紹介したごとく、刑務所内における暴力は、受刑者たちが平和的に解決できない葛藤から生じるのである。エドガーほかの研究では、多くの受刑者たちが、喧嘩はしたくないが、葛藤に直面すると、選択肢はないと感じている

第8章　英米における受刑者暴力の解消策　249

ことを見出している。一般的な観点から、刑務所は、不可避的な葛藤が調停され解決されることができる手段を提供することにおいて、順向的であるべきであるといえよう。たとえば、制限を受けない方法で葛藤について調べることが必要とされるとき、場合によっては、外部の者で、独立し、さらには公平な立場の調停人を必要とするかもしれないのである。最近、我が国でも話題となっている修復的司法協議会は、場合によっては、喧嘩や暴力に対してより効果的な反応を提供するかもしれず、イギリスのブリングドン刑務所を含む多くの刑務所が、現在、このようなアプローチを試しているようである。それに加えて、受刑者たちが葛藤を処理する方法が、非常に頻繁に暴力的な結果を生む危険性を増加させていることを考えると、刑務所が、紛争の解決方法に関する技術について、積極的に受刑者たちを訓練することによって、多くの紛争が防止できるかもしれないのである[34]。

　葛藤の周期を終わらせるためには、葛藤の具体的な起源についての念入りな実証研究、ならびにそれぞれの施設における主要な関心領域を決定するために受刑者との協議によって明らかにされた、きわめてローカルな問題解決を必要とするのである。ある管理者は、もしかしたら、受刑者の個人的な安全の確保という感覚は、親密性やプライバシーが受刑者にとってそれほど重要でないという脅威のもとにおかれているという現実に見出されるかもしれないという。ほかの刑務所においては、主要な関心事は、もしかしたら、刺激（活動）や有意義な役割を見出す機会に対するニーズであるかもしれないのである。また別の刑務所では、ニーズが無視されている主要な領域が、分配的正義ならびに反応の一貫性（たとえば、民族性に基づく差別という著しい兆候がある場合）であるという事実を見出すかもしれない。同様に、それは、不安感を助長する（たとえば、シャワー室や隔離房などのような）物理的環境の特定の場所であるかもしれず、問題のいくつかの構成要素を除外する可能性は、捨て去られるべきではないのである。特定の刑務所が基本的なニーズを満たすことに失敗するやり方は、それぞれ大きく異なるのであり、それゆえに、潜在的に暴力的な葛藤を減少させる手段は、単独の詳細な規定のみでは解明されないのである。

リーブリング（A. Liebling）とプライス（D. Price）は、刑務所職員の役割について、広範囲に及ぶ見解を展開している。彼らは、職員と被収容者との間の関係がどうあるべきかについて、特別に注目している。彼らは、職員は、一方で、社会秩序を維持するための統制と、もう一方で、それらの妥当性を維持するための報酬と公平性との間で釣り合いをとらなければならないと主張した。つまり、規則は手段として用いられるべきであるとしたのである。すなわち、規則は、厳格に法を執行するためというよりは、むしろ、交渉をするために選択的に利用されるべきであるとしたのである。彼らは、強制的な力の限界（ならびにコスト）について認識する一方で、同様に、宥和政策が個人の安全性を低下させるかもしれないということをも認めた。1990 年代後半における刑務所職員の役割の展開について集約するにあたって、彼らは、「受刑者たちは、相対的な自由、抑制に対する不安感や混乱、秩序や安全の確保、さらには（他の受刑者たちではなく）職員が統制しているという事実と取り引きしたのである」と述べている[35]。

秩序の維持を確保するために、刑務所職員は、彼らの権限の一部を移譲しなければならないというサイクス（G. M. Sykes）の見識を思い起こしながら、彼らは、刑務所職員にとって鍵となる概念は、「裁量」であることを見出したのである。リーブリングとプライスは、特定の規則を執行しないための決定に対して「平和維持」というラベルを貼った。彼らは、「刑務所において権限を『行使しないこと』は、非常に重要であり、適切な方法で効果的に活用されている権限の謙抑的な行使は、刑務所職員の『最善の』形の仕事の仕方を構成するものであるが、これが、我々（及びその他の者）が『平和維持』と呼んでいるものである」と述べているのである[36]。

この平和維持という言葉の解釈からは、3 つのポイントが浮上してくる。第 1 に、彼らの著書『刑務所の職員』に対して生の資料を提供した職員たちが、そのような狭く限定的な方法で平和維持について理解していたということは不幸なことであったということである。リーブリングとプライスは、正しい関係が規則の執行よりも職員の権限についてのより広範な理解を必要とし、職員自

身が完全に規則にしばられた機構のなかにおいて、平和維持について描写していることを強調しているのである。

　第2に、裁量に関して職員たちが重要視していることは、被収容者と管理当局との間において調停する役割があることを指し示している点である。一定の状況において規則を執行しないことは、場合によっては、管理当局の要求が現実的でない場合に生じる緊張を和らげるかもしれないが、規則の部分的な適用は、違反を大目に見られた受刑者と罰せられた受刑者との間の問題を、助長する可能性が高いのである。葛藤の取扱いの技術として、このことは、混乱した結果へと至る可能性が高いのである。トクは、規則がどのように適用されることになっているかに関する因習の重要性について述べている。信頼できかつ公平な規則の適用は、安定性にとって不可欠なものである。ある施設における公式の規律水準は、規律が用いられることとの一貫性よりも、実際的な重要性を持たないかもしれないのである[37]。

　第3に、平和維持の役割についてのリーブリングとプライスの説明は、受刑者間の紛争という脈絡において、何が職員の役割の最も重要な部分であるのか、すなわち、いかに職員が、受刑者間の葛藤の解決を促進するために適切に介入することができるのかといったことに基づく手引きを提供しなかったのである[38]。

　エドガーほかが主張する葛藤中心のアプローチは、以下のような広範な見地から、職員による平和維持を考察するものである。すなわち、それは、①危機に瀕した利害関係、価値さらにはニーズに焦点を合わせることにより、被収容者たちの葛藤の繊細な処理を通じて、暴力を予防あるいは最小化する手段を発展させること。②それぞれの関係各当事者が用いている戦術を確認し、受刑者たちが侮辱、脅迫、非難、敵意ある身振り、あるいは異議といったような触媒的な要因を用いることを止めさせるために介入すること。③関係各当事者間のコミュニケーションを改善すること。④敗者のいない結末に至る選択肢を模索すること。⑤交渉ならびに威圧的な統制に優先して、基本的な人間のニーズの実現に賛同する文化を創り出すよう励むこと等である[39]。

平和維持の役割の演出は、時おり規則を謙抑的に執行することをはるかに越えるものを求めるものである。リーブリングとプライスの研究から分かるように、平和維持の役割は、我々が考えるように、被収容者間（被収容者と職員の間、あるいは被収容者と管理当局との間）の葛藤の原因を減少させる義務や、葛藤が暴力へとエスカレートすることを予防する義務について言及する場合において、刑務所の職員は、平和維持の役割において非常に限られた意味しか持たないことは明らかである。

とは言うものの、規則の執行が職員の仕事にとって重要なものではないということを言おうとしているのでもなければ、それが要点ではないと言っているのでもない。効果的なポリシングは、被害化に対する反応において不可欠なものである。受刑者たちは、他の受刑者によって搾取されることに対して、深い意義付けをする傾向がある。したがって、暴行を減少させる1つの方法は、受刑者による受刑者の搾取を防止することに、より大きな関心を抱くことである。彼らは、しばしば、他の者が彼ら以上の物質的な利益を得ていると思う場合、暴力に訴えることをいとわないのである。窃盗、暴力についての脅迫、強盗、さらには暴行は、受刑者たちの生活においては日常的な経験であり、かつ、公的な注目へと至る可能性が低いという事実は、人々の安全な拘束状態を維持するという義務を満たす上で、刑務所業務によって直面する重大な問題を際立たせるものである。刑務所生活のこのような領域において、刑務所職員によって規則が執行されないことは、それもとりわけ、執行されないことが一貫性のない場合には、平和を維持することからは完全に遠く離れてしまっているのである。

より一般的には、刑務所の職員が、暴力の水準を減少させることに何らかの希望を持つべきであると考える場合、刑務所業務が彼らの役割を定義する方法は、反作用することから予防することへ、さらには、規則を執行すること（あるいはしないこと）から、葛藤の解決策としての平和維持についての、より広範で、より繊細な形での意義付けへと移行しなければならないのである。

刑務所職員が、暴力は不可避であるという信念のために、本来の意味での平

第8章　英米における受刑者暴力の解消策　*253*

和維持の役割を怠ることは許されないのである。真の平和維持とは、職員の介入が逆効果とならないように、葛藤に介入しこれを処理することが有益であることを理解するために、潜在的に一触即発の状況が受刑者間で生じた場合には、その状況を認識するための訓練がなされなければならないということを意味するのである。

7　おわりに

　以上において見たごとく、常に安全な刑務所環境を提供するということは、明らかに困難である。刑務所は、今後とも、葛藤を引き起こす場であり続けるであろうと思われる。しかしながら、そのことはかえって、非暴力的な風潮を促進すること、解決のための活動を促進するために受刑者に対して調停を利用できる機会を与える新たな方法を調査すること、さらには紛争を処理する上での解決のための活動を発展させるプログラムを提供すること等に対する根拠となるのである。刑務所における暴力の問題が改善されるとするならば、より安全な刑務所の存在が、より安全な社会を形成することに寄与することになるという利益の拡散現象が見られるようになるかもしれないのである。逆説的に聞こえるかもしれないが、刑務所内における暴力的副次文化につて考えるよりは、むしろ、副次文化の見地から不安定な平和について考えることの方が、もしかしたら生産的であるかもしれないのである。

1) Edgar, K., O'Donnell, I., and C. Martin, *Prison Violence : The Dynamics of Conflict. Fear and Power.* Devon : Willan Publishing, 2003. なお、刑務所の歴史については、Morris, N. and D. J. Rothman, *The Oxford History of the Prison.* New York : Oxford University Press, 1998. アメリカ連邦刑務所については、Bosworth, M., *The U. S. Federal Prison System.* Thousand Oaks : Sage Publications, 2002. 刑務所と関連法規については、Creighton, S. and V. King, *Prisoners and the Law.* London : Butterworth, 2002. 参照。

2) Cooley, D., "Criminal Victimization in Male Federal Prisons," *Canadian Journal of Criminology,* Vol. 35, 1993, pp. 479-495.

3) Burton, J., *Deviance, Terrorism, and War: The Process of Solving Unsolved Social and Political Problems.* New York: St. Martin's Press, 1979 ; Burton, J., *Conflict: Resolution and Prevention.* London : Macmillan, 1990.

4) Toch, H., *Living in Prison : The Ecology of Survival (revised ed.).* Washington, D. C. : American Psychological Association, 1992 ; Toch, H., *Corrections : A Humanistic Approach.* New York : Harrow & Heston, 1997.

5) Burton, *op. cit.,* 1990, p. 47.

6) 以下の論述は、注1）の著書の第9章を参考にしたものである。

7) Edgar, O'Donnell and Martin, *op. cit.,* p. 186.

8) *Ibid.,* pp. 186-187.

9) *Ibid.,* p. 188.

10) Black, D., *The Social Structure of Right and Wrong (revised Ed.).* San Diego, CA : Academic Press, 1998, pp. 74-94.

11) Edger, O'Donnell and Martin, *op. cit.,* 188.

12) Black, *op. cit.,* pp. 74-94.

13) Blalock, H. M., *Power and Conflict: Toword a General Theory.* London : Sage Publications, 1989.

14) Black, *op. cit.,* pp. 74-94.

15) Edgar, O'Donnell and Martin, *op. cit.,* p. 190.

16) Black, *op. cit.,* pp. 74-94.

17) *Ibid.*

18) Burton, *op. cit.,* 1990.

19) Edgar, O'Donnell and Martin, *op. cit.,* p. 195.

20) Cooley, *op. cit.,* p. 490.

21) 以上の研究結果は、カナダのデータであることに注意されたい。

22) Burton, *op. cit.,* 1979.

23) Burton, *op. cit.,* 1990.

24) Toch, *op. cit.,* 1992, pp. 21-22.

25) *Ibid.* ; Edgar, O'Donnell and Martin, *op. cit.,* pp. 199-203.

26) *Ibid.*

27) Bottoms, A. E., "Interpersonal Violence and Social Order in Prisons," in Tonry, M. and J. Petertsilia (eds.), *Crime and Justice : A Review of Research.* Vol. 26. Chicago : University of Chicago Press, 1999, p. 231.

28) Keve, P., "The Quicksand Prison," *The Prison Journal,* Vol. 58, 1983, p. 48.

29) Edgar, O'Donnell and Martin, *op. cit.,* p. 204.

30) Sparks, R., Bottoms, A. E. and W. Hay, *Prisons and the Problem of Order.* Oxford :

Clarendon Press, 1996.

31) Liebling, A. and D. Price, *The Prison Officer.* Leyhill : Prison Service Journal, 2001.

32) Wortley, R., *Situational Prison Control : Crime Prevention in Correctional Institutions.* Cambridge : Camblidge University Press, 2002, p. 217.

33) Sparks, Bottoms and Hay, *op. cit.,* p. 327.

34) Edgar, O'Donnell and Martin, *op. cit.,* pp. 206-207.

35) Liebling and Price, *op. cit.,* p. 128.

36) *Ibid.,* p. 124.

37) Toch, *op. cit.,* 1992, p. 124.

38) Liebling and Price, *op. cit.*

39) Edgar, O'Donnell and Martin, *op. cit.,* pp. 208-209.

第 9 章

破れ窓理論の基本的枠組と犯罪防止策

1 は じ め に

　かつてオランダ、アイルランド、スウェーデンと並んで犯罪が最も少ないといわれた我が国において、21世紀に入るや否や刑法犯認知件数が300万件を超え、刑務所は過剰収容となり、治安は悪化した。世界一安全な国といわれた我が国の「安全神話」は、まさに崩壊寸前にある [1]。

　そうした状況を踏まえてか、最近において、1982年に、アメリカの政治学者であるウィルソン（J. Q. Wilson）と犯罪学者であるケリング（G. L. Kelling）によって提唱され、1994年にニューヨーク市長となったジュリアーニ（Rudolph Giuliani）によって実践された「破れ窓理論」（Broken Windows Theory）が脚光を浴びている [2]。

　もちろん、ニューヨーク市における成功は、警察官の増員、凶悪な犯罪の撲滅のためには軽微な街路犯罪を徹底的に取り締まるという「ゼロ・トレランス政策」（Zero Tolerance Policy）や犯罪データベースを用いてリアルタイムの戦略策定を行うコムスタット（COMPSTAT : Computerized Statistics）会議等さまざまな要因を考慮に入れなければならないが、ニューヨーク市が、1990年代中頃から、犯罪発生率において、全米25大都市中で23番目にランク付けされる安全な都市となった要因は、破れ窓理論による政策展開にあることは事実である [3]。

　そこで、以下においては、1982年のウィルソンとケリングの論文「警察と近隣地域の安全──破れ窓」(The Police and Neighborhood Safety : Broken Windows)

を参照しながら、破れ窓理論とはいかなるものか、その全貌を紹介してみたいと思う[4]。

2　徒歩によるパトロールの重要性の認識

雑誌『アトランティック・マンスリー』(*The Atlantic Monthly*) に掲載されたこのウィルソンとケリングの論文は、学術論文としては評価し得ないとするむきもあるけれども、警察行政に与えた影響とその政策実現の可能性を考えるとき、きわめて重要な論文であると私は思う。本論文の概略については、すでに紹介されたものがあるけれども、論文の全体を網羅するものではない[5]。そこで、本章においては、できるだけ忠実に原文を参照することによって、破れ窓理論の基本理念と論理構成を明らかにしたいと思う。

まず、ウィルソンとケリングは、パトカーによるパトロールと徒歩によるパトロールの有効性いかんについて分析し、徒歩によるパトロールは、実際の犯罪抑止効果よりも地域住民の不安感の解消に有用であったと、以下のように解説している。

「1970 年代の半ば頃、ニュージャージー州は、28 の都市における地域社会の生活水準を改善することを目的とした、『安全かつ清潔な近隣地域プログラム』(Safe and Clean Neighborhoods Program) を発表した。そのプログラムの一環として、州政府は、市当局が、警察官をパトカーによるパトロールから解放し、彼らを徒歩によるパトロールにつかせることを助成するための資金提供を約束したのである。州知事やその他の州政府職員は、徒歩によるパトロールを、犯罪を減少させるための手段として採用することに強い興味をもっていたが、しかし、多くの警察署長は、そうした手段にはきわめて懐疑的であった。彼らの見地からすれば、徒歩によるパトロールは、ほとんど信頼されていなかったからである。なぜならば、徒歩によるパトロールは、警察の機動性を減退させるものであり、市民の警察サービスに対する要求に即答することを困難にし、パトロール警察官に対する

本部の統制力を弱めるものであると考えていたのである。

　多くの警察官も同様に、徒歩によるパトロールを嫌っていたが、それは異なる理由によるものであった。つまり、徒歩によるパトロールは重労働であり、寒く雨の降る夜でも、彼らは屋外にとどまらざるを得ず、いわゆる『うまみのある逮捕』を行う機会を減少させるものであると考えていたのである。いくつかの警察署においては、警察官を徒歩によるパトロールにつかせることは、懲罰の一種として用いられていた。さらに、治安維持に関する専門家たちは、徒歩によるパトロールは、犯罪率に何らの影響も及ぼさないと考えていたのである。すなわち、徒歩によるパトロールは、大部分の意見では、世論に対して機嫌をとるためのものにしかすぎなかったのである。しかしながら、そうは言うものの、州政府が徒歩によるパトロールに対して予算を付けるということなので、市当局は、進んでこれに同調したというのが偽らざる真実なのである。

　プログラムが開始されてから5年後に、ワシントンDCの警察財団は、徒歩によるパトロール計画についての評価結果を公刊した。主としてニューアークで実施され、綿密に統制された実験についての分析に基づき、警察財団は、徒歩によるパトロールは犯罪率を減少させなかったと結論づけたのである。しかし、徒歩によるパトロールが行われている地域の住人たちは、それ以外の地域の人々よりも、犯罪の危険性が少ないと感じているように思われたし、少なくとも犯罪が減少していると信じる傾向にあり、さらには、たとえばドアを施錠して家にいるなど、犯罪から自分自身を守るための方策を、あまり講じていないように思われたのである。さらに、徒歩によるパトロールが行われている地域の人たちは、他の場所に住んでいる人たちよりも、警察についてより好意的な意見を持っていたのである。さらに徒歩によるパトロールを行っている警察官は、パトカーに割り当てられている警察官に比べて、より高い士気、より大きな職業上の充実感、さらには彼らの地域における住民たちに対して、より好意的な態度を有していたのである。

これらの結果は、徒歩によるパトロールの懐疑論者たちが、自分たちの主張が正しいという証拠として用いられるかもしれない。すなわち、徒歩によるパトロールは犯罪率に何らの影響も与えないのであり、単に市民をだまして、より安全であると信じさせているにすぎないという解釈である。」[6]

　しかし、「破れ窓理論」の提唱者であるウィルソンとケリングの見解、さらには警察財団研究会の著者たちの見解では、ニューアークの市民たちは、まったく誰もだまされてはいなかったと主張する。彼らは、徒歩によるパトロールの警察官が何を行っていたかを知っており、そのことが、パトカーでパトロールをする警察官の業務内容とは大いに異なっていたことも知っており、さらには、警察官に、徒歩によるパトロールをしてもらうことが、実際に彼らの住む地域をより安全なものにしたという事実をも知っていたのである。

3　犯罪への不安感と警察官による秩序維持の機能

　ウィルソンとケリングは、徒歩によるパトロールと犯罪への不安感の関係、ひいては警察による秩序維持の機能について、続いて、以下のように説明している。この説明は都市防犯の見地からはきわめて重要な指摘である。

　　　「しかし、犯罪率が下降していないのに、いや実際には、上昇していると解釈できるかもしれないのに、ある地域は、いかにして『より安全』であるといえるのであろうか。この答えを見いだすためには、第1に、我々が公共の場において、最も頻繁に人々を脅えさせるものが何であるかを理解することが必要であろう。むろん多くの市民たちが、主として犯罪、特に見知らぬ人による突然で、暴力的な攻撃を伴う犯罪によって脅えさせられていることは確かである。この種の危険性は、多くの大都市においてそうであるように、ニューアークにおいても、非常に現実的である。しかし我々は、時として、不安感の別の要因、すなわち秩序を守らない人々により苦しめられるという不安感を見落としがちである。それは、暴力的な

人々でもなければ、必ずしも犯罪者ではないが、評判が悪い、騒々しい、あるいは予期しない人々によるものである。すなわち、それは、物乞い、酩酊者、中毒者、騒々しいティーン・エージャー、売春婦、徘徊者、精神異常者等である。

　徒歩によるパトロールの警察官が行ったことは、彼らがなし得る限りにおいて、これらの地域における公共の秩序の水準を向上させるためのものであった。近隣の人々が圧倒的に黒人であり、徒歩によるパトロール警察官が大部分は白人であったにもかかわらず、警察のこの秩序維持の機能は、双方の人々が全般的に満足するようになされたのである。

　ケリングは、徒歩によるパトロールの警察官が、どのように『秩序』を定義し、それを維持するために何を行ったかを確かめるために、彼らと共にパトロールすることに多くの時間を費やしている。１つの典型的なパトロールは以下のようなものである。すなわち、廃墟と化したビル、今にもつぶれそうな店——そのいくつかには、店の窓にナイフや西洋剃刀を目立つように陳列している——、１つの大きなデパート、さらには最も重要なものとして、駅といくつかの主要なバス停を有する、ニューアークの中心のにぎやかではあるが、荒廃した区域のパトロールである。この区域は、荒れ果てているが、路上は人々で溢れている。というのも、そこは主要な交通機関の中心地であるからである。この区域の秩序の維持は、そこに住んでいる人や、そこで働いている人々にとってだけでなく、帰宅途中や、スーパー、あるいは工場に向かうために、そこを通っていかなければならないその他多くの人々にとっても重要なものであったのである。」[7]

　そして、ウィルソンとケリングは、地域社会において問題を起こす可能性のある人物として、「いつもの人々」（常連）と「見知らぬ人々」（よそ者）の２種類に分類して、警察官の対応の違いを次のように説明するのである。

　「路上にいる人々は、主として黒人であり、路上をパトロールする警察官は白人であった。人々は、『いつもの人々』と『見知らぬ人々』で構成されていた。『いつもの人々』は、『きちんとした人々』と、常にそこにい

るが、『自分の居場所を心得ている』幾人かの酩酊者及び浮浪者との、双方を含んだものであった。『見知らぬ人々』は、まさに見知らぬ人々であり、疑い深く、時には不安をもって見られていた。警察官は、『いつもの人々』が誰であるか知っており、そして彼らの方も、その警察官を知っていた。警察官は、自分の仕事を熟知していたので、彼は、『見知らぬ人々』を見張り続け、さらには評判の悪い『いつもの人々』が、いくぶん非公式ではあるが、規則を遵守したことを確認しなければならなかった。酩酊者と中毒者たちは、玄関口の階段に座ることは許されていたが、横たわることは許可されていなかった。人々は、わき道で酒を飲むことはできたが、主要な交差点で飲むことはできなかった。そしてビンは、紙袋に入れなければならなかった。バス停で待っている人々に話しかけたり、うるさがらせたり、施しをこうことは、厳しく禁止されていた。商売人と顧客との間に紛争が生起した場合、特に顧客が『見知らぬ人』であった場合には、いつも商売人が正しいと判断された。『見知らぬ人』がぶらついていた場合、警察官は、その者に対して、何らかの衣食の道を確保しているか、さらには職業が何かを尋ねるのであり、その者が不充分な答えをした場合には、追い払われたのである。非公式の規則を破った者たち、特にバス停において待って人々をうるさがらせた者たちは、放浪のかどにより逮捕された。騒々しいティーン・エージャーたちは、静かにするように命令されたのである。」[8]

「これらの規則は定義され、そして路上で『いつもの人々』の協力を得て、実行されるのである。別の隣人達は、異なる規則を持っているかもしれないが、これらの規則は、この地域のための規則であると、誰もが理解しているものである。誰かがこれらの規則に違反した場合、『いつもの人々』は、警察官に助けを求めるだけではなく、違反者を笑い者にさえしたのである。警察官が行ったことは、『法の執行』として描写することができるであろうが、まさにこのことが、しばしば、近隣の人々が決定したことが、公共の秩序を維持するための適切な水準であるということを保護

第9章 破れ窓理論の基本的枠組と犯罪防止策　*263*

することに役立つよう、非公式もしくは法の領域外の方策を講じることになったのである。この地区の警察官が行ったことのいくつかは、おそらく法的な異議申立てに対抗することはできないであろうと思われる。」[9)]

「確固たる懐疑論者は、もしかしたら、熟練した徒歩によるパトロールの警察官が、秩序を維持し得ると認識するかもしれないが、しかしそれでもなお、この種の『秩序』が、地域社会の不安感、特に、暴力的な犯罪に関する不安感の実際の原因とはほとんど関係がないと主張するであろう。そして、そのことは真実である。しかし、2つのことが留意されるべきである。第1に、外部の観察者たちは、どれだけ自分たちが、多くの大都市の地域において、現在の地方独特の不安が、実際の犯罪に対する不安感から生じているかについて、さらには、どれだけ道路が無秩序で不快で厄介な出会いの場であるかという現場感覚から生じているかについて、知っていると仮定すべきではない。ニューアークの人々は、彼らの行動、ならびに彼らのコメントから判断すると、見たところ、公共の秩序に高い価値を与えており、そして、警察官がその秩序を維持することについて手助けをするとき、救済され、元気づけられたと感じているのである。

　第2に、地域社会のレベルにおいて、無秩序と犯罪は一種の発展的連続性の上において常に複雑に結びつけられているものである。社会心理学者や警察官たちは、ビルの窓が破れ、そして修繕されていないままで放置されている場合、残りのすべての窓が、時を経ずしてそのうちに破られるであろうということに対して、意見の一致をみる傾向にある。このことは、荒れ果てた地域においてと同様に、整理整頓された地域においても真実である。窓を破る行為は、必ずしも大規模に発生するものではない。というのも、ある地区には窓破りの常習者たちが居住することもあるであろうが、他の地区には、窓をすぐにでも修繕する人々が住んでいるからである。1枚の修繕されていない壊れ窓は、いわば誰もそのことを気にかけないというシグナルであり、それゆえに、もっと多くの窓を壊すことは費用のかからないこと、というよりは、それは、もともと楽しみでさえあるのであ

る。」10)

　この後半の部分の説明がいわゆる「破れ窓理論」と呼ばれるものである。誰かが1枚の窓ガラスを壊したとき、その壊れた窓ガラスをそのままに放置していると、他の人も何ら罪の意識もなく釣られて窓ガラスを壊すようになり、結局のところ、その地域全体に無秩序感を生み出すことになり、ひいては犯罪者がその地域の住民の無関心に付け込み、悪事を働くようになる、というのである。この破れ窓理論のルーツは、30数年前に、スタンフォード大学の心理学者が行った「自動車の放置実験」にあるのであるが、ウィルソンとケリングは、それについて、次のように述べている。

　「スタンフォード大学の心理学者であるフィリップ・ジンバード（Philip Zimbardo）は、1969年に、『破れ窓理論』を試すいくつかの実験について報告している。彼は、ナンバープレートがない自動車を、ボンネットを上げた状態で、ニューヨーク州ブロンクスの路上に駐車させ、これと対比するために、もう1台の自動車を、カリフォルニア州パロアルトの路上に駐車させるように手はずを整えた。ブロンクスの自動車は、それを放置した直後の10分間の間に、『心なき破壊者たち』によって攻撃されたのである。最初に現れた者たちは、ラジエーターとバッテリーを取り去った。犯人は家族で、父親、母親と若い息子であった。24時間の間に、値打のあるものすべてがほぼ持ち去られたのである。その後は、勝手気ままな破壊が始まった。すなわち、窓は粉砕され、部品は引きちぎられ、室内装飾用品は引き裂かれた。子供たちは、自動車を遊び場として使い始めたのである。成人の『心なき破壊者』の大部分は、身なりが良く、見たところ身だしなみのよい白人たちであった。パロアルトの自動車は、1週間以上の間そのままの状態であった。そのためジンバードは、故意にハンマーで自動車の窓ガラスを粉砕した。まもなく、通行人たちが破壊行為に加わった。数時間の間に、自動車はひっくり返され、完全に破壊されたのである。『心なき破壊者たち』は、またも、普通の身なりをした白人たちであったのである。」11)

第9章 破れ窓理論の基本的枠組と犯罪防止策 *265*

　これが破れ窓理論が提唱される契機となった実験であるが、このことから、次のような事実が演繹されるという。

　　「ほったらかしにされている財物は、楽しみあるいは略奪を求めている人々にとって、さらには通常そのようなことをすることなど夢見ることはないであろう人々、及びおそらく自分自身は法を遵守していると思っている人々にとってさえ、かっこうの標的になるのである。ブロンクスにおける地域社会の特質——すなわち、その匿名性、あるいは自動車が遺棄されたり、物が盗まれたり壊されたりすることがしばしば起きるということ、または『誰も人のことなど気にしない』という過去の経験からして、この地域での破壊行為が、比較的落ち着いた地域社会であるパロアルトにおいて行われる破壊行為と比べて、はるかに速く始まることは言うまでもない。確かに、パロアルトでは、個人の所有物は大切にされ、害を及ぼす行為は高くつくと、人々は信じている。しかし、ひとたび地域社会の防壁——すなわち、お互いの敬意や礼儀正しい行為に対する感覚——が、『誰も人のことなど気にしない』と思われるような行為によって弱められると、結局、破壊行為は、いかなる場所においても起こり得るのである。」[12]

　「『ほったらかしの』振舞いが同様に、地域社会の統制の崩壊へと至ることはいうまでもない。自分たちの家のことを気にかけ、子どもの面倒をみ、さらには予期しない侵入者に不興の念を示す家庭からなる安定した地域が、数年以内に、あるいは数か月以内に、住むのに適さず、ぞっとするようなジャングルに変わることもあり得るのである。1つの家屋が捨て去られると、雑草が芽を出し、窓が粉砕される。大人たちが、騒々しい子供たちをしかるのをやめると、子どもたちは大胆になり、いっそう騒々しくなるのである。家族が引っ越して行くと、未婚の大人たちが引っ越して来る。そして、ティーン・エージャーたちが、街角の店の前にたむろするようになる。商店主は、彼らに店の前から立ち去るように求めるが、彼らは拒否する。そして喧嘩が発生する。ごみが積って迷惑なことはいうまでもない。人々は、店の前で飲み食いを始め、そのうちに、大酒飲みが歩道にあふれ、

さらには寝込んでしまうような事態が発生する。歩行者は、物乞いに金を
ねだられるようになり、地域は退廃するのである。」[13]

　「この時点では、重大な犯罪が増加するであろうとか、あるいは見知ら
ぬ人々に対する暴力的な攻撃が発生するであろうという結論が得られるわ
けではない。しかし、多くの居住者たちは、犯罪、特に暴力犯罪が増加し
ていると考えるのであり、彼らは、それに従って、彼らの行動を修正する
のである。彼らは、街路をあまり使わないようになり、彼らの仲間以外の
者が路上にいる場合、目をそむけ、無口で、さらにはあわただしい足取り
で歩き去るのである。トラブルに巻き込まれるな。それが彼らの至上命令
となる。しかし、幾人かの居住者にとっては、これらのことは、それほど
重要ではない。というのも、問題となるその地区は、彼らの『家』ではな
く、『彼らが住む場所』であるからである。彼らの関心は、別のところに
ある。すなわち、彼らは、ある意味でコスモポリタンなのである。しかし
そのことは、自らの人生が世界的な関わり合いをもつ人々に対してよりも、
むしろ、地域的な愛着から意義と満足を得る、他の人々にとって重要であ
る。すなわち、彼らにとって、近隣の人々は、彼らが自ら会うことにして
いる少数の信頼できる友人たち以外に存在しなくなることを意味するから
である。」[14]

　このように、ウィルソンとケリングは、1枚の破れ窓が地域社会の解体をも
たらす過程を説明した後に、地域社会がアノミー理論でいう無規範状態に至る
プロセスを、次のように描写するのである。

　「このような地域は、犯罪者の侵入に対して脆弱である。たとえそれが
不可避的なものでなくとも、人々が、自らの非公式の統制によって公衆の
行動を規制することができると確信しているところと比べて、薬物が簡単
に手に入り、売春婦が声をかけ、そして自動車はその部品を外されるとい
ったことが、より起こり得るようになるのである。酩酊者たちは、悪戯と
して行う少年たちの行動によって略奪され、売春婦の顧客たちは、意図的、
そしておそらく暴力的に行う男たちの行動によって略奪されるのである。

暴力スリが発生するであろうことはいうまでもない。」[15)

そして、このように退廃した地域社会において、最終的に犠牲者となるのは高齢者であるとして、次のように説明している。

「この地域から立ち去ることが困難であるのは高齢者である。市民の調査によると、高齢者たちは、若い人々よりも犯罪の被害者となる可能性が小さいということが示されており、ある人々は、このことから、高齢者によって表明されるいわゆる『犯罪に対する不安感』が誇張であること、もしかしたら、我々は、年配の人々を保護するための特別なプログラムを設置する必要はないのではないかということ、さらにまた、もしかすると、我々は、高齢者に誤った犯罪に対する不安感から逃れさせるような試みさえすべきでないということを、示唆しているとするのである。しかし、この主張は誤ったものである。騒々しいティーン・エージャーや酔っ払った物乞いとの遭遇のチャンスは、現実の強盗に出くわすチャンスと同じぐらい、無力な人々にとって不安感を誘発するものである。すなわち、実際には、無力な人にとって、こうした人々との遭遇は、しばしば区別できないものである。さらに、高齢者たちが被害者化される割合が低いということは、直面する危険を最小化するために、彼らがすでに講じている処置――たとえば、主として、施錠された家の中に閉じこもっていること――の結果なのである。確かに、若者たちは、年配の女性たちよりも攻撃される傾向がある。それは、彼らの方が攻撃がより容易であるとか、あるいは、より儲かる標的であるとかいうことではなくて、彼らが高齢者よりも路上にいる機会が多いからである。」[16)

このような認識に立ちながら、ウィルソンとケリングは、無秩序と不安感は、高齢者によって作り出されるものではないとして、次のように言葉を継いでいる。

「そしてまた、無秩序さと不安感との結合は、高齢者によってのみ作り出されるものではない。ハーバード・ロースクールのスーザン・エストリッチ（Susan Estrich）は、公衆の不安感の原因に関する多数の調査報告書

を収集しているが、オレゴン州ポートランドにおいて行われた調査では、インタビューされた成人4人のうちの3人は、彼らが道端でティーン・エージャーの集団に出会った場合には、道路の反対側に移動するといったことが報告されている。ボルティモアでの別の調査では、調査対象者の半分近くが、たとえ1人の見知らぬ若者に出会ったときでさえも、彼に近寄らないために、反対側の道路に横断するであろうと述べているのである。インタビューを行う者が、集団住宅の人々に対して、最も危険なスポットがどこであるかについて尋ねたとき、1件の犯罪もそこで起きていなかったにもかかわらず、彼らは、若者たちが酒を飲み、音楽を演奏するために集まった場所であると指摘しているのである。また、ボストンの公営集団住宅においては、最も大きな不安感は、犯罪ではなく、無秩序さと無作法にあることが示されている。このことは、地下鉄の落書きといったような、他の点ではまったく無害な表示物が、犯罪への不安感を認識する上で、いかに重要性を有するかを理解するのに役立つのである。ネイサン・グレーザ（Nathan Glazer）が指摘しているように、落書きの蔓延は、地下鉄の利用者に対して、たとえそれが猥褻ではないものであっても、1日のうちの1時間かあるいはそれ以上利用しなければならない環境が、何ら統制されておらず、かつ統制しえないものであり、なおかつ場合によっては、損害や危害を加えるために、誰もがその環境に容易に侵入することができるといったような認識を突き付けるものなのである」[17]と。

4　地域社会の崩壊と警察の役割の変遷

ウィルソンとケリングは、ここにおいて、地域社会の崩壊と警察の役割の変遷について論じるのであるが、まず最初に、地域社会の解体に基づく警察との関係の不協和音について、次のように描写する。

　「不安感に反応して、人々は、統制を弱めながら、お互いを避けるのである。時おり、彼らは警察を呼ぶ。パトカーが到着し、逮捕が行われるが、

第9章 破れ窓理論の基本的枠組と犯罪防止策 *269*

犯罪は継続し、無秩序は緩和されない。市民たちは、警察署長に不平を言うが、署長は警察官が少ないこと、さらには、裁判所は軽微な犯罪者や初犯の犯罪者を処罰しないということを説明するのである。居住者たちにとって、パトカーで到着する警察官は役に立たないか、あるいはかまってくれない存在である。また、警察にとっては、居住者たちは互いに報いを受けるに値する『動物』なのである。市民たちは、まもなく警察を呼ぶことをやめるかもしれない。というのも『彼らは、何もすることができない』からである。」[18]

　そして、こうした地域社会の崩壊と警察の役割の変化について次のように説明している。

　　「我々が都会の衰退と呼ぶプロセスは、あらゆる都市において何世紀もの間、起こっている。しかし今日起きていることは、少なくとも2つの重要な点において異なるものである。第1に、たとえば、第2次世界大戦前の時期において、都市の住人たちは、金銭的な問題や交通手段の問題、さらには、家族と教会の結びつきのために、めったに近隣地域の問題から遠ざかることはできなかったのである。たとえ移転を試みたとしても、それは公共交通機関の沿線上のことであった。現在、機動性という点では、最も貧しい人あるいは人種的偏見により移動することができない人以外のすべての人たちにとって、非常に容易になっている。初期の犯罪の波は、一種の自己修正のメカニズムを有しており、地域社会に組み込まれたものであった。すなわち、その地域社会の縄張りに対する統制を再主張するといった、近隣地域あるいは地域社会の決意のあらわれを反映したものであったのである。シカゴ、ニューヨーク、さらにはボストンといった地域では、犯罪及びギャング団との抗争を経験し、その後、代わりとなる居住地を確保する見込みのなかった家族たちが、街路に対する彼らの権威を取り戻し、常態化して行ったのである。

　　第2に、この時期の警察は、地域社会に代わって、時折、暴力的な行動を取りながらも、この権威の再生を支援したのである。若い無法者たちは

手荒に扱われ、人々は『嫌疑により』、あるいは『放浪のため』に逮捕され、さらには、売春婦と軽微な窃盗犯が追い出された。『権利』とは、それにふさわしい人々によって、そしておそらく重大な職業的犯罪者によっても同様に享受される何かであったが、犯罪者の場合には、暴力を避け、弁護士を雇う余裕があった者だけに限られていたのである。」[19]

「この種の治安維持は、逸脱あるいは偶然の行き過ぎの結果に対するものではなかったのである。国家形成の最も早い時期から、警察の機能は、主として夜警を行うことであるとみなされていた。すなわち、秩序に対する主だった脅威、たとえば、火事、野生動物、あるいはいかがわしい振舞いに対して、秩序を維持するための活動であったのである。犯罪を解決することは、警察の責任ではなく、個人的な責任であるとみなされていたのである」[20]と。

1969年の3月、雑誌『アトランティック・マンスリー』（*The Atlantic Monthly*）のなかで、ウィルソンは、警察の役割が、どのようにして、秩序を維持することから犯罪と戦うことへと変化していったかについて、簡単な叙述を試みている。

「この変化は、結局のところ、私立探偵（しばしば前科者であった）業務の創設をもたらすことになったのであるが、この私立探偵たちは、損失を被った個人のために、成功報酬をベースに働いたのである。そのうちに探偵たちは、地方自治体政府に吸収され、正規の給料が支払われ、窃盗犯を訴追する責任は、侵害を受けた私人から、専門の訴追人へと移行されたのである。しかし、このプロセスは、20世紀に至るまで、大部分の場所において完全なものではなかった」[21]と。

1960年代、この時期は、都市での暴動が大きな社会問題となった時期であったが、この頃になって社会科学者たちは、念入りに警察の秩序維持機能を調査し始め、さらには、その機能を改善する手段——それは、街路をより安全にすることではなく、大量の暴力事件を減少させることであったが——を提案し始めたのである。

第9章　破れ窓理論の基本的枠組と犯罪防止策　*271*

　「秩序維持は、だんだんと地域社会の関係を維持する上で密接なものと
なった。しかし、1960年代初頭に始まった犯罪の波が、10年間ずっと減
少することなく1970年代まで続いた結果、警察の役割は、秩序維持から
犯罪と戦うことへと移行していったのである。警察の活動についての研究
も、秩序維持機能の説明に終始することをやめ、それに代わって、いかに
して警察が、より多くの犯罪を解決し、より多くの逮捕を行い、そしてよ
り確かな証拠を収集することができるかについての提案あるいは方法を吟
味する方向へと推移していったのである。社会科学者たちは、もしこれら
のことがうまくなされたあかつきには、市民は犯罪への不安感をもたなく
なるであろうと仮定したのである。

　警察署長と専門家の双方が、将来の計画設計において、あるいは資金の
配分において、さらには人員配置において、警察官の犯罪と戦う機能を強
調した結果、相当数のことが、この変遷の間に達成された。警察官が、結
果的に、より優れた犯罪への戦士となったことはいうまでもない。そして、
おそらく警察官たちは、秩序に対する彼らの責任をも認識し続けた。しか
しながら、秩序維持と犯罪予防との結びつきは、より先の世代にとっては、
あまりにも明白なものであり、そしてそれゆえに、忘れ去られたのであ
る。

　その結びつきは、1枚の破れ窓が多数の破れ窓になるといったプロセス
に類似するものであった。嫌な匂いのする酩酊者、騒々しいティーン・エ
ージャー、あるいは、うるさくせがむ物もらい等を恐れる市民は、単に品
の悪い振舞いに対してのみ、嫌悪感をあらわにしているのではない。彼ら
は、同様に、偶然にも一般化されている、ほんの小さな庶民の知識、つま
り、それは、重大な街路犯罪は、無秩序な振舞いが抑制されていない地域
において増加するものであるといった知識を、言葉に表しているのである。
野放しの物乞いは、事実上、最初の破れ窓であるといってよい。追いはぎ
と強盗は、それらが日和見的であるか、あるいは職業的であるかにかかわ
らず、もし彼らが、潜在的な被害者がすでに広く拡散されている状況によ

って脅やかされている街路において行動するならば、捕えられる機会やあるいは識別される機会さえも、減少させることができるであろうと信じているのである。もし近隣の人々が、厄介な物乞いが通行人を悩ませることを阻止し得ないとするならば、窃盗犯は、潜在的な追いはぎを識別するために警察を呼ぶことや、あるいは、実際に追いはぎが起こった場合に、邪魔をされる可能性はより低いであろうと推論するかもしれないのである」[22]と。

　何人かの警察行政官たちは、こうしたプロセスが起こることを認めはするものの、パトカーによるパトロールの警察官は、徒歩によるパトロールの警察官と同じくらいに、効果的に対応できると主張するのである。しかし、この点については、それほど確かであるとは断言できないとウィルソンとケリングは言う。

　　「理論上は、パトカーによるパトロールを行う警察官が、徒歩によるパトロールを行う警察官と同じくらいに、人々を監視することができることは確かであり、理論上は、前者は後者と同じくらいに多くの人々と、対話をはかることもできるのである。しかしながら、警察と市民とが遭遇する現場においては、自動車の利用は事態を大きく変化させることが可能である。徒歩によるパトロールの警察官は、彼自身を路上にたむろする者たちから完全に分離させることはできない。すなわち、路上にたむろする者たちに近寄られた場合、徒歩によるパトロールの警察官は、彼の着ている制服とその人格のみが、今生起しようとしている事柄を処理する上において、頼みの綱となるものである。そして、結局のところ、彼は、今何が起こっているのか、たとえば、道を聞いているのか、助けを求めているのか、怒りをあらわにした非難なのか、からかっているのか、訳の分からない戯言なのか、脅しのジェスチャーなのか、確証を得ることができないのである。

　　パトカーでパトロールする警察官は、窓を下げ、路上にたむろする者たちを見ることによって、彼らに対処することができるのである。ドアや窓

は、近づいてくる市民を遮断することができる。それらは、いわば障壁である。何人かの警察官は、おそらく無意識的に、歩いて行動するときとは違って、車に乗って行動するときはいつでも、その障壁を利用するのである。我々は、こうしたことを、数えきれないほど何度も見てきている。パトカーが、ティーン・エージャーがたむろしている街角に乗りつける。窓が下げられる。警察官が、若者を睨む。若者が睨み返す。そのとき、警察官がその中の1人に『こっちへ来い』と言う。彼は、わざといつもどおりのスタイルで、彼の仲間たちに対して、当局によって脅かされていないといった風を装いながら、ぶらついてみせる。『君の名前は？』。『チャック』。『チャック誰れ？』。『チャック・ジョーンズ』。『何してんだ、チャック？』。『何も』。『パロール・オフィサーでもいるのか？』。『いや』。『本当か？』。『ああ』。『もめごとには手を出すなよ、チャッキー』。

　一方、他の少年たちは笑い、彼ら自身の間で、おそらく警察官をだしにして意見を交わすのである。警察官は、より強く睨む。彼は、何を言われているのか確証を得ることも、仲間に加わることもできず、さらには、路上でのからかいに対して彼自身の技能を示すことにより、彼が黙らせられ得ないことを証明するのである。このプロセスでは、警察官はほとんど何も学んではおらず、少年たちは、警察官とは、なんとはなしに無視されて、あざけられることさえもありうる、異質な一団であると判断するのである。」[23]

実のところ、破れ窓理論の提唱者であるウィルソンとケリングが経験したものは、大部分の市民は警察と話をすることを好むということである。このようなやりとりは、市民に対して物事の重要性の感覚を付与し、世間話のねたを彼らに提供し、さらには、彼らが当局に対して、何が彼らを心配させているのかを説明することを可能にするものであるという。そして、それにより、彼らは犯罪問題に対して「何がしかのことをやっている」といった、控えめではあるが、重要な感覚を得ることになるのであると説明するのである。

　「我々は、車の中にいる人に対してよりも、歩いている人に対して、よ

り簡単に接近することができるし、より容易に話をすることができる。さらに、もしあなたが、私的な雑談のために警察官をわきに引き寄せたいのであれば、多少の匿名性を保つことさえできるのである。誰がハンドバッグを盗んだのか、あるいは、誰があなたに盗まれたテレビを売ろうと申し出たのかについて、あなたが秘密情報を伝えたいと思っていると仮定してみよう。大都市の過密地帯において、犯罪者は、十中八九近くに住んでいるのである。ひときわ目立つパトカーに歩み寄り、そしてその窓にかがみこむことは、あなたが『密告者』であるという可視的なシグナルを送ることになるのである」[24] と。

ウィルソンとケリングの言うごとく、秩序を持続することにおける警察の役割の本質とは、地域社会それ自体の非公式的な統制機構を強化することである。警察は、特別な方策をとることなしに、その非公式的な統制に対して代替物を提供することができないのである。他方、警察本来の力を強化するために、警察は、それらの方策をあてがわなければならないのである。そしてそこに、重大な問題が横たわることになるのである。

5　街路における警察活動

ところで、街路における警察活動は、重要な点において、国家の規則によるよりは、むしろ、近隣地域の基準により方向付けられるべきなのであろうか。ウィルソンとケリングは、このことについて次のように説明している。

「過去20年間にわたる、秩序維持から法執行へという警察の役割の推移が、メディアの不平不満によって引き起こされ、かつ裁判所の決定と、各省の命令により執行された法律上の制限の影響下にいて、ますます強固なものとなっているのである。結果として、警察の秩序維持機能は、容疑をかけられた犯罪者と警察との関係を統制するために発展させられた規則により、維持されるのである。思うに、これは、完全に新たな発展である。何世紀もの間、監視人としての警察の役割は、主として、その適切な手続

の遵守との関係ではなく、むしろその望ましい目的を達成することとの関係において判断されたのである。目的は秩序、すなわち、これは本来的にきわめてあいまいな用語ではあるが、特定の地域社会における人々が、それを見たときに、認知し得る状況である。手段は、地域社会のメンバーが充分に決意し、勇気があり、さらには、権威のあるものであれば、地域社会自体が用いるであろうものと同じであった。犯罪者を発見し逮捕することは、対照的に、それ自体が目的ではなく、目的のための手段であった。すなわち、有罪か無罪かについての司法判断は、法執行様式の待ち望まれた結果なのである。初めから、国家は、規則がどれくらい厳しくあるべきかという点において異なるものの、警察は、そのプロセスを定める規則に従うことを期待されるのである。犯罪者逮捕のプロセスは、常に、個人の権利の侵害を伴うものであると理解され、その違反は決して受け入れられなかった。というのも、違反している警察官は、裁判官、あるいは陪審員として行動したものであり、それは、その警察官の仕事ではなかったからである。有罪か無罪かは、特別な手続の下で、普遍的な基準により決定されることになっていたのである」[25] と。

このように、ウィルソンとケリングは、警察官と裁判官の法執行に関する役割の相違を指摘しながら、なぜ警察官が一見どうでもよいような違反行為を取り締まるのかについて、次のように述べている。

「通常、いかなる裁判官あるいは陪審員も、近隣地域の秩序に関する適切な水準を越えて紛争に巻き込まれた人々には決して会わないものである。このことは、大部分の事例が、街路で非公式に処理されるからだけではなく、普遍的な基準が、秩序違反の問題を解決するために役立てられ得ないがゆえにそうなるのであり、それゆえに、裁判官は、警察官と比べて、少しも賢明ではなく、あるいは効果的ではないのかもしれないのである。多くの国において、かなり最近まで、そして、いくつかの場所においては、今日においてでさえ、警察官は、『疑いのある人』、『放浪』あるいは『公然酩酊』といったような罪、いわば、いかなる法律上の意義もほとんどな

いような罪で、人々を逮捕したのである。社会は、裁判官が放浪者あるい
は酩酊者を処罰することを望むからではなく、街路における秩序を維持す
る非公式の取組みが失敗したとき、警察官が近隣地域から望ましくない
人々を除去する法的手段を有することを望むがために、これらの罪が存在
するのである。」[26)

そして、続いて次のように言う。

　「ひとたび我々が、警察の任務のあらゆる側面を、特別な手続の下で、
普遍的な規則の適用を伴うものであるとみなし始めると、我々は、必然的
に、何が『望ましくない人』を構成し、なにゆえ我々が、放浪あるいは酩
酊を『犯罪化』すべきであると考えるのかを問うことになる。人々が公正
に取り扱われることに気を配る、強固かつ称賛に値する願望は、警察に対
して、幾分あいまいか、あるいは偏狭な基準により、望ましくない人々を
見つけ出すことを認めていることについて、我々に一抹の不安を与えるの
である。そして、それほど称賛するに値しない功利主義的な考え方が、他
人を『傷つけない』ような何らかの振舞いを、非合法とすべきであるとい
うことに関して、我々に疑念を抱かせることになるのである。そしてそれ
ゆえ、警察を監視する者の多くは、彼らができる唯一の方法において、す
べての近隣地域の人々が必死になって成し遂げることを望む機能を達成す
ることを、決して認めたがらないのである」[27) と。

このように、誰も傷つけない行為であるがゆえに、警察が近隣地域の秩序を
維持するために用いる究極的な制裁を取り除き、評判の悪い振舞いを非犯罪化
するというこの願望は、間違いであるとウィルソンとケリングは言う。

　「いかなる人々をも傷つけていない1人の酩酊者あるいは1人の放浪者
を逮捕することは、不当である。しかし、20人もの酩酊者あるいは100
人もの放浪者について、何もしないということは、地域社会全体を破壊す
るおそれさえあるのである。特定の規則が普遍的な規則にされ、すべての
事例に適用されるとき、個別の事例において意味をなすように思われた特
定の規則が、何ら意味をなさないようになることがある。それは、構われ

ないままにしておかれた1枚の破れ窓と、1,000枚の破れ窓との間のつながりを考慮に入れていないがゆえに、何らの意味もなさないのと同じである。無論、警察以外の機関が、酩酊した者あるいは精神的疾患のある者により引き起こされた問題に関心を向けることができるかもしれないが、大部分の地域社会、特に「非施設化」(deinstitutionalization) の動きが強い地域社会においては、そのような機関が関心を向けることはないのである。」28)

　そして、ウィルソンとケリングは、こうした軽微な犯罪を取り扱う上において重要なことは、公平性の観点であると言うのである。

　「公平性についての関心は、より重大である。我々は、特定の行為が、ある者を他の者と比べて、より望ましくないと判断させるということについては同意するかもしれないが、我々はいかにして、年齢あるいは皮膚の色あるいは国籍等が、同様に、望ましくない者と望ましい者とを区別する基準にはならないとすることを保証することができるのであろうか。手短に言えば、我々はいかにして、警察が近隣地域の偏向機関にならないことを保証することができるのかということである。

　我々は、この重要な問題に対して完全に満足できる答えを示すことはできない。我々は、選択、訓練さらには監督等により、警察は、それらの裁量権限の限界についての明確な感覚を教え込まれるであろうということを期待すること以外に、満足できる答えがあるという確信を得ることはできないのである。その限界とは、おおよそ以下のようなものである。すなわち、警察はそれらの行為を規制するために存在するのであり、近隣の人々の人種や、あるいは民族的な純粋性を維持するために存在するものではないということである。」29)

6　地域社会の利益と警察の法執行の意義

この点に関しては、ウィルソンとケリングは、さらに、シカゴのロバート・

テイラー公営住宅の例を取り上げて、次のように説明している。

「アメリカにおいて最も大きな公営住宅である、シカゴのロバート・テイラー・ホームの例を検討してみよう。この住宅は、2万人近くの住民のためのものであり、そのすべてが黒人であり、さらにはサウス・ステイト・ストリートに沿って、92エーカー以上にわたって広がるものである。この住宅は、1940年代に、シカゴ住宅公団の会長であった著名な黒人の名前にちなんで名付けられたものである。オープンして間もない1962年に、住宅の居住者と警察の関係は、かなり悪化したものとなった。住民は、警察が無神経あるいは野蛮であると感じ、警察は、同様に、警察官に対するいわれのない攻撃について不平を述べたのである。シカゴの警察官のなかには、彼らがその公営住宅に入ることを恐れていた時のことを記憶しており、そのことについて述べる者もいる。犯罪率が、急上昇したことはいうまでもない。

しかし、今日では、雰囲気は変わってきている。警察と住民との関係は改善しており、見たところ、双方が、以前の経験から何かを学んだように思われる。最近、ある少年が財布を盗み、逃走するという事件が起こった。盗みの現場を見た数人の若者たちが、窃盗犯人の身元と居住地についての情報を次々と警察に知らせ、さらに彼らは、傍観していた友人たちと近隣の人々と共に、こうした行為を実行したのである。しかし問題は未だ継続しており、そのなかでも問題なのは、住民を威嚇し、住宅においてメンバーを勧誘する若年ギャングの存在である。人々は、警察がこれについて『何かする』ことを期待し、警察はまさにそうしようと決意しているのである。」[30]

しかし、一体何をするのか。その点が問題であるとウィルソンとケリングは言う。

「ギャングのメンバーが法を破るときはいつでも、警察は彼らを逮捕をすることができるが、ギャングは、法を破ることなく、組織を形成し、勧誘し、さらには群れを成すことができるのである。そして、ギャング関連

第9章　破れ窓理論の基本的枠組と犯罪防止策　*279*

犯罪のごく小さな断片のみが、逮捕によって解決されることになるが、もし逮捕が警察にとっての唯一の頼みの綱であるならば、居住者達の恐れは、和らげられないままであろうと思う。警察は、まもなく、お手上げだと感じ、住民は、再び警察が『何もしない』と考えるであろうと思われる。警察が実際に行うことは、住宅から周知のギャングメンバーを締め出すことである。ある警察官の言葉を借りれば、『我々は、やつらの尻をける』のである。住宅の住民は、このことをよく知っており、是認もする。住宅における警察と住民との暗黙の協調は、警察官とギャングが、その地区において張り合っている2つの勢力の源泉であり、そしてギャングは決して勝たないであろうという警察の見解により強化されるのである」[31]　と。

　しかしながら、これらのことのいずれもが、デュー・プロセスあるいは公正な処遇という観念とは、容易に調和されないものであるということに注意しなければならないとウィルソンとケリングは言う。

　　「居住者とギャングのメンバーの双方が黒人であることから、人種は決定的な要因ではない。しかし、もしかしたら、それが要因であることもあり得るであろう。白人の住宅プロジェクトが黒人のギャングに直面した場合、あるいはその逆の場合を想定してみよう。警察は、一方の肩をもつことはできないであろう。しかし、それでは、実質的な問題はそのままである。すなわち、警察は、いかにして、公共の場における不安感を最小化するために、地域社会の非公式的な社会統制を強化することができるのかという問題は残るのである。法執行それ自体が答えではない、すなわち、ギャングは、法を破ることなく、脅かすような素振りで側に立っていたり、あらあらしい言葉で通行人に話しかけることにより、地域社会の結束を弱め、あるいは破壊することができるのである。」[32]

　　「我々は、こうした問題について考えるのに、てこずるものである。というのも、単に倫理的及び法的問題が非常に複雑であるからだけでなく、我々は、本質的に個人主義的な点から法について考えることに慣れているからである。法は、『私の』(my) 権利について定義し、『彼の』(his) 振

舞いを処罰し、さらには『この』（this）侵害ゆえに、『あの』（that）警察官によって適用されるのである。我々は、このような思考方法において、個人にとって良いものは地域社会にとっても良いものであると想定し、さらに、ある者に対して起こったことがたいした事でない場合、たとえそれが多くの人に対して起こった場合でも、たいした事ではないと想定するのである。通常それらは、もっともらしい想定にみえる。しかしながら、ある者にとって耐え得る振舞いが、他の多くの者にとって耐え難いような事例において、他の者たちの反応（不安感、撤退、逃走）は、究極的には、最初に無関心を公言した個人を含むあらゆる者に対して、問題をより悪化させるかもしれないのである。」[33]

　ここでは、破れ窓理論の中心的な概念である個人主義的観点に立って物事を考える従来の刑事政策を批判し、地域社会へと視点を転換すべきであるという主張を垣間見ることができる。すなわち、大塚尚の指摘するごとく、社会の安全や生活の質は、私有財産、生命、身体といった個人的法益の集積に過ぎないのではなく、それを超えた地域社会の劣化の有無に依存しているというウィルソンとケリングの基本的な意識が、ここに反映されていると見ることができよう[34]。なにゆえ小さな地域社会の居住者たちが、大都市における類似した近隣地域の居住者たちと比べて、より彼らの地域の警察に満足しているのかを説明するのに役立つものは、個人的なニーズとは違い、地域社会のニーズに対して、より敏感なものであるかもしれないとウィルソンとケリングは指摘するのである。

　　「エレナ・オストロン（Elinor Ostrom）とインディアナ大学の彼女の共同研究者たちは、貧しくすべてが黒人のイリノイ州の2つの町、フェニックスと東シカゴ・ハイツにおける警察の業務についての認識と、シカゴの他の3つのすべてが黒人の近隣地域における警察の業務についての認識とを比較した。犯罪の被害化レベルと、警察と地域社会との質的関係は、2つの町と3つのシカゴの近隣地域とはだいたい同じであるように思われた。しかし、イリノイ州の2つの町に住んでいる住民は、シカゴの近隣地域に

第9章　破れ窓理論の基本的枠組と犯罪防止策　*281*

住んでいる人たちと比べて、はるかに彼らの方が、犯罪に対する不安感の
ために家に留まるようなことはしないと答えており、地元の警察が問題を
処理するために『必要なあらゆる行動を取る権利』を有することに同意し、
さらには、警察が『平均的な住民が何が必要であるかを捜し求める』こと
に同意する傾向にあったのである。小さな町における居住者たちと警察
が、彼ら自身を、地域社会生活の一定の基準を維持するために共同の取組
みに従事するものであるとみなしていたのに対して、大都市の人々は、彼
ら自身を、単に個別的なレベルにおいて特定のサービスを求め、そしてそ
れを供給するものであると感じていたのである。」[35]

　「もしこのことが本当であるならば、警察署長は、どのように彼の乏し
い警官隊を配置するべきであろうか。第1の答えは、誰もはっきりとはわ
からないということであり、そして最も分別のある行動過程は、ニューア
ークの実験を参考にして独自の体制を作り出すことであり、より正確には、
どのような近隣地域において、いかなる手段が有効であるかを見出すこと
であろう。第2の答えは、同じく、はなはだ漠然としたものである。すな
わち、近隣地域における秩序維持に関する多くの側面は、やるとしても最
小限度において警察をかかわらせるという方法であり、おそらくそうした
方が、最もうまく事態を処理することができるであろうということである。
忙しくて騒々しいショッピングセンターや、静かで充分に整理された郊外
では、ほとんど可視的な警察の存在を必要としないかもしれない。双方の
例において、評判のよい人とよくない人との比率は、通常、非公式的な社
会統制を効果的なものにするくらいに高いものだからである。

　無秩序な要因から危険にさらされている地域でさえ、警察の関与を伴わ
ない単なる住民の行動で、充分に対応できるかもしれないのである。特定
の街角をうろつくことを好むティーン・エージャーと、その街角を使うこ
とを希望する成人との出会いなどは、何人の人々がそこに集まることを許
容し得るのか、そしてそれがどこで、いつなのかについての、一連の規則
を作ることによって、平和的な合意へと導くことも決して無理ではないの

である。

　いかなる合意も不可能な場合（あるいは、可能であるとしても遵守されない場合）、住民によるパトロールが、充分に有効な対策となるかもしれない。秩序を維持するための地域社会の関わりあいについては、２つの伝統が存在する。すなわち、第１の伝統は『地域社会の監視人』の存在であり、これはアメリカへの最初の入植のときと同じくらいに古くから存在するものである。19世紀に至るまで、警察官ではなく、ボランティアの監視人が、秩序を維持するために、彼らの地域社会をパトロールしたのである。彼らは、概して、私的制裁を加えたりすることなしに、すなわち、人を処罰したり、力を行使したりすることなしに、秩序を維持することができたのである。彼らの存在によって、実際に無秩序を阻止することができたし、あるいは彼らでは阻止することができない無秩序が存在することを、地域社会に警告することができたのである。今日では、アメリカ全土にわたって、何百もの地域社会での取組みが存在する。おそらく最もよく知られているものは、ガーディアン・エンジェルスであろうが、彼らは、特有のベレー帽をかぶり、それとわかるＴシャツを着た、非武装の若者たちのグループであり、彼らがニューヨーク市の地下鉄をパトロールし始めたときに、初めて大衆に注目されるようになったが、現在では、30以上のアメリカの都市において支部を有するようになっているのである。あいにく我々は、犯罪に対するこれらのグループの効果についての情報をほとんどもっていない。しかしながら、犯罪に対する効果がいかなるものであろうとも、彼らの存在が市民を安心させるものであり、これらのグループが、秩序の維持と礼儀正しさの感覚を保持することに寄与しているということは、充分に考えられるところである。

　第２の伝統は、『自警団員』の存在である。この自警団員は、東部の定住した地域社会の特色ではなく、主として政府の設立に先んじて発達したような辺境の町において、見出されることができたのである。350以上の自警団員のグループが存在したことが知られており、その特徴は、メンバ

第9章 破れ窓理論の基本的枠組と犯罪防止策 *283*

一達が、警察官としての役割だけでなく、裁判官、陪審員さらには、しばしば死刑執行人として行動することで、私的制裁を加えたのである。今日、自警団員の動きは、古い都市が、あたかも『都会の辺境』となっているといった、市民により表明された大きな不安感にもかかわらず、その希少性により人目を引くものである。しかしながら、地域社会監視人のグループのなかには、一線を区切っているものもあれば、将来的には、その線を横切って活動するものもあるかもしれないのである。『ウォールストリート・ジャーナル』紙は、ニュージャージー州ヴェルヴィルのシルバーレイク地区におけるある市民によるパトロールについて報道している。このグループのリーダーは、レポーターに対して、『我々は、部外者を探し出すことに努めている』と述べている。その近隣地域以外の外部出身のティーン・エージャーが、その町に入っってきた場合、『我々は、彼らに用件を尋ねることにしている』と彼は言う。『もし彼らが、ジョーンズ夫人に会うために今道路を下っているところだ』と言うのであれば、『よろしい』と言って、我々は彼らを通過させる。しかしその後で、我々は、彼らが本当にジョーンズ夫人に会うつもりであるかどうかを確認するために、その道路を下って、彼らについていくのである」[36]と。

このように、市民が相当のことをなし得るものの、秩序維持にとって、警察は明らかに重要なものであるとして、ウィルソンとケリングは次のように述べている。

「1つには、ロバート・テイラー・ホームのように、多くの地域社会は、自らだけの力で仕事をすることができないのである。もう1つには、たとえ組織化された機関であっても、近隣地域に住むいかなる市民も、バッジをつけた者だけがもつ責任感と同じ感覚をもつことはできないのである。心理学者は、なにゆえ人は攻撃されている人々、あるいは助けを求めている人々の救助に行かないのかについての多くの研究を行い、その原因として、それは『無関心』あるいは『自己中心』によるのではなくて、その人が自分自身が責任を受け入れなくてはならないと感じることについての、

何かもっともな理由がないことにあるということを見出している。皮肉にも、多くの人々が、何もしないでいる場合に、責任を回避することはより容易なのである。街路及び公共の場では、秩序が非常に重要なのであるが、実はそうした場所では、多くの人々が『近くにいる』可能性が高いので、そのことが、一個人が、地域社会の主体として行動する機会を減少させる要因ともなっているのである。警察官の制服は、求められた場合に、責任を受け入れなくてはならない人間として、彼を選び出すのである。加えるに、警察官は、市民と比べて、より容易に、路上の安全を守るために必要なものと、単にその民族的な純粋性を守るためのものとを区別することが期待されているである。」[37]

このように、地域の秩序の維持に警察が果たす役割は重要であるとしながらも、ウィルソンとケリングは、警察力の不足に対して、地域社会の願望をよく見極めるべきであるとする。

「しかし、アメリカの警察力は、その数が減少し、増加する様子はない。いくつかの都市では、職務のために利用できる警察官数が極端に削減されているのである。これらの削減は、近い将来において回復しそうにもない。そのために、それぞれの警察署は、充分に配慮して、現存する警察官を割り当てなければならないのである。近隣地域のなかには、徒歩によるパトロールを無益なものとするくらいにまで混乱し、犯罪に悩まされているところもあり、限られた資源でもって警察ができる最善のことは、業務に対する膨大な数の要求に対応することである。もちろん、徒歩によるパトロールを不必要にするほど安定し、平穏な近隣地域もある。大切なことは、近隣地域をよく見極めることである。すなわち、そこでは、公共の秩序が悪化しているが、改善の見込みがないのかどうかとか、路上が頻繁に使われているが、それは不安をもつ人々によるものであるのかどうかとか、窓がいつも破られる傾向にあるが、もしすべての窓が粉々にされることを望まないのであれば、早急に修繕されるべきであるといった考えをもっているのかどうかといったことである。」[38]

第9章 破れ窓理論の基本的枠組と犯罪防止策 285

　ウィルソンとケリングが言いたいことは、警察力の適切な配分であるということになろう。ウィルソンとケリングは、このことについて、ニューアークの実例を挙げて、次のように言う。

　　「たいていの警察署は、体系的にこのような地域を識別し、警察官をそれらの地域に割り当てる手段を有してはいないのである。警察官は、通常犯罪率を基本に割り当てられるか（警察は、状況が絶望的な地域における犯罪を捜査できるように、最小限にしか犯罪の脅威にさらされていない地域には、しばしば割当てをしないということがある）、あるいは、業務要求を基本に割り当てられる（たいていの市民は、彼らがただ脅えているか、あるいは苛立っているときには警察を呼ばないのにもかかわらずである）。パトロール警察官を有効に割り当てるために、警察署は、近隣地域をよく見て、そして、直接的な証拠から、追加された警察官が、安全性の感覚を促進する上において、最も大きな相違をもたらす場所を決定しなければならないのである。

　　限られた警察力をやりくりする1つの方法が、いくつかの公営団地において試みられている。団地管理組合が、彼らの建物のパトロールのために、非番の警察官を雇うのである。その経費は、少なくとも居住者1人当たりに換算した場合決して高くはなく、警察官は臨時収入を喜び、居住者は安全を確保することができるのである。このような方法は、民間警備員を雇うことに比べてより成功しており、ニューアークでの実験は、その理由を理解するのに役立つであろう。民間の警備員は、確かに、彼の存在により、犯罪あるいは違反行為を抑止するであろうし、助けを必要としている人々の救助に役立つことはいうまでもない。しかしながら、警備員は、地域社会の規範に異議を申し立てる人に対してはうまく介入できないのである。彼らは、何も違反行為をしていない人を統制したり、あるいは追い払ったりすることはできないのである。宣誓した警察官であること、すなわち『本物の警察官』のみが、信頼、義務感、さらには困難な職務を遂行するために必要な権威を与えられているのである」[39] と。

そして最後に、徒歩によるパトロールの重要性と破れ窓のない完全な地域社

会を維持することの重要性について、次のように結論づけている。

「パトロールの警察官は、公共の交通機関で警察署に行き来することを奨励されるべきであろう。バスあるいは地下鉄の車両にいる間に、喫煙、飲酒、治安紊乱行為や同種の行為について、規則を実行する機会があるかもしれないからである。規則の実行は、犯罪者にそうした行為をやめさせること以上のことを行う必要はないのである。こうした犯罪は、結局のところ、容疑者逮捕の手続を行う警察官やその後の法執行を行う裁判官を煩わせるようなものではないのである。警察官の存在によって、バス内における無作為ではあるが、ひどく厳格な規範の維持が、現在、飛行機内において当然のことと考えられている礼儀正しさのレベルに近い状態にまで、バス内の状態を改善することができるであろうと思われるのである。

しかしながら、最も重要なことは、不安定な状況下において秩序を維持することが、不可欠な責務であると考えることである。警察は、それが彼らの役割の1つであることを知っており、彼らは、同様に、これらのことは、犯罪捜査と市民の要求に適切に対処することを抜きにしてはなされ得ないことを知っているのである。しかしながら、我々は、警察官に対して、重大な暴力犯罪について、しばしば繰り返される我々の犯罪への懸念を基礎として、もっぱら犯罪と戦う者たちとして彼らの能力について判断することを奨励しているのかもしれないのである。このことが真実である限りにおいて、警察の幹部は、必ずしも犯罪による侵害にもっとも脆弱である地域ではないにもかかわらず、最も犯罪率の高い地域に警察力を集中させ続け、路上生活を取り扱うことに関する訓練ではない、法律の遵守と犯人の逮捕に関する訓練を強調し続け、さらには、公然酩酊、路上売春及び猥褻物の陳列が、いかなる職業的な窃盗団よりも、迅速に地域社会を破壊する可能性があるにもかかわらず、あまりにも早急に、『侵害性のない』行為を合法化する運動に参加するという過ちを犯すのである。

我々は、とりわけ、警察が個人と同様地域社会をも保護すべきであるといった、長く捨て去られた考えに戻らなくてはならない。我々のもってい

る犯罪統計や被害者調査は、個人的な損失は測定しているが、地域社会の損失は測定していないのである。まさに、現在において、医者が、疾患を治療することよりも、むしろ、健康を維持・促進することについて、その重要性を認識するのと同じように、警察を初めとする法執行に携わる者は、『破れ窓』のない、完全な地域社会を維持することの重要性を認識すべきである」[40]と。

7 おわりに

以上において、私はウィルソンとケリングによる破れ窓理論の全貌を紹介したのであるが、この理論の実践によって凶悪な犯罪を防止することができるかどうかは定かではない。地下鉄での落書きや無賃乗車あるいは酔っ払いの取締り、さらには、軽微な街路犯罪を徹底的に取り締まることによって、重大犯罪の劇的な減少をもたらしたニューヨークの例を見る限り、かなりの効果が期待できそうである。

犯罪の増加に悩むアメリカがこれまでに重大犯罪を撲滅するために試みた施策は、破れ窓理論に基づくゼロ・トレランス政策以外にもさまざまなものがある。その1つが、「野球量刑」(Baseball Sentencing) とか「3振アウト法」(Three Strikes and You're Out Law) いわれるもので、2回目の重罪は2倍の量刑となり、3回目の重罪は25年間仮釈放のない無期拘禁刑に処するという重罰化政策である[41]。

2つ目は、性犯罪者に対するもので、性犯罪者の個人情報を住民に公開することによって犯罪を防止するという方法である。「メーガン法」として知られているが、子どもを性犯罪者から守るために、性犯罪の前科を持つ者の現住所や顔写真、身体的特徴、犯歴等をインターネットや公的機関に備え付けられているCD-ROMによって地域住民に知らせるのである。つまり、「性犯罪者告知・登録法」(Sex Offender Notification and Registration Law) に基づく、常習的性犯罪者に対する対策である[42]。

3つ目は、防犯都市設計によって犯罪を防止するという施策である。建築物の構造や公共広場に死角をなくするなど都市環境デザインに防犯の考えを取り入れるもので、我が国でも最近スーパー防犯灯（街頭緊急通報システム）や街頭防犯カメラが設置されるようになった。長崎幼児誘拐殺害事件等において、防犯カメラが威力を発揮したことは周知のところである[43]。

これらの各施策そのものには、一長一短があり、直ちに我が国で採用できるかどうかについては疑問の余地がある。「3振アウト法」のような厳罰化政策は、一定の効果をもたらすことが期待されるであろうが、重罰化政策によって犯罪を防止することが不可能であることは、欧米諸国の実態に照らし合わせてみれば明らかなところである。

我が国が、「メーガン法」のような性犯罪者告知・登録法を採用した場合には、狭い国土であるがゆえの弊害をもたらすであろう。告知された性犯罪者は住む場所を失い、地域住民から袋叩きにあうことは必定である。たしかに、被害者保護という点からは優れているが、プライバシーの保護という観点からは問題があり、犯罪者の人権を必要以上に奪う可能性があることに留意しなければならない。

防犯都市設計による犯罪防止は、アメリカにおいて1960年代後半に提唱されたもので、40年以上の実績がある。著者が10年間にわたって講義を担当している愛知県春日井市では、早くから防災・防犯を意識した都市設計がなされている。街路犯罪（Street Crime：我が国では街頭犯罪と呼ばれている）を予防する上において、こうした防犯都市設計や防犯カメラの果たす役割の重要性は、最近とみに高まってきているといっても過言ではない。しかし、こうした施策も、「監視社会化」をもたらすとの批判があり、プライバシーの侵害になるという反対論のあることにも留意する必要があろう。犯罪防止という側面と個人の生活が日常的に監視されるという側面との整合性は、慎重に検討することが望まれる。

以上のように、それぞれの施策に一長一短があるとするならば、「破れ窓理論」に基づいて、違法駐車等の軽微な違反行為を見逃さずに徹底的に取り締ま

ることによって、地域社会の防犯意識を喚起させ、警察官の徒歩によるパトロールを強化することによって、犯罪防止につなげるという施策が、現在のところ、最も有効な犯罪防止対策ではないかと思われる。幸いにも我が国は、交番制度という世界に誇りうるコミュニティ・ポリシングの制度を持っている。首相所信表明演説にもあるように、「空き交番ゼロ」の施策を展開し、交番を地域住民の防犯センターとして機能させることが、今何よりも重要なことであると私は思う。交番制度が充実し、駐在所が地域社会の中心的存在となっていた頃の我が国では、国民に犯罪の不安感などなかったことは、歴史の証明するところである。安全神話の復活のためにも、「犯罪捜査主体」の警察から「社会秩序の維持」を重視する警察へと、その役割を大きく転換することが求められる。世界一安心といわれた我が国の治安を回復させ、国民のために安全な社会を構築するためには、何よりも政府による思いきった施策の展開が望まれるところである。

1) 拙稿「我が国の安全神話は崩壊したのか—犯罪・過去最高、早急に治安対策を—」『じゅん刊 世界と日本』1002 号（2003 年）1-74 頁（本書第 1 章 1-38 頁）参照。

2) 大塚尚「破れ窓理論（Broken Windows Theory）」『警察学論集』54 巻 4 号（2001 年）75-87 頁。村澤眞一郎ほか「破れた窓理論」『警察学論集』54 巻 4 号（2001 年）88-112 頁。小笠原晃「破れた窓理論（Broken Windows Theory）」『警察公論』56 巻 9 号（2001 年）54-64 頁。小笠原晃「破れた窓理論—要約（Broken Windows Theory）」『警察時報』56 巻 11 号（2001 年）43-54 頁。Harcourt, B. E., "Reflecting on the Subject : A Critique of the Social Influence Conception of Deterrence, the Broken Windows Thoery, and Order-Maintenance Policing New York Style," *Michigan Law Review*, Vol. 97, No. 2, November 1998, pp. 291-398. ; Fagan, J. and G. Davies, "Street Stops and Broken Windows : Terry, Race, and Disorder in New York City," *Fordham Urban Law Journal*, Vol. 28, No. 2, December 2000, pp. 457-504.

3) 村澤ほか・前掲論文・89 頁。

4) Wilson, J. Q. and G. L. Kelling, "The Police and Neighborhood Safety : Broken Windows," *The Atlantic Monthly*, March 1982, pp. 29-38.

5) 小笠原晃の注 3 の『警察時報』の論文がそうである。

6) Wilson and Kelling, *op. cit.*, p. 29.

7) Wilson and Kelling, *ibid.*, p. 30.

8) Wilson and Kelling, *ibid.*, p. 30.

9) Wilson and Kelling, *ibid.*, pp. 30-31.

10) Wilson and Kelling, *ibid.*, p. 31.

11) Wilson and Kelling, *ibid.*, p. 31.

12) Wilson and Kelling, *ibid.*, p. 31.

13) Wilson and Kelling, *ibid.*, p. 32.

14) Wilson and Kelling, *ibid.*, p. 32.

15) Wilson and Kelling, *ibid.*, p. 32.

16) Wilson and Kelling, *ibid.*, p. 32.

17) Wilson and Kelling, *ibid.*, pp. 32-33.

18) Wilson and Kelling, *ibid.*, p. 33.

19) Wilson and Kelling, Ibis., p. 33.

20) Wilson and Kelling, *ibid.*, p. 33.

21) Wilson and Kelling, *ibid.*, p. 33.

22) Wilson and Kelling, *ibid.*, pp. 33-34.

23) Wilson and Kelling, *ibid.*, p. 34.

24) Wilson and Kelling, *ibid.*, p. 34.

25) Wilson and Kelling, *ibid.*, pp. 34-35.

26) Wilson and Kelling, *ibid.*, p. 35.

27) Wilson and Kelling, *ibid.*, p. 35.

28) Wilson and Kelling, *ibid.*, p. 35.

29) Wilson and Kelling, *ibid.*, p. 35.

30) Wilson and Kelling, *ibid.*, p. 35.

31) Wilson and Kelling, *ibid.*, p. 35.

32) Wilson and Kelling, *ibid.*, pp. 35-36.

33) Wilson and Kelling, *ibid.*, p. 36.

34) 大塚・前掲論文・76 頁。

35) Wilson and Kelling, *ibid.*, p. 36.

36) Wilson and Kelling, *ibid.*, p. 36.

37) Wilson and Kelling, *ibid.*, pp. 36-38.

38) Wilson and Kelling, *ibid.*, p. 38.

39) Wilson and Kelling, *ibid.*, p. 38.

40) Wilson and Kelling, *ibid.*, p. 38.

41) 拙稿「アメリカ合衆国の野球量刑—スリーストライク法について—」『法学新報』106 巻 5・6 号（2000 年）35-60 頁（本書第 4 章 95-116 頁）。

42) 拙稿「メーガン法の連邦法化と合衆国憲法上の問題点」『宮澤浩一先生古稀祝賀

論文集』成文堂（2000 年）199-220 頁。

43) 拙稿「犯罪学の散歩道（131）ビデオカメラによる路上監視プログラム」『戸籍時報』556 号（2003 年）56-61 頁。

第10章

世界に誇れる更生保護制度

1　更生保護とは何か

　皆さん方の中で、「更生保護」という文字を見て、いったい何人の人が、正しくその意味を捉えることができるであろうか。法律を勉強した者でも、あまり馴染みのない言葉である。ましてや、世間一般の人にとっては、まったく無縁の言葉なのではなかろうか。

　犯罪や非行をした者に対して、その事実を明らかにし、国家が被害者に代わって刑罰を科すというシステムは、万国共通のものである。したがって、このことは、どなたでもご存じであろう。犯罪者に刑罰を科すこのプロセスを刑事司法制度というが、これには、警察段階、検察段階、裁判段階、矯正段階、更生保護段階の５つの段階がある。

　更生保護は、矯正（刑務所、少年刑務所、少年院等における処遇）との連携の下に、地域社会内において、犯罪や非行に陥った者の立ち直りを助けるとともに、犯罪・非行を未然に防止することを目的とする、刑事司法制度の最終段階に位置するものである。

　専門的な表現をすれば、更生保護は、犯罪や非行に陥った者の改善更生を図るため、必要な指導監督、補導援護の措置を行い、また、一般社会における犯罪予防活動を助長することによって、犯罪や非行から社会を保護し、個人及び公共の福祉を増進することを目的とする施策であるといえよう。

2　更生保護制度の歩み

　更生保護の歴史は、古くは、持統天皇らが罪囚を赦し給い、布や稲を下賜して更生を命じたという事跡に由来するといわれるが、実際的には、1790 年に徳川幕府が設置した石川島人足寄場にあるとされるのが一般的である。あの時代劇でお馴染みの鬼の平蔵こと、火付盗賊改役・長谷川平蔵が、罪を犯した者や無宿者を収容し、紙すき、油しぼり、大工、左官等の仕事を覚えさせ、工賃を与えて自立のための資金とさせ、釈放に当たっては就職先を探してやる等の施策を行った更生授産、犯罪予防の施設が、石川島人足寄場である。

　しかしながら、近代法における更生保護の起源は、1882（明治15）年施行の監獄則による別房留置の制度であると考えられている。民間の更生保護事業が本格的に始動したのは、1889 年に別房留置制度が廃止された後に、政府が更生保護への民間の協力を求める施策を積極的に打ち出し奨励したことによるのである。そして、民間レベルの直接的な更生保護の先駆は、1888 年に金原明善が静岡県に創設した「出獄人保護会社」である。その設立趣意書によれば、「有志ノ諸君ト共ニ本社ヲ設立シ、此不幸薄命ナル出獄者ヲ保護シ、彼等ヲシテ社会ノ門戸ニ入リ正当ナル職業ニ就カシメ、内ハ以テ吾人ノ幸福ヲ増進シ、外ハ以テ社会ノ安寧ヲ維持セント欲ス。……」とある。ここにあるように、その主たる事業は、出獄者を収容して、社内で授産を行うことではなく、会社が出獄者の身上を保証して、就職を斡旋することであったようであるが、金原明善こそが我が国更生保護事業の先駆者であるといえるであろう。

　今更改めて言うまでもないことであるが、更生保護は我が国の犯罪対策において重要な地位を占めるものであり、地域社会に根ざした、政府と民間ボランティアとの官民協働体制により運営されているこうしたシステムは、世界に類例を見ないものであり、国際的にも、ユニークな試みであると評価されているところである。

　この更生保護は、広い意味では犯罪者の社会復帰を促進するための公共的な

第 10 章　世界に誇れる更生保護制度　*295*

活動一般を指すが、狭い意味では有権的（権力的）な更生保護である「保護観察」を除いた、任意的（非権力的）な更生保護を指していうものと解されている。したがって、ここでも、仮釈放を前提とした有権的な更生保護としての保護観察を除いた、任意的な更生保護、それも主に民間協力組織について紹介してみることにしたいと思う。

3　その成立過程

1　戦後の更生保護制度の沿革

　我が国の現行更生保護制度が整備されたのは比較的新しいことであり、戦後の一連の立法によってである。まず、1947 年に憲法第 73 条 7 号に基づき恩赦法が制定され、大赦、特赦、減刑、刑の執行の免除及び復権について規定がなされた。また、恩赦法施行規則により、特赦、減刑、刑の執行の免除及び復権についても、広く本人の出願が認められ、恩赦を本人の改善更生その他の刑事政策の観点から運用する道が開かれた。

　1948 年には少年法が全面的に改正され、新少年法によって少年に対する保護観察処分ができ、1949 年には犯罪者予防更生法が制定された。この犯罪者予防更生法は、更生保護に関する基本法として、恩赦、仮釈放、保護観察及び犯罪予防活動の助長に関する組織、少年及び仮釈放者に対する保護観察制度について規定を設けている。

　また、1950 年には、司法保護事業法に代わるものとして、更生緊急保護法が制定され、刑余者等に対する更生緊急保護制度の整備がなされた。また、同年制定された保護司法は、従前の司法保護委員制度を新しい保護司制度に発展させ、1954 年には、執行猶予者保護観察法が制定されている。そして、1958 年に売春防止法の一部改正が行われるにおよび、保護観察及び更生緊急保護に新たな対象者を加えることになったのである。

　こうした一連の更生保護法制によって、我が国の更生保護の実務は飛躍的な充実を見たが、最近における少年非行の増加や凶悪化傾向、覚せい剤乱用事犯

の増加や都市化・国際化の進展、急激な社会経済構造の変化等による社会情勢の流動化や内外における刑事政策思想の変化に伴い、社会内処遇の新しい方策の確立と一層の充実が要請されるようになった。そのため、法務省保護局では、早くから更生保護関係法令の改正、整備統合等について検討を進めてきたが、1995 年 5 月 8 日、更生保護事業法（平成 7 年 5 月 8 日法律第 86 号）並びに更生保護事業法の施行及びこれに伴う関係法律の整備等に関する法律（平成 7 年 5 月 8 日法律第 87 号）が公布され、1996 年 4 月 1 日に施行された。

2 更生保護事業法の制定

以下においては、更生保護事業法（以下「事業法」という）並びに更生保護事業法の施行及びこれに伴う関係法律の整備等に関する法律（以下「整備法」という）の主な内容について見てみることにしたい。

(1) 事業法の内容

まず事業法であるが、事業法は、第 1 章「総則」、第 2 章「更生保護法人」、第 3 章「更生保護事業」、第 4 章「雑則」、第 5 章「罰則」の 5 章 70 条から成るものである。更生緊急保護法（以下「更緊法」という）の内容を変更し、又は新たに制度として取り入れた主な事項は次のようなものである。

　(i) 更緊法においては、更生保護の措置を行うべき要件やこの措置を国が更生保護会に委託する手続を規定するとともに、更生保護事業の認可、監督について規定していた。しかし、事業法においては、社会福祉事業及び社会福祉法人について規定する社会福祉事業法と社会福祉の措置を行うべき要件及び手続を規定する生活保護法等の福祉立法に倣い、更緊法で規定していた更生保護の措置を行うべき要件や手続に関するものは、犯罪者予防更生法に移し植えて規定することとし、事業法は、もっぱら更生保護事業に関する事項とその中心的な担い手となるべき更生保護法人等の設立、管理、監督等について規定することとしたのである。

　(ii) 更緊法においては、更生保護事業を「更生保護（刑の執行終了者等に対す

る保護措置）を行う事業及びその指導、連絡又は助成をする事業」と規定しており、事業の範囲やこの事業によって保護を受ける対象となる者は、かなり限定されたものであった。たとえば、保護観察対象者に対する保護については、更生保護会の付帯的な事業として位置付けられていたにすぎない。今回の事業法では、更生保護事業を継続保護事業、一時保護事業、連絡助成事業の3種類とし、それぞれについて、事業の範囲や対象となる者を明確に規定している。

　すなわち、事業法第2条によれば、「継続保護事業」とは、現に更生のための保護を必要としているものを一定の施設に収容して、その者に対し、宿泊所を供与し、教養、訓練、医療又は就職を助け、生活の指導を行い、環境の改善又は調整を図る等その更生に必要な保護を行う事業である。また、「一時保護事業」とは、帰住を斡旋し、医療又は就職を助け、金品を給与し、又は貸与し、生活の相談に応ずる等その更生に必要な保護（継続保護事業として行うものを除く）を行う事業である。そして、「連絡助成事業」とは、継続保護事業、一時保護事業その他第2条2項各号に掲げる者の更生を助けることを目的とする事業に関する啓発、連絡、調整、又は助成を行う事業である。

　継続保護事業を行う所を更生保護施設といい、一時保護事業を行う所を一時保護事業所、連絡助成事業を行う所を連絡助成事業所という。

　(iii)　事業法は、更緊法に規定する更生保護の措置の対象者に加えて、救護及び援護の措置の対象となる保護観察対象者に対する保護も更生保護事業に含むことを明確にし、更に、現在のところ、国の委託の対象外であるが、直接保護会が任意に保護を実施してきた罰金又は科料の言渡しを受けた者や、少年院退院者等一連の犯罪・非行前歴者にまで対象を広げて規定している。

　すなわち、保護の対象となる者は、①保護観察に付されている者、②懲役、禁錮又は拘留につき、刑の執行を終わり、その執行の免除を得、又はその執行を停止されている者、③懲役又は禁錮につき、刑の執行猶予の言渡しを受け、刑事上の手続による身体の拘束を解かれた者（第1号に該当する者を除く。次号において同じ）、④罰金又は科料の言渡しを受け、刑事上の手続による身体の拘束を解かれた者、⑤労役場から出場し、又は仮出場を許された者、⑥訴追を必

要としないため公訴を提起しない処分を受け、刑事上の手続による身体の拘束を解かれた者、⑦少年院から退院し、又は仮退院を許された者（第1号に該当する者を除く。次号において同じ）、⑧婦人補導院から退院し、又は仮退院を許された者等である。

　(iv)　事業法は、また新たに、国は更生保護事業の適正な運営を確保し、その健全な育成を図るための措置を講ずべきこと、また地方公共団体は更生保護事業に必要な協力をすることができることなどの、国と地方公共団体の責務に関する規定を設けている。

　もちろん、更緊法においても、地方公共団体が更生保護事業を営むことができる旨の規定は存在していたのであるが、事業法では、これに加えて、地方公共団体がその地域において行われる更生保護事業に対して必要な協力をすることができることとしたのである。

　(v)　更緊法に規定されている更生保護会は、財団若しくは社団の公益法人であるため、法人設立の段階から民法の適用を受けるが、事業法においては、新たに更生保護法人という特別の法人制度を創設したので、更生保護法人の設立の段階から、その管理、監督等について事業法の適用を受け、社会福祉法人と同様の法的地位を得ることとなり、税制上の優遇措置が受けられるようになった。

　(vi)　また、事業法において、国が更生保護事業の適正な運営を確保し、及びその健全な育成発達を図るための措置を講ずるものとしている趣旨を受けて、更生保護法人を更生保護事業の望ましい事業主体として育成発達を図るという観点から、補助金を更生保護法人に限って交付することとした。

(2)　整備法の内容

　次に、整備法であるが、整備法は、事業法の施行に関する経過措置と関係法律の一部改正について規定するが、主な内容は次の通りである。

　(i)　事業法の施行に伴い、更緊法を平成8年4月1日をもって廃止するとともに、整備法によって犯罪者予防更生法の一部を改正して、更緊法中の更生保

護の措置に関する規定と同旨の規定を「更生緊急保護」と名称を変えて、犯罪者予防更生法の中に設けた。

(ⅱ)　民法第34条の規定により設立された公益法人である更生保護会は、平成8年9月30日までに更生保護法人に組織変更することができることとした。

(ⅲ)　更緊法の更生保護法人については、法人税を課さないこととするなど、税制上の優遇措置を講じるために、地方税法等の一部が改正された。

　この事業法並びに整備法の制定による我が国の更生保護制度の抜本的改正が、どのような展開を見るかは将来の課題ではあるが、少なくとも今後の更生保護事業は、この装いを新たにした更生保護法人を中核として、一層の発展を遂げていくことと思われる。

　それはともかくとして、以下においては、この更生保護法人という名の下に、我が国の更生保護制度の実施主体として重要な役割を果たしている更生保護施設について考察してみることにしたいと思う。

4　更生保護施設の現状と課題

1　更生保護施設の現状

　更生保護施設は、①保護観察又は更生緊急保護の対象者で、保護観察所から委託された者（委託保護）、②更生緊急保護の所定期間経過等のため委託が切れた者、委託がされていない者等（任意保護）に対して、宿泊供与のほか、食事供与、就職援助、相談・助言等の保護を行っている施設である。

　刑務所や少年院から出所した者は、頼るべき家族や縁故者がおらず、社会復帰の意欲が強くとも、それが難しい環境に置かれている者が多いのが現実である。自分では、もう二度と犯罪を繰り返さないと心に誓って社会に戻ってきてはいても、いざ実際に生活を始めてみると、社会の荒波の中で、時には前科者として白い目で見られ、結果的には、悪戦苦闘を強いられることが多いのである。このような者たちに進んで救いの手を差し伸べ、社会の懸け橋となって、

刑余者に生きる勇気を与える施設が更生保護施設なのである。

　この更生保護施設は、更生保護事業法に基づいて、法務大臣の許可を受けて更生保護事業を営む更生保護法人などの民間団体によって設置・運営されており、都道府県所在の法務省の出先機関である保護観察所がその指導に当たっているものである。更生保護施設のルーツは、先にも述べたごとく、1888 年に金原明善が設立した「静岡県出獄人保護会社」（現在の静岡県勧善会）であるが、その後、政府の奨励のもと、全国に民間の保護団体により更生保護施設が設置されるに至っている。1950 年施行の更生緊急保護法の下では、法務大臣の許可を受けて更生保護事業を営む者は、「更生保護会」と呼ばれ、主に財団法人又は社団法人によって営まれていたが、1996 年施行の更生保護事業法により、事業を営む主体のほとんどは、新たな法人制度として創設された「更生保護法人」となり、その施設は「更生保護施設」と呼ばれることになったのである。そして、この更生保護施設は、その営む事業の公益性の高さから、一般公益法人に比べ役員や運営について厳格に規定されている反面、税制等では社会福祉法人と同様の優遇措置が認められているのである。

　いずれにせよ、更生保護施設は、刑務所等を釈放された者で身寄りのない者や身寄りがあっても同居できない者等を保護し、更生を援助するための施設で、更生の意欲がある者を収容し、食事を供与する等の保護を行って、自立を援助することにより、再犯を防ぎ、ひいては社会を守ることが更生保護施設の重要な役割であるということになるであろう。もちろん、更生保護施設では、入所者に対し、単に温かい食事を提供し、宿泊場所を供与するだけでなく、就職を援助したり、金銭管理や飲酒などに関する生活指導を行ったり、保健所や福祉事務所などから必要な保護が受けられるよう調整を行うなど、きめ細かな保護を実施している。そして、こうした保護は、国の委託又は施設の自主的な受け入れにより行われているのである。

　このように、更生保護施設は、入所者にとっては生活の本拠であり、更生に向けた努力をする所であるから、その建物や設備の状況は、入所者の更生を図る上で重要な意味を持っているといえる。ただでさえ気持ちも重くなりがちな

入所者にとって、できるだけ快適な居住環境を整えることは、大きな励みとなり、更生への意欲を高めることにもつながるのである。しかし、残念ながら、更生保護施設の多くは財政的な余裕がほとんどなく、必要な施設整備を自力で実施することはきわめて難しい状況にあるといってよいであろう。それゆえに、施設を維持し、運営を改善していくためには、地域社会の理解と支援がなによりも不可欠であるということになるのである

2　更生保護施設の課題

　これまでに見てきたように、更生保護施設を取り巻く制度面の整備は、1994年の更生緊急保護法の一部改正に伴う更生保護施設整備費補助金の創設、1996年の更生保護事業法の施行、更生保護委託費予算の着実な伸長など、近年急速な進展がみられたところである。こういったハード面の枠組が整いつつある現在、更生保護施設は、次第にその処遇機能、すなわちソフト面の充実を目指す段階に入ったと考えられる。

　言うまでもなく、更生保護施設の社会的使命は、より多くの犯罪前歴者等を保護して社会的自立を促し、その再犯を予防することにある。更生保護施設においては、これまで施設職員のたゆまぬ努力と慈愛の精神により、多くの者の自立更生が果たされてきたところであるが、昨今、入所者の約7割が保護観察対象者で占められていることから、効果的な保護観察処遇の場としての役割を果たすことが強く求められてきており、また、施設入所者のうちには高齢者、累犯者等自立更生に困難を伴う者の割合が増加する傾向にあるなど、更生保護施設がその役割を充分に発揮し、その存在価値を高めるためには、処遇機能の一層の充実強化が求められるところである。処遇面の充実を図るためには、制度面、予算面、設備面等の一層の強化を図るほか、施設職員の養成、処遇プログラムの開発等あらゆる面からの検討が必要と考えられ、法務省保護局においては、今後、これらの課題に対する具体的な対応策を示すため、更生保護施設の処遇強化基本計画を策定しているところである。

　全般的に見て、更生保護施設における処遇面の強化を推進する上で問題とな

る事項としては、次の諸点が考えられる。

(i) 制度面の改善が進んだとはいえ、更生保護施設に対する予算措置は、処遇面の強化を推進するためには不充分なものであり、また、現行の各種制度には、なお見直すべき点が認められる。特に、脆弱な職員体制の改善が進まず、厳しい勤務条件の下で、施設職員に新たな処遇上の試みを取り入れるだけの余裕がないこと。

(ii) 処遇施設としての法的位置付けがあいまいであり、関係者間でも処遇の必要性についての明確な意識を持ちにくいこと。

(iii) 有用な施設職員の採用が難しく、また、職員を養成するための体系的な研修制度等が整備されていないこと。

(iv) 処遇の充実を図るためのプログラム等の指針がないこと、等である。

ここで、特に重要なのは、処遇プログラムの開発であろうと思うが、そうした処遇プログラムの例としては、①社会生活技能訓練（SST）を応用した処遇プログラム、②自助グループを活用した断酒会等の処遇プログラム、③コラージュ療法を応用した処遇プログラム、④カウンセラー等外部専門家を導入した処遇プログラム等が挙げられるであろう。

(1) 社会生活技能訓練（SST）プログラム

これは、2005（平成17）年4月1日現在、全国に101ある更生保護施設のうち、更新会（新宿区）、清心寮（浦和市）、立正園（名古屋市）等において実践されているものであり、社会生活技能訓練（Social Skills Training）プログラムとは、主として集団で実施する処遇方法である。

犯罪前歴者の場合、そのほとんどが対人関係の在り方に問題を抱えており、できて当然と思われる対人場面での対応ができない場合が多い。そのため、他人と衝突したり、孤立化したり、悪い誘いに巻き込まれたりして、更生の妨げになる。SSTでは、こうした対人関係の在り方を「技術」として位置付け、正しい技術を身に付けさせることにより対人関係を円滑にし、それにより社会生活を送る上での自信を付けさせ、自立更生を促すことを目的としているのであ

る。

　SST は、たとえば、職場での挨拶場面、相手に何かを依頼する場面、就職での面接場面、電話で求職面接を予約する場面、悪い誘いを断る場面等、ある一定の問題場面を設定し、在会者がそれぞれに役割演技（ロールプレイ）を行い、より良い対応を練習し、実際の場面で実践してみるといった手順で進められる。無断退去者が減少した、求職に成功する者、継続して就労する者が増加したという点において、効果が見られるようである。

(2)　自助グループを活用した断酒会等の処遇プログラム

　薬物依存やアルコール依存の治療には、相当な困難が伴うのが通常であるが、自助グループ（断酒会、アルコホリック・アノニマス、ダルク等）に入会し、自らの体験談や悩みを語り、互いに励まし合うことで、立ち直りが促進されることが一般に認められている。そこで、こうした自助グループを更生保護施設内に結成し、又はすでに活動している自助グループの協力を得て処遇を実施している、横浜力行舎（横浜市）、神戸学而園（神戸市）、中協園（名古屋市）等の例がある。また、ダルク（DARC: Drug Addiction Rehabilitation Center: 民間薬物依存リハビリテーション・センター）のような自助グループは、薬物依存等の同じ問題を抱える者同士が助け合うことで問題を解決することを目的としており、指導者と対象者の関係のような上下関係では得られない一体感や仲間意識が効果的に働いているといわれる。こうした自助グループを活用した処遇プログラムを採用することも考えてみるべきであろう。

(3)　コラージュ療法を応用した処遇プログラム

　絵画療法や箱庭療法の中間に位置する処遇方法で、その簡便さや動機づけのしやすさが特徴である。コラージュ療法では、雑誌や広告などの絵や写真を対象者に切り抜かせ（あるいは切り抜きを予め用意し）、自由に台紙に貼って作品を完成させることで、対象者の内面を表現させるとともに、内面の統制を図ることを目的としている処遇技法である。言語化できない、あるいはしたくない感

情をコラージュの作成を通して見つめ直し、表現することで、精神的バランスが図れるものと考えられている。

コラージュ療法には、当意即妙性、面接者も作製者も共同して完成作品の新しい意味付けを考えていくようなくつろぎ感があり、絵の苦手な対象者にも抵抗なく行わせることができること、箱庭と比べて簡便にでき、かつ対象者の自由度が大きいこと、対象者にとっても楽しく動機付けがしやすいことなどから、特に、女子又は青少年施設での導入が期待できよう。コラージュ療法は、参加者がお互いの作品の素朴な感想を交換し合う中で、自然な形で自己洞察を深めていくことができる点に特色がある。静修会荒川寮（荒川区）等において実施されているようである。

(4) カウンセラー等外部専門家を導入した処遇プログラム

その他、特定の更生保護施設では、施設入所者に対するより専門的な処遇を、外部専門家の協力を得て実施している例がある。たとえば、ウィズ広島（広島市）では、地方公共団体の補助を受けて、外部の心理カウンセラーによる処遇を実施しており、また、札幌大化院（札幌市）では、アルコール依存の専門家を招き、酒害についての講話等を行っている。また、尚徳有隣会（宇都宮市）では、モラロジー研究所（道徳・倫理学研究所）の協力を得て教養講座を実施している。

5 世界で注目される保護司制度

我が国における刑事政策の中で、交番制度と並んで、世界的に最も注目されている制度の1つに、保護司制度がある。今更改めて説明するまでもなく、保護司は法務大臣から委嘱を受けた民間篤志家であり、身分は非常勤の国家公務員である。更生保護の歴史において、この民間篤志家である保護司の果たした役割には大きなものがあり、実際のところ、5万人近い全国の保護司の無償の奉仕が、我が国の刑事政策を支えてきたといっても過言ではないであろう。

第 10 章　世界に誇れる更生保護制度　*305*

しかしながら、従来、「刑事政策における公衆参加」の代表例として考えられ、我が国の更生保護制度を支えてきた保護司制度も、戦後 60 年以上の年月を経て、人間関係の希薄化や地域社会の連帯感の喪失等の社会構造の変化を反映して、保護司の高齢化、後継者不足の問題や、対象者の高齢化、処遇困難者の増加ともあいまって、保護司制度を取り巻く環境は一段と厳しくなっており、保護司とその活動に対する一般国民の理解や地域社会の理解、及び支援体制の強化等が緊急の課題となってきた。

そこで、法務省保護局は、保護司制度の充実強化を図るために、保護司の基本事項を定めている保護司法を改正することを決定したのである。

1　保護司制度の淵源

保護司制度の淵源に関しては、江戸時代の 5 人組制度にまで遡って考えるものや、明治時代の釈放者保護事業において、釈放者保護団体が地方の名望家を常設の保護委員に任命し、出獄人の保護にあたらせていた保護委員制度にまで遡って考えることができるというような見解もあるけれども、刑事政策の一端を担う現在の保護司制度に多少なりとも類似した制度は、1923 年 1 月に施行された、旧少年法においてであったと考えてよいであろう。この旧少年法においては、18 歳未満の犯罪少年等について、国の機関としての少年保護司の観察に付し、あるいは保護団体に収容保護を委託するなどの画期的な制度が導入されていたのである。

もちろん、保護観察を民間人の手にゆだねる方式は決して我が国だけのものではない。英米の制度が比較的早くから保護観察の民間依存を脱却したのに対し、オランダ、オーストリア、デンマーク、フランス、フィンランドのようなヨーロッパの国々では、我が国の保護司制度と同様の制度を採用する国も多いのである。しかし、我が国の保護司制度は、外国のものとは違い、我が国独特の風土の中から生れたものであり、欧米に比して我が国の犯罪状況が比較的安定しているのは、無報酬で犠牲的努力を強いられながらも、犯罪者の更生保護に善意と情熱を傾けている保護司の陰の力によるところが大であるといえるで

あろう。

2　改正保護司法の要点

「保護司法の一部を改正する法律案」は、平成 10 年 3 月 6 日の閣議決定を経て、3 月 9 日に国会へ提出され、参議院先議の扱いとなり、4 月 16 日に参議院本会議を、5 月 12 日に衆議院本会議を、それぞれ全会一致で通過し、5 月 20 日、法律第 61 号として公布され、その後、この改正保護司法は平成 11 年 4 月 1 日から施行された。主な改正点は、以下の 3 点である。

(1)　保護司会の計画に基づく保護司の職務の遂行に関する規定の整備

「保護司は、地方更生保護委員会又は保護観察所の長から指定を受けて当該地方更生保護委員会又は保護観察所の所掌に属する事務に従事するほか、保護観察所の長の承認を得た保護司会の計画の定めるところに従い、当該保護観察所の所掌に属する一定の事務に従事するものとすること。(第 8 条の 2 関係)」

従来、保護司の職務のうち、基本となる保護観察や環境調整については、対象者ごとに個別に保護観察所の所長の指定を受けて実施されているが、近時、その重要性を増している犯罪予防活動や処遇に資する社会資源の開拓推進活動については、必ずしもその内容がはっきりしておらず、様々な活動が想定されていたところである。

そこで、従来からも、犯罪予防活動等については、保護司が地域の犯罪情勢等を踏まえながら、地域の実情に応じて、最もふさわしい方法で実施することが望ましく、また効果的であると考えられてきた。しかし、従前においては、そのような職務の遂行方法については定めがなく、また、職務（実費弁償や公務災害の対象となる）と非職務との境界が必ずしも明らかではなかったのである。

さらに、このような犯罪予防活動等は、個々の保護司が別々に活動するのではなく、同じ地域の保護司がお互いに連絡・協調しながら、地域住民や関係機

関・団体と連携して実施することにより、一層効果的な活動が行えるのであるが、保護観察や環境調整等については、職務内容が明確、具体的であるのに対して、犯罪予防活動等については、その内容が法律上、必ずしも明確でないため、一般国民の保護司の活動に対する理解が不充分で、充分な協力を得難い原因の１つとなっていたのである。

　そこで、今回の改正では、第８条の２を新設し、保護司会が計画して実行する犯罪予防活動等の内容を明確にした上で、保護司会が自主的・自発的に実施のための計画を策定した犯罪予防活動等については、保護観察所の所長の承認を得れば保護司の職務とするという新しい枠組みを作ることで、犯罪予防活動等を組織的に行うための規定を整備するとともに、保護司が同条に規定する活動をその職務として行うものであることを内外に明確にして、その内容を鮮明にし、一般国民や関係機関・団体の保護司の活動に対する理解を深めてその協力を得やすいようにし、併せて犯罪予防活動等における職務の範囲を明確にして、実費弁償や公務災害補償の対象にして保護司活動を支援することにより、犯罪予防活動等の一層の充実、活性化を期することとしたのである。

(2)　保護司会及び保護司会連合会の法定化

「保護司は、その置かれた保護区ごとに保護司会を組織するものとすること。(第13条第１項関係)

　保護司会は、第８条の２に規定する計画の策定その他保護司の職務に関する連絡及び調整等を行うことを任務とすること。(第13条第２項関係)

　保護司会は、都道府県ごとに保護司会連合会を組織するものとすること。ただし、北海道にあっては、法務大臣が定める区域ごとに組織するものとすること。(第14条第１項関係)

　保護司会連合会は、保護司会の任務に関する連絡及び調整等を行うことを任務とすること。(第14条第２項関係)」

　現在のところ、保護司を構成員とする保護司組織は全国に結成されているが、

この保護司組織は、保護観察所と各保護司の間の連絡調整を行うとともに、個々の保護司の処遇活動の支援や保護観察所との連携による構成員の研修・自己啓発の促進等の重要な機能を担っており、また、地域における犯罪予防の活動主体となるなど、我が国の保護司制度にとっての必要不可欠な存在となっている。

ところが、従前の保護司組織については、任意組織であるがゆえに、外部から、保護司とは別個の活動主体としての評価を得ることに難点があった上に、保護司組織の果たすべき役割等の法的根拠がなく、その位置付けが明確でなかったことなどから、保護司組織の機能の低下が懸念されるような状況も認められた。また、協力雇用主の確保等の社会資源の開拓推進活動についても、人間関係の希薄化等の社会情勢の変化を反映して、もはや、個々の保護司の人脈のみで開拓するには限界が生じてきているのが実情である。

そこで、人権擁護委員や民生委員などについては、すでにその組織が法定化されていることから、保護司組織についても同様の法的根拠を与え、保護区に対応する保護司会と都道府県に対応する保護司会連合会を法定組織として、その任務を規定し、その位置付けを明確にした上で、犯罪予防活動等を組織的に展開し、その効果的な実施を図るとともに、保護司組織の法定化を機に、機能別部会の導入を促進するなどして、全保護司の保護司組織の活動への参加を促して、保護司組織の活動を活性化させ、その充実強化を図ることとしたのが、今回の改正の第2の要点である。

(3) 地方公共団体の協力規定の新設

「地方公共団体は、保護司、保護司会及び保護司会連合会の活動が、犯罪をした者の改善及び更生を助けるとともに犯罪を予防し、地域社会の安全及び住民福祉の向上に寄与するものであることにかんがみ、その地域において行われる保護司、保護司会及び保護司会連合会の活動に対して必要な協力をすることができるものとすること。(第17条関係)」

保護司及びこれを支援する保護司組織が行う犯罪者の更生保護及び犯罪予防活動は、例えば、薬物犯罪では病院、保健所、警察、民間治療施設等の協力が必要であり、青少年犯罪では、学校関係者、児童福祉施設等の協力が必要であるなど、地域社会の理解と協力がなければその目的を充分に達成することができない。

また、保護司及び保護司組織の諸活動は、地方公共団体の責務である地域の防犯活動や青少年の健全育成運動等に多大な貢献をするなど、地域の安全と秩序を維持するという地方公共団体の責任の遂行にも寄与するものであり、その利益を享受するのも地域社会であることなどから、多くの地方公共団体が保護司ないし保護司組織に対して人的・物的な支援を行っており、このような保護司及び保護司組織と地方公共団体の相互の協力により、より一層、地域の公共の福祉が増進されるものといえる。

しかし、従前は、保護司法上に地方公共団体の協力に関する規定がなかったため、保護司及び保護司組織の活動と地域社会の関わりについての住民の理解が充分には得られず、かつ、地方公共団体の中には保護司及び保護司組織に対する協力に消極的なところもあるなどの問題が生じていた。

そこで、地方公共団体との協力関係を維持・発展させ、地域社会の理解と協力を深めるために、第8条の2第3号において、犯罪の予防に資する地方公共団体の施策への協力を保護司が職務として行うことができることを明らかにするとともに、保護司及び保護司組織に対する地方公共団体の協力についての根拠規定を設けたのが、今回の改正の第3の要点である。結果として、従来はあまり積極的でなかった更生保護と学校との連携がかなり前向きとなっているのは喜ばしいことである。

ある保護司の妻は、雑誌『更生保護』（46巻5号・1995年・33頁）の中で、夫の保護司活動についての感想を次のように述べている。

「来訪者の面接の際には、夫は驚くほど気長に少年や引受人の話を聞いています。本人が心を開いて本心を語るのには相当時間がかかると思われますが、やがて少年も正直に語り出し、進んで相談を持ちかけてくるよう

です。……対象者への往来訪についても、市街地近郊の保守的な地域なので、本人と当方の都合も然る事ながら、隣近所の風聞を考慮して夕方又は夕食後の時間帯を定めて、本人に支障がないよう配慮しています。報告書類や事務の整理はいつも早朝か深夜にしているようで、そんな姿を端から見ていると私も頑張らねばと思います。」

　説明は要らないであろう。保護司の典型的な姿がここにある。保護司は地域名望家の仕事であるとか名誉職であると言う人もいるけれども、相手のことを思いやり、己れに厳しくし、それでいて驕らず、人様のためになりたいという、保護司の心情がここにある。失敗すれば、自分の力が足りなかったと嘆き、成功すれば、自分の後押しが役に立ったと喜ぶ、その謙虚な態度こそが、我が国の刑事政策を支えている母体、すなわち保護司の心情なのである。保護司法の一部改正を契機として、犯罪者の社会復帰のために、より大きくは、日本の刑事政策の充実のために、全国の保護司の方々のより一層のご活躍に期待したいと思う。

6　幅広い協力組織

　以上において見たごとく、我が国の更生保護事業の主力は、なんといっても、更生保護法人（更生保護施設）と民間篤志家である保護司であるが、この他にも、民間協力組織と呼ばれているものが存在する。BBS の組織、更生保護女性会の組織、協力雇用主の組織がその主なものである。以下においては、これらの組織を概観しておくことにしよう。

1　BBS 運動とその組織

⑴　BBS 運動とは何か

　BBS 運動とは、Big Brothers and Sisters Movement を略したものである。つまり、ここでいう BBS 運動とは、不幸にして犯罪や非行に陥った少年・少女たちの良き兄、良き姉となって、彼らの立ち直りの手助けをしたり、非行を未

第10章　世界に誇れる更生保護制度　*311*

然に防ぐために地域社会への啓発を行うことを目的とした民間のボランティア
活動のことである。

この運動は、1904年、アメリカのニューヨーク市少年裁判所書記のアーネ
スト・K.クールター（Ernest K. Coulter）が提唱したものであり（しかし、この点
に関しては、シンシナティの青年実業家アービン・F.ウェストハイマーによって、1903
年に創設されたという説もある）、我が国においては、1947年2月22日に、京都
の大学生を中心に結成された「京都少年保護学生連盟」に端を発するものであ
るといわれている（この点に関しても、1946年11月、長野県において、松本女子師
範学校の学生10人程度で「朋友制度」を結成。翌年11月、長野師範学校男子部学生が
「児童愛護研究会」を組織。両者一体となって長野市に本部を置き、以後、少年審判所
の支援を受けたという記述もある）。そのいずれがルーツであるかはともかくとし
て、公的な記述によれば、このBBS運動は、「京都少年保護学生連盟」を嚆矢
とするようであるから、1997年の時点で、その結成以来50周年を迎えたこと
になる。

(2)　アメリカBBS運動の日本への紹介

我が国のBBS運動の起源が、1947年の「京都少年保護学生連盟」にあるの
か、それとも、1946年の長野県の松本女子師範学校の学生による「朋友制度」
にあるのか、はたまた、それよりも半年早い、1946年6月1日、松江少年審
判所の後援の下に結成せられた「山陰少年保護学生連盟」にあるのかの争いは
ともかくとして、アメリカのBBS運動そのものは、1913年には、我が国に紹
介されていたようである。まず、私立感化院「家庭学校」の創設者として名高
い留岡幸助の主宰する雑誌『人道』1巻2号（1913年）において、基督教青年
会の山本五郎が「ビッグ・ブラザー・ソサイアティの素養ある青年が指導者と
なり、個々の不良少年を善導する事業について、大体の説明を試みた」という
事実が報じられている。そして、その時の山本五郎の報告が、当時監獄学者と
して知られ、現在の民生委員制度の創始者としても名高い小河滋次郎の主宰に
なる雑誌『救済研究』1巻2号（1913年）に、「大兄（あにさん）」と題して、

研究論文として掲載されている。この論文では、BBS 運動を社会と個人の合致というニュー・デモクラシーの思想を実現せんとするものであるとした上で、「大兄」の趣旨として、「大兄の目的は少年の感化であって、殊に不良少年を感化するのが目的であるが、併し普通の少年をも善い方に感化し悪しきを防衛してやる必要があるから、必ずしも不良なるものに限らない」として、少年の感化のためには大兄自らの陶冶も大切であるとするほか、運動の着眼点、活動方法等をも紹介している。

こうした論文のほかにも、たとえば、『法律新聞』1049 号（1915 年）、『社会事業』6 巻 4 号（1922 年）、『輔成会々報』7 巻 4 号（1923 年）等にも BBS 運動が紹介されている。また、私の専門である刑事法学の分野で、客観主義刑法学の泰斗であり、仏教学者としても著名な小野清一郎が、関東大震災の頃に、BBS 運動を起こそうとしていたともいわれている。BBS 運動は、意外と早く我が国に伝えられていたことが分かるのである。

(3) 京都少年保護学生連盟の創設

しかしながら、我が国の BBS 運動が本格的に組織化されたのは戦後のことであり、実質的な生みの親は、同運動発足の当時、京都少年審判所長であった宇田川潤四郎である。終戦直後の京都には、戦災孤児が巷に溢れており、こうした少年たちが大人に唆されて非行をするという事態がしばしば見られたという。満州から引き揚げてきた宇田川はこうした事態を憂えると同時に、たまたま引き揚げの途中で立ち寄った神田神保町の本屋で購入した、アメリカの裁判所に関する本のなかに紹介されていた BBS 運動に興味を持ち、京都少年審判所長に就任した折りに、この BBS 運動の構想を実現したいと考えていた。

はからずも、その頃、同じく京都の戦災孤児たちの惨状を憂え、なんとかしたいと思っていた立命館大学の学生であった永田弘利は、ふと手にした京都新聞の「少年関係諸団体の代表者が京都府庁に集まり、心のよりどころを失った子どもたちを何とかしようと協議した」という趣旨の記事を読み、「荒みきった社会の中で頻発する少年非行は、少年たちの生活環境や友人の影響が一番大

きな原因であることから、年齢的にも心情的にも少年に近いところにいる青年が温かい手を差し伸べることによって、何かできるのではないか」という思いを綴った手紙を京都府庁社会教育課長に宛てて送った。

このことを知った宇田川は、永田を京都少年審判所に招き、京都少年保護学生連盟の結成を依頼する一方で、少年審判所側の責任者として、当時京都で保護司をしていた徳武義を指名した。徳武義は、少年保護の専門家であるのみならず、アメリカ留学の経験もあることから、宇田川も満幅の信頼を置いていたようである。

こうして、宇田川、徳、永田の3人の奔走によって、我が国BBS団体の嚆矢たる京都少年保護学生連盟の結成を見るに至るのである。そして、1947年2月22日には、京都少年保護学生連盟発会式ならびに記念講演会が、京都女子大学（当時の龍谷学園京都女子専門学校）において開催されている。ちなみに、当日の参加者は約400人であったということである。

この学生連盟の結成に至るまでの経緯が、当時の京都少年審判所によって作成された文書に、次のように記録されている。

「少年保護運動の一翼に学生を参加せしめ、新しい力を以て事業を推進しやうとする企ては開庁以来の宿案であつて、予てから菊地審判官、徳保護司等は各学校当局と懇談、或ひは、課外講座等に出席し学校の理解と学生の関心を深める為の努力を続けて来たのである。而して学生の斯業に対する関心は大いに昂まつて、夙に少年不良化問題の研究、収容少年に対する慰問激励、保護思想の普及さらに進んでは保護少年の指導に真摯な動きを示して来たのである。宇田川所長着任以来開庁式記念事業として、この学生の斯業に対する個々の情熱と協力活動を組織して1つの大きな学生運動として展開せしむるやうアメリカに於ける大兄姉運動を参考として本運動の研究に着手し之が実現への準備を進めた。」

この文書で見るかぎり、BBS運動も本来はボランティア活動であるとはいえ、官主導で始まったことが分かるのである。

(4) 各地における BBS 運動の展開

この京都少年保護学生連盟の発足以来、BBS 運動は全国に普及していくことになる。しかし、アメリカの BBS 運動の存在を意識していたかどうかは定かではないが、前述のごとく、戦災孤児などの救済のために、学生が中心となって何らかの援助を行うことの必要性を認識し活動していた事例は、全国に数多く存在していたようである。たとえば、静岡県では、1946 年 4 月 29 日に青少年純叫社が結成され、青少年の純真なる叫びによって、終戦後の混沌たる社会の不純を浄化し、健全なる青少年の世界を打ち建てるという意気込みに溢れていたし、その後は、静岡県少年保護観察所内に本部を置いて、青少年愛護同盟燈心会という名称で活動している。

また、島根県では、1946 年 6 月 1 日松江少年審判所の後援で山陰少年保護学生連盟が結成せられ、旧松江高校、島根師範、女子専門学校の 3 校 24 人により運動が開始されたとあるが、松江に少年審判所が設置されたのが連盟結成と同じ日の 1946 年 6 月 1 日であることから、この間の事情がどうなっているのか、あまりはっきりしないところがあるようにも思われる。

長野県においては、1946 年 11 月に、長野少年審判所が保護処分を受けた少年の事後補導の重要性に鑑み、従来の観察保護のやり方を再検討し、管内専門学校以上の学生の奉仕による「朋友制度」を作ったとある。その名称や内容からみても BBS 運動の最初のものとみることができるかもしれない。その後、長野師範に児童愛護研究会が組織され、1948 年には児童心理研究会と改称している。また、1950 年には、信州大学教育学部と長野師範の学生及び卒業生有志を正会員として、長野児童研究会が組織され、1952 年 7 月には、長野県 BBS 連盟の設立総会が開催されている。

このように、京都少年保護学生連盟の創設以前にも、各地の少年審判所の主導によって、BBS 学生連盟の結成が相次いでいたようであるが、このほかにも、我が国の BBS 運動の先駆けとして知られているものに、大阪と東京における BBS 運動がある。大阪における BBS 運動の沿革は、京都少年保護学生連盟の呼び掛けにより、1947 年 12 月 7 日、少年愛護学生同盟が結成されたとこ

ろに始まる。一方、東京における BBS 運動は、東京少年保護司会青年部会の
名で始まった。1948 年 5 月、東京少年審判所長が立正大学において行った講
演に感動した学生 8 人が中心となって結成されたものである。この東京少年保
護司会青年部会の場合は、京都の場合のように、保護観察官が保護観察の担当
を保護司又は BBS 会員のいずれかに択一的に委嘱するという方式（いわゆる
「京都方式」）とは異なり、保護観察官が主任の保護司に加えて BBS 会員にも委
嘱するという方式を採用したため、「東京方式」と呼ばれている。

(5)　BBS 運動の現状

　いずれにせよ、この BBS 運動は、初期の頃においては、戦災孤児や非行少
年の善導等を目的とするもので目立たない存在であったが、その後、先駆者た
ちの熱意は急速に広まり、1950 年 11 月には「全国 BBS 運動連絡協議会」が
結成され、1952 年には、「日本 BBS 連盟」と改称され、現在に至っている。
　現在では、BBS 会員には、この運動の趣旨に賛同し、積極的に参加協力し
ようとする熱意をもった健全な青年であれば誰でもなることができるが、一応、
入会の資格として、①おおむね 20 歳代の青年男女であること、②社会奉仕の
精神があること、③非行少年の更生に関心をよせ、少年や子どもに愛情を持っ
て接し得ること、④性格に偏りがなく、幅広い教養を持っていること、⑤活動
に必要な余暇があること等が考えられているようであり、学歴や職業は問わな
いものとされている。
　会員数は、1966 年の 1 万 1,831 人をピークとして、その後減少傾向にあり、
1976 年には 7,741 人にまで減少したが、同年に策定された 5 カ年計画に基づく
会員 5 割増強の努力が現われ、1979 年からはやや増加傾向に転じた。しかし、
その後再び減少し、2005（平成 17）年 4 月 1 日現在 5,726 人となっている。ま
た、BBS の組織には、市町村等の地域（例外として職域がある）を単位に結成さ
れている地区 BBS 会、保護観察所単位の都府県 BBS 連盟、地方委員会単位の
地方 BBS 連盟および全国組織としての日本 BBS 連盟がある。これらの組織の
うち、実践活動の基盤として最も重要な役割を果たしているのは、地区 BBS

会であり、2005（平成17）年4月1日現在566を数えている。また、「BBS運動基本原則」によれば、組織の性格として、①組織運営については、更生保護機関の育成指導を受けること、②関連機関、団体への協力は、すべて組織として協力することが明記されており、ボランティア活動としてのBBS運動が、組織体として整理され、統制ある運用がなされるべきであること、また、ボランティア活動の本質から、組織は主体性をもったものでなければならないことはいうまでもないが、BBS運動の目的からして、更生保護機関との連携を特に重視し、その育成指導を受けて運動の発展を図ることを原則としているのである。

　BBS運動の中心となる活動には、①ともだち運動、②非行防止活動、③研さん活動があるが、1955年頃からは、ケースワーク的要素の導入が図られ、ともだち活動に重点が置かれているようである。もちろん、BBS会員は、非行防止活動として、自ら非行防止のための活動を行うとともに、毎年7月に行われる、法務省の主唱する「社会を明るくする運動」にも協力しているが、もともと、BBS運動そのものが、「ワンマン・ワンボーイ」をスローガンとして始まったことを考えれば、ともだち活動に重点を置くことは当然のことであるといえよう。1967年に採択された「BBS運動基本原則」にも、この「ワンマン・ワンボーイ」の原則は明記されているのである。

(6)　BBSの課題

　最近のBBS運動の新しい動きとして、組織形態としては学域BBS会の拡大（2003（平成15）年4月1日現在、全国の短大や大学に21の組織がある）があり、活動形態としては、保護観察所の行う社会参加活動への協力が挙げられるであろう。特に、この後者の「社会参加活動」は、1994年9月から短期保護観察における課題指導の課題例の1つとして導入されたもので、社会奉仕活動等の社会的に有益な諸活動を、対象少年に直接体験させることによって社会性を育み、社会適応を促進することを目的としたもので、今後、BBS会員の積極的な参加が期待される分野である。

第 10 章　世界に誇れる更生保護制度　*317*

　しかしまた、一方、最近において、現在の BBS 運動には、保護観察官、保護司及び BBS 会員の三者の間に理解不足あるいは相互不信があるとか、BBS 運動の現在の目標が必ずしも明確でないという批判が見られることも事実である。このたびの BBS 運動発足 50 周年を契機として、こうした批判を真摯に受けとめ、次の 50 年へ向けて BBS 運動をどうするかという課題、そしてまた、将来のあるべき姿を展望するとともに、BBS 運動発足の頃の初心に返り、今一度、BBS 運動の原点が何処にあったかということを考えながら、新しい施策を展開してもらいたいと思う。

　　「非行少年のよい『ともだち』となり、

　　　兄・姉のような立場に立って、

　　　その立ち直りを助ける活動を行う

　　　青年によるボランティア活動」

という BBS 運動の原点に立ち返って考えてみることが、今何よりも大切なのではあるまいか。

2　更生保護女性会

(1)　更生保護女性会の歴史的推移

　ここで紹介する更生保護女性会とは、女性の立場から、地域社会の犯罪や非行の未然防止のための啓発活動を行うとともに、青少年の健全な育成に努め、犯罪者や非行少年の更生に協力することを目的とする女性の民間団体である。そして、その主な活動としては、更生保護思想の普及、犯罪予防、保護観察対象者等に対する援助・激励、保護司・BBS 会等に対する協力等が挙げられる。

　この更生保護女性会は、戦前、少年保護婦人会等の名称で少年保護の活動を行うものとして、婦人少年保護司等により組織されていた団体である。1949 年に犯罪者予防更生法が施行された後、更生保護機関、保護司会等の支援の下に更生保護婦人会の名称で組織化が行われ、漸次、市町村等の地域を単位に地区会が組織されるとともに、県単位、地方ブロック単位の組織化が進み、1964 年には、その全国組織である全国更生保護婦人協議会が結成され、1969 年に

「全国更生保護婦人連盟」と改称され、2003年には「日本更生保護女性連盟」と名称変更し、現在に至っている。

　このように、女性の民間ボランティア団体である更生保護女性会は、戦後急速に組織化が進められたわけであるが、歴史を繙いてみれば、女性の視点による更生保護への参加ということが、それ以前にはまったく行われていなかったというわけではないようである。

　明治の初期、福祉的な視点から少年保護の問題に取り組んだ女性の先駆者として、1883年に我が国最初の感化院（不良少年の保護・教化を目的として設けられた施設、現在の児童自立支援施設の前身）を大阪に独力で創設し、不良少年等に対する精神修養・授産事業を熱心に進めたとされる池上雪枝、日本YWCAの初代総幹事を務め、その後、1920年からは出獄人保護事業等を行い、受刑者の教誨とその出獄後の保護に尽力されたキャロライン・マクドナルド（A. Caroline Macdonald）、婦人釈放者保護のために設立された富山養得園婦人部の幹事長を務め、婦人釈放者を保護するとともに、更生保護施設の後援にも尽力した浅田ウタ、及び1912年に自坊内に保護場を設立し免囚保護事業を行った東京興仁会の梅本龍海師の夫人で、35歳の若さでこの世を去った梅本たけ等更生保護史にその名を残す女性はいるようであり、いずれも更生保護女性会活動の源流とみなすことができそうである。

　そしてまた、こうした女性たちの先駆的活動のほかにも、女性たちによって結成された先駆的組織として、東京女囚携帯乳児保育会、少年保護婦人協会等のボランティア組織が存在する。

　東京女囚携帯乳児保育会は、女囚（女性受刑者）に対して満1歳になるまで「携帯」という名目で刑務所内で乳児を養育することを許していた「携帯乳児」を保護することを目的として、1902年に創設された組織であり、当時、板垣退助らを顧問に、また、板垣絹子（板垣退助夫人）を会長として迎えていた。当時の監獄則には「在監ノ婦女其子ヲ乳養セント請フトキハ其齢一歳ニ至ル迄之ヲ許スコトヲ得（旧字体を新字体に改めた）」と規定していたが、この保育会は、当時の東京監獄及び八王子分監の女囚携帯乳児を引き取り、女囚が刑期を

終了するまで、あるいは児童が満7歳に達するまで養育をしたとのことである。

　初期の頃は保育者として保母を雇い入れるという方法を用い、後には里預けの方法により、東京及び神奈川の農家に託し、医師を巡回させて周到な保育を心がけていたと伝えられている。東京女囚携帯乳児保育会は、1917年に貧困家庭の子女の教育・保護等を目的として設立された財団法人大日本婦人慈善会に、1919年に合併され、同慈善会の女囚携帯乳児保育部として活動するようになったということである。

　日本更生保護協会の安形静男によれば、東京女囚携帯乳児保育会は、犯罪対策の分野において、女性によって福祉の視点から組織された最初のボランティア活動の団体であり、基本的には行刑に関わる組織とみなされるであろうが、その活動は施設外において行われ、その基本的精神等からも、今日の更生保護女性会の源流をなすものであると位置付けられている。

　少年保護又は更生保護の名を冠した、女性による活動組織の嚆矢は、1925年に創設され、1937年に財団法人となった少年保護婦人協会である。1923年1月に旧少年法が施行され、非行をした少年を審判し、その保護処分を行う機関として、東京少年審判所が九段に設置された。当時の有識階層に属する女性がこの少年審判所を見学したのがきっかけとなり、非行に陥った少年のための少年保護事業の後援を計画したのがその始まりとされている。事業としては、少年相談所を開設し、講演会や研修会等を開催し、施設見学や少年保護団体の訪問を行い、さらには非行をした女子少年を直接収容保護する少年保護団体「娘の家」を設立したことが挙げられる。

　この「娘の家」は、第2次世界大戦の末期に事業を休止していたが、戦後、「ボランティアは犯罪者の更生保護という重要な責任ある任務を果たすべきではない」というGHQの方針により、解散させられることとなり、女子少年院に転換した。この女子少年院こそが、現在、東京都狛江市にある愛光女子学園の前身である。

　少年保護婦人協会の設立以降、神戸少年保護婦人後援会、明石少年保護婦人

後援会、京都少年保護婦人協会、姫路少年保護婦人後援会、福岡少年保護婦人会等が、1930年代から1940年代の中期にかけて相次いで設立されている。この他、女性の少年保護司の会として、1935年には、東京に白菊会、1938年には、大阪に竹蘭会がそれぞれ設立されているが、これらは親睦会的なものであったようである。

戦後に至り、1949年に犯罪者予防更生法が制定されると、県組織の結成が相次ぐようになった。1954年には全国更生保護婦人会代表者会議が開催されるとともに、1960年代中葉までに、県単位の組織、地方連盟組織が結成されることとなり、全国更生保護女性連盟へと発展していくことになるのである。

(2) 更生保護女性会の活動の現状

このような歴史的発展を遂げてきた更生保護女性会は、その趣旨に賛同する女性であれば誰でも参加できることになっている。特別な資格はなく、求められるのはボランティアとしての自主性・自立性であり、地域に開かれた組織である。更生保護女性会の地区会数は、1958年には428であったが、その後増加傾向にあり、1978年には1,000を超える地区会が組織されている。会員数については、1958年には30万4,747人を数え、1966年には59万人（地域婦人会の会員がそのまま更生保護婦人会員を兼ねていた地方があったことによる）を突破してピークを迎えるが、その後減少傾向を示し（1973年に連盟の会費が会員1人あたり1円であったものが10円に値上げされたことによる）、一時は17万人程度にまで減少していた。その後再び増加に転じ、2005（平成17）年4月1日現在では、地区会数は1,324、会員数は19万9,140人となっている。

更生保護女性会の活動としては、更生保護への協力を目標に掲げており、その内容は、①地域から犯罪や非行をなくすための活動、②矯正・更生保護施設への協力・支援活動、③保護司活動に対する協力活動の3分野に大別される。そして、その具体的方法としては、①研究協議活動、②更生保護思想の普及活動、③犯罪予防活動、④矯正保護関係の施設や団体に対する協力・援助活動の4つが挙げられるが、実際には、毎年7月に行われる「社会を明るくする運動」

に参加することが、その活動の主たるものである。また、矯正施設や更生保護施設への慰問、物質的援助活動（更生保護施設への給食奉仕活動）等も行われている。

こうした更生保護女性会の活動の特色としては、①犯罪者や非行者の更生保護を、直接的・間接的に図ることを主要な活動としていること、②女性の立場、特に母親としての立場から行う活動であること、③活動は、会員が単独で行う更生保護活動もあるが、団体として組織力を生かした活動を行うことが多いこと、④会員の活動を通じて犯罪や非行の防止に関する地域住民の関心を高める機能を果たすこと、⑤自発的な奉仕活動として、会員は、この活動のために時間や労力、特技、金品を無償で提供すること等であるといわれている。

また、①地域活動を活動の基盤に据えていること、②地域特性に沿った柔軟性のある活動であること、③活動と研修・自己研鑽が常に平行していること、④活動資金の造成が必須であること等もその活動の特性と考えられている。

こうした従来の活動に加えて、近年では、非行防止活動の一環として、地域で少人数の集会を持ち、非行や有害環境の浄化等について話し合う「ミニ集会」が実施され、また、育児ノイローゼによる無理心中や児童虐待を防止するために、若い母親の子育てを支援する「子育て支援活動」等も実施されている。また、最近では、短期保護観察中の少年に対する課題指導の1つとして、1994年9月に導入された「社会参加活動」に、保護司、BBS会員らとともに参加する等の協力活動が行われている。

(3) 更生保護女性会の将来の課題

更生保護女性会の活動は、その対象となる少年、家庭、地域社会の問題が多様化すればするほど、それだけまた、そのニーズが広がるという側面を持つ。そうしたことも関係してか、最近では、更生保護女性会は、本来の目的である更生保護行政の協力者として、その守備範囲を限定すべきであるとか、活動目標と実践との間に幾分かの離齬が見られることから、更生保護女性会の地域社会における存在意義そのものを問い直す時期にきているのではないか、との問

題点の指摘が見られる。

もちろん、これは言わずもがなのことではあるが、「更生保護」女性会であるから、「更生保護」に基軸を据えるのは当然であり、犯罪や非行の予防活動に従事するのが本来の姿であるといえよう。更生保護女性会綱領の中に、「私たちは、更生保護の心を広め、次代を担う青少年の健全な育成に努めるとともに、関係団体と連携しつつ、過ちに陥った人たちの更生のための支えとなります」と定められているのも、その趣旨からであろうと思う。

しかしながら、更生保護女性会が、地域に根ざした組織として、地域の支援を受けながら活動を進めていくためには、地域の他の関係機関・団体の活動にも参加し、地域ネットワークの中に自らを位置付け、積極的に関わっていくことが必要であろう。金平輝子会長が「真に更生保護の土壌を地域に根づかせるためには、やはり地域の諸課題に積極的にかかわっていかなければならないのである。もちろん、地域にかかわるとは、問題解決に止まらず、地域創造に参画することである。すでに、地区で積極的取り組みもはじまっているが、私は、地域社会への貢献を今後の更婦の課題と考えている」とするのも、そうした意味合いからの発言であろう。

いずれにせよ、更生保護女性会の今後の課題は、現有する約 20 万人の人材をどう活用するかということであろう。地域社会の多様なニーズに対応して活動を展開していくためには、創意と工夫が必要であることはいうまでもない。地域社会の教育力を高めるためにも、更生保護女性会に期待されるところは大である。まずは組織としての運営の充実を図り、会員の役割と責任の分担をはっきりさせることが肝要であろう。会員の 1 人ひとりが、自分にできることを、社会奉仕の精神でもって、肩膝をはらずに実行する。更生保護制度施行 50 周年を経過した現在、もう一度こうした原点に戻って考えてみることも必要なのではなかろうか。

3 協力雇用主の組織

犯罪者や非行少年に通常の社会生活を営ませながら、一定の遵守事項を守る

よう指導するとともに、必要な補導援護を行うことによって、その改善及び更生を図ろうとする制度を保護観察というが、保護観察の対象者に対する働き掛けにおいて最も重要な部分を占めるのが就労である。犯罪者の早期の社会復帰のためにも、生活が安定することは重要な意味を持つ。職業を得るということは、単に経済的な安定を得るということのみならず、生活態度を安定させ、規則的な生活を営む上でも大切である。

保護観察の対象者の中には、犯罪や非行の前歴を有するという社会的負因に加えて、資質や環境に恵まれないという個人的負因を持つものも少なくないところから、定職を得ることが必ずしも容易ではなく、そのことによって社会復帰が妨げられることも多い。このような保護観察対象者等に対して、前歴を承知の上で雇用し、その改善更生に協力しようというのが民間の協力雇用主の制度である。この協力雇用主の制度は、もともと保護司等が知人の事業家に、対象者の就職等に対して協力を求めたことに始まったものであるといわれている。したがって、協力雇用主は、保護観察対象者や更生緊急保護の対象者の就職援助及び職業生活の補導の面から、更生保護事業に協力している民間篤志事業家であるということができよう。

この「協力雇用主」という表現については、対象者を雇用する者だけではなく、対象者の雇用に協力する者、対象者の更生に協力する者、対象者の更生に協力する事業主など、様々な内容が考えられるから、多義的であるとの指摘もある。しかしながら、協力雇用主を、対象者の更生に関する多様な援助を提供する主体として捉えることにより、更生保護に対するサポート組織の拡大を図るということが今後の重要な課題の1つであることを考えるとき、多義性は欠点であるというよりも、むしろ、かえって利点であると考えることができるであろう。

この協力雇用主に類似したものとして、「職親」や「個人委託先」があるが、「職親」は、職業上の親の役割を果たす者であり、具体的には、就労する者を自分の家庭にあずかり、職業生活上の独立に必要な指導をする者であり、いわば職業上の里親である。これに対して、「個人委託先」は、委託費を支給して

保護観察対象者に対する応急の救護の委託を受ける者であり、必ずしも自分の
ところで就労させることを前提にしていないので、協力雇用主とは異なるもの
である。

　協力雇用主の数の正確な実態把握は困難ではあるが、2005（平成17）年4月
1日現在、個人と法人を合わせて5,745であり、被雇用者の数は597人である。
その業種別は、建設業51.7％、製造業16.9％、サービス業10.3％の順であり、
これらの3業種で74.0％を占めている。

　保護観察所においても、求人情報誌などにより就職情報を提供したり、公共
職業安定所などの関係機関との連絡協議を定期的に行うことにより、より有効
な情報を得て、対象者の就労に関する指導・援助を実施しているようであり、
保護司においても、就労意欲の喚起や地域の求人情報の提供、地域社会におけ
る保護司自身のネットワークを活用した具体的な就職先の紹介など様々な指
導・援助を展開しているようである。

　しかしながら、どうしても仕事が見つからない場合や働くこと自体が対象者
に対して教育的効果を持つ場合には、更生保護に対する理解があり、犯罪前歴
や行動傾向等を充分に承知した上で働く場所を提供して頂ける協力雇用主の存
在は必要不可欠であり、もし読者の皆さん方の中に企業経営者の方がいらっし
ゃり、そうした意志がある場合には、ぜひ協力して頂きたいと思う。協力雇用
主は、職場の提供のみではなく、保護観察処遇の場としての機能、地域社会に
おける更生保護思想の普及といった観点からも、我が国の更生保護制度にとっ
てなくてはならない存在だからである。

7　制度50年の実績と新世紀への役割

　以上、私は、我が国刑事司法制度の中でも、世界に誇り得る制度として、更
生保護制度の実態について紹介してきた。我が国の更生保護制度の嚆矢が、
1669年の加賀藩の非人小屋にあるのか、それとも1790年の石川島人足寄場に
あるのかの争いはともかくとして、我が国の更生保護は、官営から民営へ、そ

して官民協働体制へという、更生保護の主体の変遷の中で、犯罪者処遇への公衆参加の道が着実に開かれてきたといってよいであろう。犯罪者予防更生法の第1条は、法の目的を掲げた後で、「すべての国民は、前項の目的を達するために、その地位と能力に応じ、それぞれ応分の寄与をするよう努めなければならない」と規定している。これまでの更生保護制度50年の実績と成果を踏まえながら、私たちすべての国民が、新しい50年へ向かってさらなる努力を重ね、応分の寄与をするよう努めなければならないと思う。世界的にも社会内処遇制度の充実ということが強調されており、我が国においても、新しい法律による「更生保護法人」制度が展開されている現在、我々は、更生保護制度施行50周年を契機として、今一度、犯罪者処遇制度において更生保護制度の持つ役割を真剣に考えて見るべき時にきているのではあるまいか。

参 考 文 献

［1］ 静岡県勧善会百年史編纂委員会編『静岡県勧善会百年史』金原治山治水財団・日本更生保護協会・静岡県勧善会（1994年）。

［2］ 法務省法務総合研究所『平成17年版 犯罪白書』国立印刷局（2005年）。

［3］ 特集 更生保護制度50周年『時の動き』43巻4号（1999年）1-57頁。

［4］ 法務省保護局 更生保護誌編集委員会編『更生保護史の人びと』更生保護法人 日本更生保護協会（1999年）。

［5］ 社団法人 全国保護司連盟編『出会いと旅立ち』更生保護法人 日本更生保護協会（1999年）。

［6］ 特集 更生保護法人の誕生『更生保護』47巻4号（1996年）。

［7］ 法務省保護局編『保護司のための社会参加活動事例集』更生保護法人 日本更生保護協会（1998年）。

［8］ 法務省保護局編『中学生の未来…応援します―保護司は地域のパートナー』更生保護法人 日本更生保護協会（1999年）。

［9］ 更生保護法人・全国更生保護法人連盟編『夜も昼も』更生保護法人 日本更生保護協会（1999年）。

［10］ 平成10年度「ふれあい・ふれんどしっぷ・プロジェクト活動事例集『BBS for all boys & girls 少年たちの明日へ』日本BBS連盟（1999年）。

［11］ 日本BBS連盟事務局編『BBS運動50年の回顧』日本BBS連盟OB会（1997年）。

［12］　BBS 運動発足 50 周年記念誌編集委員会編『BBS 運動発足 50 周年記念誌』更生保護法人　日本更生保護協会（1997 年）。

［13］　特集　更生保護婦人会活動『更生保護』49 巻 5 号（1998 年）。

［14］　特集　協力雇用主と保護観察『更生保護』49 巻 9 号（1998 年）。

［15］　全国更生保護婦人連盟編『子育て支援地域活動事例集　広がる子育て交流』全国更生保護婦人連盟（1999 年）。

初 出 一 覧

第1章　我が国の安全神話は崩壊したのか
「我が国の安全神話は崩壊したのか：犯罪・過去最高、早急に治安対策を」『世界と日本』1002号（2003年）1-74頁。

第2章　欧米の都市犯罪研究
「欧米の都市犯罪研究と匿名化社会の犯罪の特徴についての一考察」『法学新報』112巻1・2号（2005年）569-596頁。

第3章　日常活動理論の体系的地位
「アメリカの犯罪学史上に占める日常活動理論の体系的地位」『法学新報』112巻9・10号（2006年）1-37頁。

第4章　アメリカ合衆国の野球量刑
「アメリカ合衆国の野球量刑：スリーストライク法について」『法学新報』106巻5・6号（2000年）35-60頁。

第5章　ニュージーランドにおける青少年司法の歴史
「ニュージーランドにおける青少年司法の歴史」『法学新報』111巻3・4号（2004年）55-94頁。

第6章　アメリカにおける刑務所人口の増加とその要因
「アメリカにおける刑務所人口の増加とその要因：アメリカ犯罪学会の全米政策白書を中心として」『法学新報』108巻4号（2001年）1-59頁。

第7章　アメリカの民営刑務所の現状と課題
「最近のアメリカ合衆国における刑務所民営化の現状と課題」『犯罪と非行』134号（2002年）4-28頁。

第8章　英米における受刑者暴力の解消策
「英米における受刑者暴力の解消策に関する一考察」『法律論叢』77巻4・5合併号（2005年）235-271頁。

第9章　破れ窓理論の基本的枠組と犯罪防止策
「破れ窓理論の基本的枠組と犯罪防止策」『法学新報』110巻11・12号（2004年）113-148頁。

第 10 章　世界に誇れる更生保護制度
「世界に誇れる更生保護制度：50 年の実績と新世紀への役割」『世界と日本』
914 号（2000 年）1-79 頁。

人名索引
事项索引

事 項 索 引

ア 行

アノミー理論　*266*
アメリカ合衆国国勢調査局　*83*
アメリカ合衆国司法省　*155, 179*
アメリカ矯正会社　*202, 205*
アメリカ市民的自由連合　*178*
アメリカ犯罪学会　*151, 152, 176*
アルコホリック・アノニマス　*303*
安全神話　*1, 14, 39, 257*
石川島人足寄場　*294*
一時保護事業　*297*
一般的無害化　*188*
移民帰化サービス局　*201*
岩戸景気　*8*
欧米型犯罪　*57*
恩赦法　*295*

カ 行

絵画療法　*303*
改正保護司法　*306*
街路犯罪　*288*
鹿島研究　*52*
家族集団協議会　*143*
家族助言委員会　*140*
合衆国矯正会社　*203*
カナダ非行少年法　*123*
仮釈放　*295*
官営刑務所　*200, 213-216, 218, 219*
感化院　*124, 318*
起訴猶予　*199*
教誨師　*178*
教護院　*124*
　　──法　*124*
強硬派路線　*157*

矯正サービス会社　*208*
矯正産業複合体　*150*
共存の原理　*68*
京都少年保護学生連盟　*311-314*
協力雇用主　*322, 323*
クォター・パーティ　*71*
刑事司法法　*122, 125*
継続保護事業　*297*
刑の執行猶予　*297*
刑法典法　*124*
刑務作業　*181*
刑務所訴訟改革法　*177*
劇場型犯罪　*57*
現代型非行　*4*
剣闘士学校　*184*
拘禁のサイクル　*176*
後見法　*125*
更生緊急保護法　*295*
更生保護事業法　*296*
更生保護施設　*299-302*
更生保護女性会　*317, 320-322*
公正モデル　*122*
高度情報化社会　*59*
神戸・児童連続殺傷事件　*34, 39*
合理的選択理論　*63, 91*
黒人酔い運転　*167*
コミュニティ・ポリシング　*289*
コミュニティ・ワーク・リリース・セ
　ンター　*183*
コムスタット　*257*
コラージュ療法　*302-304*

サ 行

三振アウト法　*35, 95, 287, 288*
三振法　*95, 172*

事項索引　*331*

ジェイル　*98, 150, 153, 162, 170,*
　　177, 185, 199, 201, 205, 228
ジェンダー　*156, 160, 169*
シカゴ学派　*43, 65*
自助グループ　*302, 303*
静岡県勧善会　*300*
静岡県出獄人保護会社　*294, 300*
執行猶予　*199*
執行猶予者保護観察法　*295*
児童及び青少年法　*120, 125, 127,*
　　132
児童裁判所　*128*
児童、青少年及びその家族法　*117,*
　　145
児童・青少年裁判所　*128*
児童福祉法　*125, 126*
指標犯罪　*159, 160*
司法省統計局　*161*
司法政策研究所　*156*
司法統計局　*162*
司法保護事業法　*295*
社会参加活動　*316, 321*
社会生活技能訓練　*302*
社会秩序違反　*171*
社会的不安症候群　*31*
社会内処遇センター　*203*
社会を明るくする運動　*320*
州刑務所　*167, 170*
州児童法　*119*
終身雇用制　*31*
囚人賃貸制度　*200*
状況的犯罪予防理論　*63, 91*
常習犯罪者　*180*
　　──責任法　*97*
少年院　*298*
少年懲治場　*184*
少年犯罪者法　*124*
消費者報告書　*78*
職業訓練　*181*

職業的犯罪者　*188*
触法少年　*7*
女子刑務所　*175*
人権擁護委員　*308*
真実量刑　*149, 153, 172*
　　──奨励補助金制度　*99*
人種差別　*169*
神武景気　*8*
スーパー常習犯罪者法　*97, 104*
スーパー防犯灯　*35, 288*
スーパーマックス　*184, 186, 187*
スリーストライク法　*95-97, 99,*
　　102-104, 106, 109, 111-114
青少年犯罪者法　*123*
制定法改正法　*124*
性犯罪者告知・登録法　*287*
性犯罪者前歴登録・告知制度　*114*
責任無能力の法則　*118*
ゼロ・トレランス政策　*35, 257*
善時制　*155, 168*
センター　*181*
全米科学アカデミー　*188*
全米矯正研究所　*186, 209*
全米司法研究所　*112, 204*
全米政策委員会　*152*
全米政策白書　*152*
全米犯罪調査　*50*
全米旅行調査　*83*
選別的無害化　*188, 189*

タ　行

体系的量刑ガイドライン　*172*
ダイバージョン　*127, 130, 131, 138,*
　　140
タフト矯正研究所　*208, 211*
ダルク　*303*
団塊の世代　*27*
断酒会　*302, 303*
治安判事法　*124*

治療共同体　181
統一犯罪報告書　64
動機なき犯罪　55, 57
東京女囚携帯乳児保育会　318, 319
通り魔事件　55, 57
匿名化社会　57, 58
都市型犯罪　39

ナ 行

長崎・男児誘拐殺害事件　34, 35, 39
268センター　204
日常活動理論　63, 74, 75, 79, 82, 87-91
人間生態学　40
ネイティブ・アメリカン　150
ネグレクト及び犯罪児童法　123
年功序列制　31
年少少年　7

ハ 行

ハーフウェイ・ハウス　203
箱庭療法　303
犯罪環境犯罪学　63, 91
犯罪予防（ボースタル施設設置）法　124
PFI（Private Finance Initiative）　220
BBS運動　310-312, 314-316
PPP（Public Private Partnerships）　220
微罪処分　199
非施設化　277
必要的実刑政策　149, 172
貧困の女性化　176
フィラデルフィア市民犯罪委員会

17
福祉モデル　119
婦人補導院　298
不定期刑　154
不満爆発型犯罪　55-57
別房留置　294
暴力の原因と予防に関する全米委員会　63
暴力のサイクル　239
暴力犯罪統制及び法執行法　95
保護司会　306-308
　　──連合会　307, 308
保護司制度　304, 305, 308

マ 行

民営刑務所　200, 201, 203-206, 208-219
民生委員　308
メーガン法　35, 287, 288
モラロジー研究所　304

ヤ 行

野球量刑　35, 95, 287
薬物乱用治療　181
破れ窓理論　35, 36, 257, 260, 264, 288

ラ 行

リフォマトリー　184
連邦矯正局　203, 206, 211, 215, 217
連邦刑務所　149, 155, 167, 174
連邦裁判所　165, 178, 179, 203
連絡助成事業　297

ワ 行

ワッケンハット矯正会社　202, 205

人名索引

ア 行

アーウィン（J. Irwin）　*183*

アーントゥーン（G. Antunes）　*44*

アルボネッティ（C. A. Albonetti）　*165*

アレン（Francis Allen）　*121*

ヴィシャー（C. Visher）　*164*

ウィリアムズ（J. E. H. Williams）　*201*

ウィルクス（J. A. Wilks）　*44*

ウィルソン（J. Q. Wilson）　*257, 258, 260, 261, 264, 266-268, 270, 273-277, 283-285, 287*

ウェブ（J. Webb）　*14*

植松正　*50*

エイムズ（W. L. Ames）　*13*

エストリッチ（Susan Estrich）　*267*

エドガー（K. Edgar）　*224, 226-231, 233, 244, 245, 251*

エルマ（M. C. Elmer）　*41*

オースチン（D. M. Austind）　*181*

オースティン（James Austin）　*215*

オードヌル（I. O'Donnell）　*224, 226*

オストロン（Elinor Ostrom）　*280*

小野清一郎　*50*

オブライアン（R. M. O'Brien）　*47, 48*

小俣謙二　*52*

カ 行

カールソン（K. E. Carlson）　*167*

カフーン（Patrick Colquhoun）　*72*

カラザス（David Carruthers）　*144*

カリン（Michael Cullen）　*135, 139*

キャロル（L. Carroll）　*169, 177*

キリコ（T. Chiricos）　*166*

キング（Annette King）　*141*

クイニイ（R. Quinney）　*45*

クーリ（Dennis Cooley）　*224, 234*

クールター（Ernest K. Coulter）　*311*

グールド（Leroy Gould）　*73*

クック（S. F. Cook）　*10*

クラーク（Ronald V. Clarke）　*90, 91*

クラーク（John Clark）　*215*

グライド（John Glyde）　*42*

クラッチフィールド（R. Crutchfield）　*164*

グレーザ（Nathan Glazer）　*268*

クロフォード（C. Crawford）　*166*

ケトレ（A. Quetelet）　*40, 41*

ケブ（Paul Keve）　*244*

ゲリー（A. M. Guerry）　*40, 41*

ケリング（G. L. Kelling）　*257, 258, 260, 261, 264, 266-268, 273-277, 283-285, 287*

コーエン（Lawrence E. Cohen）　*63, 64, 67, 77, 78, 82, 86-89, 91*

コーニッシュ（D. B. Cornish）　*91*

コンガー（R. D. Conger）　*17*

サ 行

佐藤寧子　*52*
サンプソン（R. J. Sampson）　*166*
サンプソン（R. Sampson）　*189*
シーモア（J. A. Seymour）　*126*
ジェフリー（C. R. Jeffery）　*90*
シェリー（W. Shelley）　*11*
シッカ（D. Shichor）　*47, 48*
ジムリング（F. E. Zimring）　*189*
シュエスラー（K. Schuessler）　*44*
シュトラウス（M. A. Strauss）
　189
シュミット（D. E. Schmidt）　*44*
ジュリアーニ（Rudolph Giuliani）
　257
ショー（C. R. Shaw）　*43, 65*
ショート（J. F. Short）　*71, 72*
ジョーンズ（R. S. Jones）　*183*
ジンバード（Philip Zimbardo）
　264
スコガン（W. G. Skogan）　*46*
ストロッドベック（F. Strodtbeck）
　71
スパークス（R. F. Sparks）　*246,
247*
スミス（D. A. Smith）　*164*

タ 行

タック（Phillip E. Tack）　*204*
タバイアス（J. J. Tobias）　*73*
ダンカン（Duncan）　*134*
チェスニーリンド（M. Chesney-Lind）
　172, 173
チョルディン（H. M. Choldin）
　88
チルトン（R. J. Chilton）　*44*
ディボス（G. DeVos）　*14*
デッカ（D. L. Decker）　*47, 48*

デビッドソン（L. Davidson）　*164*
デュルケム（E. Durkheim）　*72*
テリー（C. M. Terry）　*183*
ドゥーラン（Mike Doolan）
　142-144
トク（H. Toch）　*224, 238, 239,
242, 243, 248*
トンリー（M. Tonry）　*164, 166*

ナ 行

ニューボールド（G. Newbold）
　183

ハ 行

パーカー（L. C. Parker）　*13*
ハーカス（Ann Hercus）　*134, 135,
139*
パーク（R. E. Park）　*40*
ハーシー　*91*
バートン（J. Burton）　*224, 232,
238, 239, 248*
ハメット（T. M. Hammett）　*179*
ハリス（K. D. Harries）　*46*
ビーズリ（R. W. Beasley）　*44*
ピーターシリア（J. Petersilia）
　164
ピッチフォード（S. Pitchford）
　164
ヒンデラング（M. J. Hindelnag）
　47, 163
ファインストン（H. Finestone）
　43
フェルソン（Marcus Felson）　*63,
64, 67, 70, 77, 78, 82, 86-89, 91*
フェンウィック（C. R. Fenwick）
　16, 17
フェンウィック（C. R. Fenwick）
　16, 17
フライシャー（B. M. Fleisher）

人名索引　*335*

72

プライス（David Price）　*246*
プライス（D. Price）　*250-252*
ブラウン（M. J. A. Brown）　*144*
ブラック（D. Black）　*224,*
229-232
ブラムシュタイン（A. Blumstein）
163
ブラロック（H. M. Blalock）　*230*
ブラン（S. D. Brunn）　*46*
ブリッジズ（G. Bridges）　*164*
ブルッヒアルト（Bruchardt）　*52*
ブレスウェイト（J. Braithwaite）
16
フレッチャー（J. Fletcher）　*41*
ブロック（R. Block）　*45*
ヘイ（W. Hay）　*246*
ベイリー（D. H. Bayley）　*13, 17*
ベクラフト（Andrew Becroft）
117
ベッカー（C. B. Becker）　*17*
ベンダサン（Isaiah Ben-Dasan）
1
ヘンリー（A. F. Henry）　*72*
ポウプ（C. E. Pope）　*71*
ホーキンス（G. Hawkins）　*189*
ボードゥア（D. J. Bordua）　*44*
ポープ（C. E. Pope）　*47*
ボーランド（B. Boland）　*47*
ホーリ（Amos Hawley）　*66*
ボグズ（S. L. Boggs）　*45*
星野周弘　*51*
ボトムズ（A. E. Bottoms）　*244,*
246
ボンガー（W. A. Bonger）　*72*

マ　行

マーチン（R. G. Martin）　*17*
マーティン（C. Martin）　*224, 226*

前田信二郎　*50, 51*
マクドナルド（D. C. McDonald）
167
マッカレー（F. W. M. McElrea）
145
マックリアリー（R. McCleary）
183
マッケイ（H. D. McKay）　*43, 65*
マッコンビル（S. MaConville）
201
マン（Coramae Richie Mann）
164
メイヒュー（H. Mayhew）　*42*
モリス（A. Morris）　*131*
モンドリック（M. Mondrick）
169

ヤ　行

ヤング（W. Young）　*131*

ラ　行

ラウベ（J. H. Laub）　*189*
ラドブルク（Robert Ludbrook）
130
ラドレット（M. L. Radelet）　*165*
ラフリー（G. D. LaFree）　*165*
ランブレス（John Lambreth）
167, 168
リース（Albert Reiss）　*72*
リーブリング（Alison Liebling）
246, 250-252
リチャーズ（S. C. Richards）　*183*
リンスキー（A. S. Linsky）　*189*
レペット（T. A. Reppetto）　*46, 70*
レンダ（B. Lander）　*44*
ロースン（R. W. Rawson）　*41*
ローリッツソン（J. L. Lauritson）
166
ロビンスン（W. S. Robinson）　*45*

ロンケック（D. Roncek）　*88*

ワ　行

ワース（L. Wirth）　*46*

ワートリ（Richard Wortley）　*247*

我妻洋（H. Wagatuma）　*14*

ワット（Emily Watt）　*117*

ワラル（Worrall）　*134*

<ruby>藤<rt>ふじ</rt></ruby> <ruby>本<rt>もと</rt></ruby> <ruby>哲<rt>てつ</rt></ruby> <ruby>也<rt>や</rt></ruby>

1940 年 12 月 18 日　愛媛県に生まれる
1963 年　中央大学法学部法律学科卒業
1965 年　同大学院修士課程法学研究科刑事法専攻修了（法学修士号取得）
1969 年　同大学院博士課程法学研究科刑事法専攻単位取得満期退学
1970 年　フロリダ州立大学大学院修士課程犯罪学部修了（犯罪学修士号取得）
1975 年　カリフォルニア大学大学院博士課程犯罪学部修了（犯罪学博士号取得）

〈著　書〉
『Crime and Delinquency among the Japanese-Americans』中央大学出版部（1978 年）
『犯罪学講義』八千代出版（1978 年）
『犯罪学入門』立花書房（1980 年）
『新しい犯罪学』八千代出版（1982 年）
『犯罪学緒論』成文堂（1984 年）
『刑事政策概論』青林書院（1984 年）
『刑事政策』中央大学通信教育部（1984 年）
『社会階級と犯罪』頸草書房（1986 年）
『犯罪学要論』頸草書房（1988 年）
『刑事政策あ・ら・かると』法学書院（1990 年）
『刑事政策の新動向』青林書院（1991 年）
『刑事政策 20 講』青林書院（1993 年）
『うちの子だから危ない』集英社（1994 年）
『Crime Problems in Japan』中央大学出版部（1994 年）
『犯罪学のさんぽ道』日本加除出版（1996 年）
『諸外国の刑事政策』中央大学出版部（1996 年）
『続・犯罪学のさんぽ道』日本加除出版（1998 年）
『刑事政策の諸問題』中央大学出版部（1999 年）
『犯罪学者のひとりごと』日本加除出版（2001 年）
『犯罪学者のアメリカ通信』日本加除出版（2002 年）
『犯罪学原論』日本加除出版（2003 年）
『犯罪学の窓』中央大学出版部（2004 年）
『諸外国の修復的司法』（編著）中央大学出版部（2004 年）

犯罪学研究　　　　　　　　　　日本比較法研究所研究叢書（71）

2006 年 11 月 20 日　初版第 1 刷発行

著　者　藤　本　哲　也

発 行 者　福　田　孝　志

発 行 所　中 央 大 学 出 版 部

〒 192-0393
東 京 都 八 王 子 市 東 中 野 742-1
電話 042-674-2351・FAX 042-674-2354
http://www2.chuo-u.ac.jp/up/

© 2006　藤本哲也　　　　ISBN4-8057-0570-1　　　　㈱大森印刷

日本比較法研究所研究叢書

1	小島武司 著	法律扶助・弁護士保険の比較法的研究	A 5 判 2940円
2	藤本哲也 著	CRIME AND DELINQUENCY AMONG THE JAPANESE-AMERICANS	菊 判 1680円
3	塚本重頼 著	アメリカ刑事法研究	A 5 判 2940円
4	小島武司 外間寛 編	オンブズマン制度の比較研究	A 5 判 3675円
5	田村五郎 著	非嫡出子に対する親権の研究	A 5 判 3360円
6	小島武司 編	各国法律扶助制度の比較研究	A 5 判 4725円
7	小島武司 著	仲裁・苦情処理の比較法的研究	A 5 判 3990円
8	塚本重頼 著	英米民事法の研究	A 5 判 5040円
9	桑田三郎 著	国際私法の諸相	A 5 判 5670円
10	山内惟介 編	Beiträge zum japanishen und ausländischen Bank- und Finanzrecht	菊 判 3780円
11	木内宜彦 M・ルッター 編著	日独会社法の展開	A 5 判 (品切)
12	山内惟介 著	海事国際私法の研究	A 5 判 2940円
13	渥美東洋 編	米国刑事判例の動向 I	A 5 判 5145円
14	小島武司 編著	調停と法	A 5 判 4384円
15	塚本重頼 著	裁判制度の国際比較	A 5 判 (品切)
16	渥美東洋 編	米国刑事判例の動向 II	A 5 判 5040円
17	日本比較法研究所 編	比較法の方法と今日的課題	A 5 判 3150円
18	小島武司 編	Perspectives On Civil Justice and ADR : Japan and the U. S. A	菊 判 5250円
19	小島・渥美 清水・外間 編	フランスの裁判法制	A 5 判 (品切)
20	小杉末吉 著	ロシア革命と良心の自由	A 5 判 5145円
21	小島・渥美 清水・外間 編	アメリカの大司法システム(上)	A 5 判 3045円
22	小島・渥美 清水・外間 編	Système juridique français	菊 判 4200円

日本比較法研究所研究叢書

23	小島・渥美清水・外間 編	アメリカの大司法システム(下)	A5判 1890円
24	小島武司・韓相範編	韓国法の現在(上)	A5判 4620円
25	小島・渥美・川添清水・外間 編	ヨーロッパ裁判制度の源流	A5判 2730円
26	塚本重頼著	労使関係法制の比較法的研究	A5判 2310円
27	小島武司・韓相範著	韓国法の現在下	A5判 5250円
28	渥美東洋編	米国刑事判例の動向Ⅲ	A5判 3570円
29	藤本哲也著	Crime Problems in Japan	菊判 (品切)
30	小島・渥美清水・外間 編	The Grand Design of America's Justice System	菊判 4725円
31	川村泰啓著	個人史としての民法学	A5判 5040円
32	白羽祐三著	民法起草者穂積陳重論	A5判 3465円
33	日本比較法研究所編	国際社会における法の普遍性と固有性	A5判 3360円
34	丸山秀平編著	ドイツ企業法判例の展開	A5判 2940円
35	白羽祐三著	プロパティと現代的契約自由	A5判 13650円
36	藤本哲也著	諸外国の刑事政策	A5判 4200円
37	小島武司他編	Europe's Judicial Systems	菊判 3255円
38	伊従寛著	独占禁止政策と独占禁止法	A5判 9450円
39	白羽祐三著	「日本法理研究会」の分析	A5判 5985円
40	伊従・山内・ヘンリー編	競争法の国際的調整と貿易問題	A5判 2940円
41	渥美・小島編	日韓における立法の新展開	A5判 4515円
42	渥美東洋編	組織・企業犯罪を考える	A5判 3990円
43	丸山秀平編著	続ドイツ企業法判例の展開	A5判 2415円
44	住吉博著	学生はいかにして法律家となるか	A5判 4410円

日本比較法研究所研究叢書

45	藤 本 哲 也 著	刑 事 政 策 の 諸 問 題	A 5 判	4620円
46	小 島 武 司 編著	訴訟法における法族の再検討	A 5 判	7455円
47	桑 田 三 郎 著	工業所有権法における国際的消耗論	A 5 判	5985円
48	多 喜 　 寛 著	国 際 私 法 の 基 本 的 課 題	A 5 判	5460円
49	多 喜 　 寛 著	国 際 仲 裁 と 国 際 取 引 法	A 5 判	6720円
50	眞 田 ・ 松 村 編著	イ ス ラ ー ム 身 分 関 係 法	A 5 判	7875円
51	川 添 ・ 小 島 編	ドイツ法・ヨーロッパ法の展開と判例	A 5 判	1995円
52	西 海 ・ 山野目 編	今日の家族をめぐる日仏の法的諸問題	A 5 判	2310円
53	加 美 和 照 著	会 社 取 締 役 法 制 度 研 究	A 5 判	7350円
54	植 野 妙実子 編著	21 世 紀 の 女 性 政 策	A 5 判	4200円
55	山 内 惟 介 著	国 際 公 序 法 の 研 究	A 5 判	4305円
56	山 内 惟 介 著	国際私法・国際経済法論集	A 5 判	5670円
57	大 内 ・ 西 海 編	国 連 の 紛 争 予 防 ・ 解 決 機 能	A 5 判	7350円
58	白 羽 祐 三 著	日 清 ・ 日 露 戦 争 と 法 律 学	A 5 判	4200円
59	伊 従 　 寛 他編	APEC諸国における競争政策と経済発表	A 5 判	4200円
60	工 藤 達 朗 編	ド イ ツ の 憲 法 裁 判	A 5 判	6300円
61	白 羽 祐 三 著	刑 法 学 者 牧 野 英 一 の 民 法 論	A 5 判	2205円
62	小 島 武 司 編	Ａ Ｄ Ｒ の 実 際 と 理 論 Ⅰ	A 5 判	4200円
63	大 内 ・ 西 海 編	United Nation's Contributions to the Prevention and Settlement of Conflicts	菊 判	4725円
64	山 内 惟 介 著	国 際 会 社 法 研 究 第 一 巻	A 5 判	5040円
65	小 島 武 司 著	CIVIL PROCEDURE and ADR in JAPAN	菊 判	5565円
66	小 堀 憲 助 著	「知的(発達)障害者」福祉思想とその潮流	A 5 判	3045円

日本比較法研究所研究叢書

67	藤本哲也 編著	諸 外 国 の 修 復 的 司 法	A5判	6300円
68	小 島 武 司 編	Ａ Ｄ Ｒ の 実 際 と 理 論 Ⅱ	A5判	5460円
69	吉 田 豊 著	手 付 の 研 究	A5判	7875円
70	渥 美 東 洋 編著	日 韓 比 較 刑 事 法 シ ン ポ ジ ウ ム	A5判	3780円

＊価格は消費税５％を含みます.